百年精華　雲五文庫

甲骨學 文字編

臺灣商務印書館

甲骨學

文　字　編

朱芳圃◎編著

臺灣商務印書館發行

「百年精華」序

臺灣商務印書館為慶祝民國百年大慶，決定從一百多年來出版過的好書中，挑出一些值得重新出版發行的絕版書，列入臺灣商務「百年精華」，從民國一百年起，逐年推出。

商務印書館成立於一八九七年，也就是中日簽訂馬關條約之後、中國醞釀「戊戌變法」之際，讓商務轉型成為中國最早的出版社的張元濟先生，即是在一八九八年戊戌變法失敗之後四年，進入商務印書館的。後來帶領商務成為中國第一大出版社的王雲五先生，則是在一九二一年由胡適先生推薦而擔任商務編譯所的所長。

張元濟和王雲五是帶領商務發展的兩大功臣，在他們主持期間出版了許多好書，至今仍然受到海內外讀者的重視。

民國五十三年(西元一九六四年)王雲五重新主持臺灣商務印書館後，再度為商務出版大量的好書，其中有許多早已售完絕版，一書難求，然而仍有許多讀者一再詢問再版之日。

為了滿足讀者的需求、為了延續好書的存在，臺灣商務特別挑選一系列的絕版好書，列入「百年精華」，重新編排，重新發行，以盡到文化傳承的責任。由於量的限制，沒有列入

「百年精華」系列的好書，則將分別列入「新岫廬文庫」、「雲五文庫」等系列，作多方面的出版。

「出版好書，有益人生，輔助教育，文化傳承」是商務印書館的百年傳統任務，臺灣商務印書館重編「百年精華」等系列，希望能為讀者作出最大的貢獻。

臺灣商務印書館董事長 王學哲 謹序 九十九年十月十九日

甲骨學序例

民國二十年余教讀河南大學時校中當局以甲骨出於安陽關係鄉邦文化至為重大議定專設一科俾諸生得以從事研習講授一職屬為勉承其乏余於是學曩曾肄業及之人事旁午久荒不治既受斯命舊學重溫藉收教學相長之益計亦甚得於是博採諸家著述參考異同擇善而從刪其違牾期年之中成書八篇一曰導言二曰文字三曰文例四曰事類五曰商史六曰卜法七曰器物八曰餘論課務叢脞隨寫隨印疏漏挩誤自不能免是以每一篇竟輒郵寄余友巫君仲祥請其校正翌年孟春辱承巫君不棄移書獎借謂甲骨出土適三十年研究者凡十餘家雖有識大識小之殊然皆各有所獲諸家著述或高文大冊價重連城或東鱗西爪散見雜誌承學之士苦無津逮也久矣君既囊括群言滙為一書分門別類咸秩無紊希亟付梓以惠來學同時學友中頗許是書搜羅完備便於檢閱亦有以重寫精印為請者顧茲事體大非短時期所能成就未敢貿然允諾也年來息影家園居多暇日因取前稿重加增訂併卜法於商史合三四為例類二七兩篇仍舊一八附諸卷末綜為四編一曰文字二曰例類三曰商史四曰器物二十餘年來諸家研究之結果

略具於斯學者得此足資研習無俟他求矣繕寫既竟略述是書緣起并諸簡端至於其文其物為三千年前先民手迹信而有徵欲探索古代之眞象與文字之起源當舍是而莫由諸家言之詳矣其說皆採錄於本書中茲不復贅凡例數條附錄如左

一本書取材以出於殷虛之文字器物經諸家著錄並考釋者為限其與此有關足資參證者間亦採入

二輯錄諸家著述其書名皆列於各編之首書中不一一注明

三諸家考釋見解正確者則錄全文瑕瑜互見者從善刪違至於謬誤顯然無待辨證者概削不錄

四諸家著述互相因襲者只錄一家說可兩通者則並存之

五諸書刊本或鉛植或木刻別風淮雨譌誤頗多寫本石印亦有譌衍本書皆精校原文一一更正

醴陵朱芳圃識

文字編目錄

凡一字兩釋或誼可兼通者坿注於本字之下

第一

一 元 天 上 帝禘 蒂 旁 下 示 福楅 櫝 祐又有

祭 祀 祖且 祠司 祝 祓 三 王 珍 瑅

玨玉 中 每 莊莽 若 芻 苣蓺 蘿 萑 春

莫 藘菹

第二

小 八 分 介 公 公 余 牛 牡 犅

牝 牢 物 犆戠 告 名 召 問 唯 咸

吉 周 唐湯 啻 吝 各格 吠 台 吕 喜

吕 咢盂 單 趄 止足是 前 歷 歸 登 步

歲戊 正征 萑進 還 逾 逆 遘 逢 遣 避辟

追 逐 遷 迴 往㞷 循 徐 後踐衛 彷 得

御 徲 徫 林 鄗 行 衛 術 踞 品

龠 龢和 册

第三

品 㗊 屰 商 古 十 千 廿 丗 卌

言 謝 競 䇂 妾 對 業僕 廾 丞 弇

舁舁 𦦶 龔 異戴 與 晨 農 爨爨爨 鬲 鬻

䰜 鬻 爲 覓 孔 埶 戟 巩孚 鬥 又祐侑

叉 父 叟 尹 叡 燮 及 秉 反 叚

叔𠂇 彗 友 叙 ナ 史 事 聿 畫規 畫

臣 臧 毀殸殹役 毃 段 殺 尃 徹 敏

效 攸 寇 敗 改改 敘 牧 敎 斅學 傚

敎 㪔 卜 卟 貞 占 乩卟 用 葡箙 爻

第四

旻 罘𥄎 相 眣 瞚 眉 省 自白 鼻 者諸

智 百 隹烏 雀 雉 雞 雖 雇 雁 雌

雖 雚觀 舊 蔑 莧 羊 芈 美 羌 羴

靃 雔讎 雧 鳳凰 朋 鶾 鳴 畢 糞 棄

冓 再 爯 幼 𢆶兹 幽 叀專 疐 爰瑗 受

歺 死 冎 骨 利 初 刪 則 刺 劉

劒 剌 耤 角 解 觳

第五

簋 箕其 第 典 奠 工功攻 巫 甘 旨 曰

曶 朁 乃 寧 兮 乎評 于 喜饎 壴 彭鼜

鼓 豈 豐醴禮 虞 虎 虒 䖘 虘 贙 虤虒

皿 盂 益 盈 盡 盥 盪 𧖧 血 粤

主 丼 阱 即 既 皀 爵 食 皀 合

今 入 内 矢 射 矦 矤 知 矯 高

亳 冘 亭 京 亯 享敦 良 嗇穡 來 麥

复 夏蟬 朁 夔 韋 乘

第六

木 杏 杞 樹封 果 條 槀 栅 櫛𣕩 茉

槃 集 樂 采 休 梳 杠 杷 栢 梘

東 棘 林 麓 森 康 桑 之又有㠯師 出

南 束 圍 圖 因 圂 貝 資 貯 賓

邑 邦 鄙啚㐭

第七

日 啓攺 晒 昱翌冥 昔 朝 㫃 旂 旃 游

旋 旅 族 旟 旄 月夕夤 朧攏 明 夙 多

毌 函 棘 卣 栗 粟 齊 片 版 鼎

鼐 克 禾 稷 穅康 年 秋 秦 黍 米

舀稻 耑 家 宅 室 宣 向 安 寶 宰

宿 寢 客 宕 宗 寐 寡 宋 牢 宮

㝱 寐 疒瘳 疾医 疥 瘧 同 冡 网 羅罹

罟 罝 ⿱罒縣 罕 巾 冪幎 帚 席 帛 白

敝 黹

第八

人 保 企從 仲中 伊 佝 僚寮 倗 倢婕 侮

作乍 傳 伐 俘 倞涼 从 并 北 冀異 眾

壬 望 衣依 求裘 老考孝 耋 舟 ⿰舟彡 朕 般

庽 方 兒 允 兌 兄 先 見 視省 發

欽匋飲旡

第九

首 面 文 令命 弜 归印 夘 卿鄉饗 辟 旬

鬼 畏 嶽蕉 嵒 龐 磬 長 勿 昜 冄

豕 豢 希祟 彘 豚 豸 兕 易錫 象

第十

馬 驪 駁 騽 驅 騂 騂 駭 瑪 鹿

麟 麐 麀 麗（丽） 麤（𪋻） 麔 慶 兔 犬 尨

臭 獲 獘（斃） 猩 獻（猶 猷） 猴 狼（狃） 猋 狀（狌） 獄

狱 熊 火 賁 燊 閃 烄 熹 燹（熨） 熏

樊 戠 光 焚 炋 炎 燓（焱） 赤 大 夾（毋）

奏 奓 亦 矢（夭） 夭 壺 奚（媄） 夫 立 竝

第十一

水 湔 溫 洛 淮 漯 洹 衍 演 沖

洌（肖） 派（𠂢） 沚 汜 濘 瀆 湄 砅（濿） 濩 瀧

沈 溼（隰） 汩 漉（渌） 洒 沫 濤 滴 洞 澥

泚 泆 澡 漊 潛 汋 溲 汉 淙 澤

湟 涉 𡿨（畎） 川 巛 州 泉 谷 冬 雨

雷 雪 霰 電 霝 霖 霜 雩（粤） 魚 鰕

漁 燕 龍

第十二

不丕 至 西 房 門 挐 撞衝 扔 拕 擊

扜 拳 女 妻 妃改 母 妣匕 妹昧 姪 奴

娥 娥 婌 娫 媚 好 姩 媟 姘 嫴

如 嬪 嬖 嬉 嫆 姵 姛 婇 娍 媪

婞 嫇 閼 嬕 娃 嬗 嫆 婎 弗 戈

戎 戣 戋 戔 武 戠 戔戰 戍 戌 我

義 戡 亡 匃 医 匚 匡 甗 由 弓

弘 彈 弜 系繼 孫 緜占乩 甝虎

第十三

糸 絕 繡膚 綏妥 編 繳弋 縈 彝 紳 縑

率 虫 蜀 蝠 蝕 蠶 蠱 蠡 壁 風凡

它 龜 黽 鼉 二 恒 亘 土社 基 在才

封丰 堙 卉 墓觀 艱 埜 田 畾 畯 彊

男 協

第十四

鏤 鏤釪 俎 斧 斝 矛茅 車 輿 官 餘次

𠂤 陵 陽 陮 陟 隊 降 陴 陭 隊

陝 阦 陵 四 宁 亞 五㐅 六入 七切 九附

萬 獸狩 甲 乙 尤 丙 丁 戊 成 己

巽 庚 辛 辡 壬 癸 子兇 季 疑 育毓后稜

丑 羞 寅 卯 辰 辱 巳子 巳 㠯厶 午

未 申 酉 酒酏 莤 酋 尊 戌 釐 亥

附錄上

合書

數名

人名

地名

常語

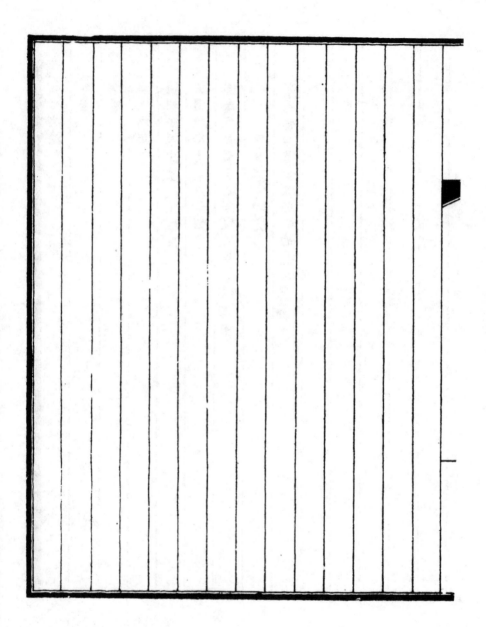

本編摹錄諸書文字目錄 繁體數字記卷數簡體數字記葉數或片數

書名	編者	略符
鐵雲藏龜 不分卷	劉鶚	鐵
殷虛書契前編 八卷	羅振玉	前
殷虛書契後編 上下二卷	羅振玉	後
殷虛書契菁華 一卷	羅振玉	菁
鐵雲藏龜之餘 一卷	羅振玉	餘
戩壽堂所藏殷虛文字 一卷	王國維	戩
鐵雲藏龜拾遺 一卷	葉玉森	遺
龜甲獸骨文字 二卷	林泰輔	林
殷虛卜辭 一册	明子宜	明
新獲卜辭寫本 一册	董作賓	新

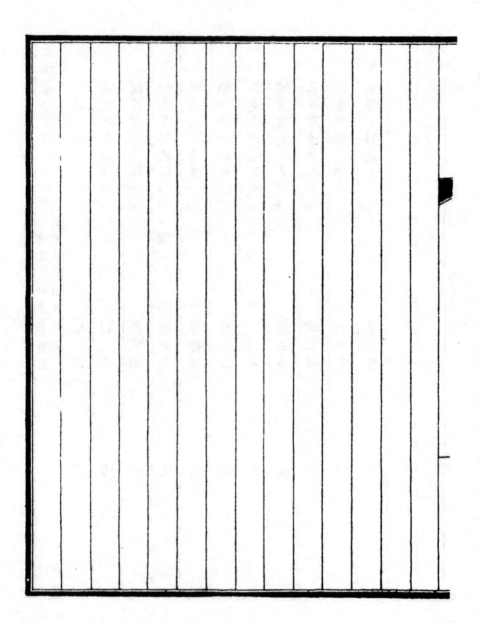

本編採集諸家著述目錄

王　襄
簠室殷契類纂
簠室殷契徵文 坿考釋
商承祚
殷虛文字類編
葉玉森
殷契鉤沈
說契
揅契枝譚
鐵雲藏龜拾遺 坿考釋
陳邦懷
殷虛書契考釋小箋
殷契拾遺
殷契辨疑

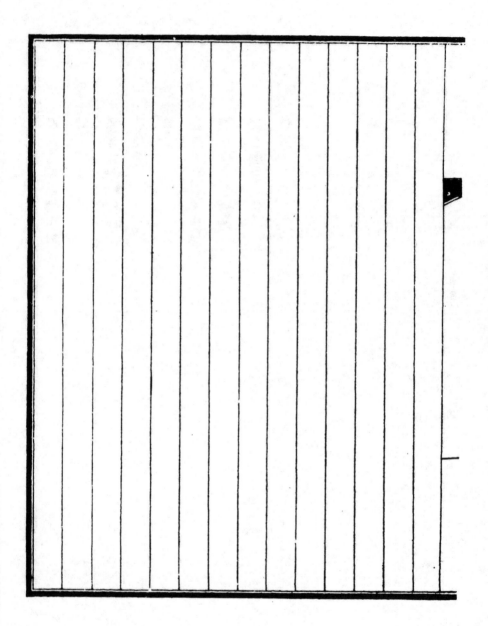

醴陵朱芳圃編

文字編第一

文三十二　重一百八十一

一 前弍一

丁山曰數惡乎始曰始于一一奇二偶一二不可以為數二乘一則為三故三者數之成也積而至十則復歸于一（汪中述學釋三九上）我國紀十之法實豎一為之自丨（前編三卷二三葉）變而為ㅣ（盂鼎）再變而為ㅣ（克鐘）三變而為十（秦公敦）四變而為十（簷鼎）為十（詛楚文）于是象東西南北中央俱備矣積一為二積一二為三二與三積畫而成巴比倫羅馬及若干民族之初文無不如是所謂此心同此理同也（互見十字注）

元 前肆三二　元 同上

陳柱曰說文一部元始也从一兀聲徐鍇云不當有聲字段玉裁云以髡从兀聲軏从元聲例之徐說非古音元兀相為平入也柱按元龜甲文作元或作元虢叔鐘作元曾伯霥簠作元據此則元字當云从二从人會意字也攷龜甲文人字作𠂆或作𠃌而龜甲文元下或从𠂆或从𠃌正與人字作𠂆或作

□同曾伯𩰫簠作二𠃌則二與𠃌相離頗遠明為从二从𠃌也小篆□从二从𠤎者二古文上字二部帝下云古文諸上字皆从一篆文皆从二二古文上字是也𠤎古文奇字人也元从人二人之上為元元者首也僖三十三年左傳狄人歸其元孟子滕文公下勇士不忘喪其元是也攷𠤎部兀下云高而上平也从一在𠤎上今以古文上皆作一篆文皆作二例之則元兀當為一字猶示與□為一字帝與□為一字也高而上平之訓斯未然矣然則元當列入二部元兀不當分為二字矣段氏云元兀古音相為平入其說固勝于徐氏矣然古音豈特相為平入而已哉

□ 前貳三 □ 同上二七 □ 前肆一六

羅振玉曰說文解字天从一大卜辭中有从二者二即上字大象人形人所戴為天天在人上也許書从一猶帝示諸字从二亦从一矣

王國維曰古文天字本象人形殷虛卜辭或作□盂鼎大豐敦作□其首獨巨

桉說文天顛也易睽六三其人天且劓馬融亦釋天為鑿顛之刑是天本謂人顛頂故象人形卜辭盂鼎之□□二字所以獨墳其首者正特著其所象之

處也殷虛卜辭及齊侯壺又作𡗗則別以一畫記其所象之處古文字多有如此者如二二字二字之上畫與二字之下畫皆所以記其位置也又如本字說文注云木下曰本从木一在其下朱字注云赤心木从木一在其中末字注云木上曰末从木一在其上蓋本末均不能離木而見故畫木之全形而以一識其所象之處餘如叉字之丶亦字之八皆所以識其所象之處者也又以古文言之如帝者蔕也不者柎也古文或作□□但象花蔕全形未為審諦故多于其首加一作□□□諸形以別之𡗗字于天上加一正以識其在人之首與上諸字同例此蓋古六書中之指事也近儒說象形指事之別曰形謂一物事賅眾物其說本于徐楚金然楚金於指事本無定說及與本末諸字楚金均謂之指事元楊桓諸人尚用其說蓋此數字正與上下二字同例許君所謂見而可識察而可見者惟此類字足以當之而數目干支等字今所公認為指事者許君往往謂之象形不謂之指事竊謂楚金此說頗勝於其又一說今日古文大明指事之說恐復將歸于此矣故□□為象形字𡗗為指事字篆文之从一大者為會意字文字因其作法之不同而所屬之六書亦異知此可與言小

學矣

陳柱曰說文一部天顛也至高無上从一大柱桉天龜甲文作□或作□盂鼎作□彔伯戎敦作□吳氏大澂云天人所戴也天體圜故从●許氏說文天大地大人亦大故大象人形近儒羅氏叔言云說文解字天从一大卜辭中有从二者二即上字大象人形人所戴為天天在人上也許書从一猶帝示諸字从二亦从一矣章氏太炎云天為人頂引申之為蒼蒼者柱桉合吳羅章諸說則可知天字之正解矣蓋天本訓顛易曰其人天且劓即其人顛且劓（本章氏說）顛頂也天為人頂故龜甲文之□金文之□皆象人形口與●皆象人首大字本象人形而所重不在頂故首形不顯天字則所重在頂故首形特大也龜甲文有从二作□者當即□之或體前者象形字後者會意字也□从二从大二古文上字大人也亦示人最上之處人最上處則頂也龜甲文之□與小篆之□殆即一字亦猶元與兀為一字也天與元聲義均相近

二　前肆三七（二）　同上（二）　後上二八

羅振玉曰卜辭中上字下橫畫上仰者以示別于一二之二也

□ 前弍二二 □ 同上三一 □ 同上五十 □ 前弍一八 □ 同上二一 □ 同上二四 □ 前肆一七 □ 同上

□ 前陸二一 □ 後上四 □ 同上二六 □ 同上 □ 同上二八 □ 鐵二 □ 林弍一一 □ 同上

羅振玉曰說文解字帝古文作□注古文諸丄字皆从一篆文皆从二二古文上字辛言示辰龍童音章皆从古文上今觀卜辭或从一或从二殆無定形古金文亦多从二不如許說也又卜辭中帝字亦用為禘祭之禘

卜辭帝字大抵作□若□亦有作□者王國維曰帝者蒂也不者柎也古文或作□□但象花萼全形未為審諦故多於其首加一作□□諸形以別之見天字注余按帝為蒂字之說草創於吳大澂吳於□己且丁父癸鼎之□字注云疑古帝字本作□如花之有蒂果之所自出也後人增益之作□象根枝形从艸者俗字也古籀補附录□是否即帝雖無確證然以帝為蒂實為倡始特象根枝形之說未能圓滿王謂象花萼全形者是也分析而言之其□若□象子房□象萼□象花蕊之雄雌以不為柎說始於鄭玄小雅棠棣棠棣之花鄂不韡韡箋云承華者曰鄂不當作柎柎鄂足也古音不柎同王謂不直是柎較鄭玄更進一境然謂與帝同象萼之全形事未盡然余謂不者房

也象子房猶帶餘蕊與帝之異在非全形房熟則蒂大故不引伸為巫其用為不是字者乃假借也知帝為蒂之初字則帝之用為天帝義者亦生殖崇拜之一例也（卜辭帝字多用為至上神之稱號）帝之興必在漁獵牧畜已進展於農業種植以後蓋其所崇祀之生植已由人身或動物性之物而轉化為植物古人固不知有所謂雄雌蕊然觀花落蒂存蒂熟而為果果多碩大無朋人畜多賴之以為生果復含子子之一粒復可化而為億萬無窮之子孫所謂韡韡鄂不所謂綿綿瓜瓞天下之神奇更無有過於此者矣此必至神者之所寄故宇宙之真宰即以帝為尊號也人王乃天帝之替代而帝號遂通攝天人矣

H寸（前弍三）[glyph]（後下三七）

羅振玉曰說文解字旁溥也从二闕方聲古文作[glyph][glyph]籀文作[glyph]古金文作[glyph]（旁肇鼎）[glyph]（旁尊）並从H从寸或从冂即H之省或从廾又H之變也

二（前肆三七）（二）（同上）

羅振玉曰段玉裁注說文解字改正古文之丄丅二字為二二段君未嘗肆力於古金文而冥與古合其精思至可驚矣

示 前弍一 亍 同上 示 同上 示 同上 丅 同上 丁 同上 示 同上 示 後上十

丁 林弍一九

羅振玉曰說文解字示古文作𥘅卜辭諸示字亦或从一或从二宗字所从之示亦然其省川作丨或丨下增一則古金文亦未之見矣

古來凡神事之字大抵从示說文云天㸚象見吉凶所㠯示人也从二（古文上字）三㸚日月星也觀乎天文以察時變示神事也凡示之屬皆从示𥘅古文示桉此所謂光明崇拜之說也然卜辭示字多作丅形上不必从二下不必㸚三其㸚更有多至四五者如祝或作祝祀或作祀宗或作宗金文𠭯鐘之一用濼好宗亦作宗此由字形而言丅實丄之倒懸其旁㸚乃毛形也金文示字其中㸚更有肥筆作者如𨒪伯敔之宗字作宗仲追父敔之宗字作宗戒者鼎戒者作旅鼎用匃偁魯𥙊用妥眉录用作文考宮伯寶尊彝𥙊字與录（祿）字對文當是福字从示北聲周乎卣隹九月既生霸乙亥周乎鑄旅宗彝用亯于文考庚仲用匃永𥝢孫孫子子其永寶用𠷎（盄壽鑑古七卷四葉）福字作𥝢从北聲與此同此省畐（桉此字古文實作酉會意乃奉酒以祈福後譌變為畐而成聲符）與福之从示畐聲同

殷彝有戈祝盉曰戈祝作父丁彝此以卜辭之祝或作祝若祝例之自是祝字其為象形更顯著可知余說之非妄誕矣知此則可知卜辭於天神地祇人鬼何以皆稱示蓋示之初意本即生殖神之偶象也又凡从示之字得此亦若明白如畫故宗即祀此神象之地祀象人跪於此神象之前祝象跪而有所禱告祭則持肉目獻於神凡此等字均卜辭所有且多未脫圖畫文字之畛域揆其意實象形文字也

畐 前肆二　福 同上二三　福 同上　畐 同上　福 同上　畐 同上　福 同上　福 同上

福 干 前伍四三　畐 後下一三　福 同上一七　福 林弍一九　畐 同上　福 後下一四

羅振玉曰从兩手奉尊于示前或省廾或並省示即後世之福字在商則為祭名祭象持肉福象奉尊周禮膳夫凡祭祀之致福者注福謂諸臣祭祀進其餘肉歸胙于王晉語必速祠而歸福注福胙肉也令以字形觀之福為奉尊之祭致福乃致福酒歸胙則致祭肉故福字从酉胙字从肉矣（胙亦作祚詩既醉釋文胙本一作祚）許君謂福畐聲非也古金文中父辛爵福作畐 弭仲簠福字亦从畐 周公敨福作福 从畐 均象尊形

葉玉森曰按說文㷍積火燎也古文作禉卜辭从示从酉疑即禉字禫為繁文酉為省文

前弍二十　前弍二二　前弍二八　前伍二二　後下一八　林弍十

羅振玉曰卜辭中左右之右福祐之祐有亾之有皆同字𠂇又為又之異體也

王國維曰說文解字左部𡯁貳也左不相值也从左从𠂇𡯁籀文𡯁从二

按𡯁作𡯁則籀文左當作𠂇殷虛卜辭有𠂇字其文曰王受𠂇羅氏曰𠂇殆即又字他文多作受又又即右猶言受福矣今據此左作𠂇𠂇確是右字𠂇𠂇蓋左右之初字也又古文从又之字後世多从寸作𠂇蓋从𠂇省師寰敦有左字與篆文同

按差許書訓貳此即籀文从二之意籀文𡯁字仍目𠂇為左非目𠂇為左也卜辭有王受𠂇之成語當讀為王受有祐又作重文金文重文之例均如是作

前弍二　同上四　同上五　同上一九　同上　同上四一　前弍三八　前肆一九

同上　同上　同上　同上　同上　同上一六　後上二　同上

文一　五

同上 八 同上 同上 同上 一八 同上 同上 一九 同上 同上 二十

同上 同上 二一 後下 三三 同上 林式 二五 新二 四零 新二 五九 新三 四七

羅振玉曰此字變形至夥然皆象持酒肉于示前之形乚象肉又持之點形不一皆象酒也或省示或並省又篆文从手持肉而無酒古金文亦然

示乃牡神亦有以牝為神者其事當在祀牡之前卜辭祭字於从示之外亦从匕作諸形从匕與从示同意然匕廢而祭行矣

前式 二七 同上 二八 同上 前肆 一九 同上 同上 二十 前伍 四七 明二 二八

商承祚曰巳即祀之省

祀象人跪於生殖神象之前

前式 一九 同上 九 同上 同上 一一 同上 一二 同上 同上 同上 一八

同上 一九 同上 後上 三 同上 二十 新二 四二

羅振玉曰說文解字祖从示且聲此與古金文均不从示惟齊子仲姜鎛始作

祖

祖妣者牡牝之初字也卜辭牡牝字無定形牛羊犬豕馬鹿均隨類

賦形而不盡从牛作其字之存者茲列如次牝 从馬从匕 从牛从匕 从羊从匕

从犬从匕 从豕从匕 牡 从牛从丄 从羊从丄 从豕从丄 从鹿从丄 觀上所列均

从丄匕象徵之字余謂丄匕即祖妣之省也古文祖不从示妣不从女其在卜

辭祖妣字有下列諸形祖 妣 是則且實牡器之

象形故可省為丄匕乃匕柶字之引伸蓋以牝器似匕故以匕為妣若牝也

前弍一四 前肆二七 同上二八

羅振玉曰爾雅釋天商曰祀徵之卜辭稱祀者四稱司者三曰惟王二祀曰惟

王五祀曰其惟今九祀曰王廿祀曰王廿司是商稱年曰祀又曰司也司即祠

字爾雅春祭曰祠郭注祠之言食詩正義引孫炎云祠之言食為郭注所本是

祠與祀音義俱相近在商時殆以祠與祀為祭之總名周始以祠為春祭之名

故孫炎釋商之稱祀謂取四時祭祀一訖其說殆得之矣

商承祚曰桉此即祠祀之祠字省示耳與祖之作且意同

前肆一八 同上 前柒三一 前陸三 同上一六 後上一九 後下二三

林弍二五

羅振玉曰第三字與大祝禽鼎同第二字从𠕁者殆从丅从ⅡⅡ象灌酒于神
前非示有𠕁形也第一字从[glyph]象手下拜形
商承祚曰祊或又省示作[glyph]其作[glyph]者殆亦祝字之變體象跽于神前而
灌酒也
祝象跪而有所禱告

[glyph] 前陸五二
王國維曰此疑史字从示與祝同意

三 前貳一一 三 菁一
羅振玉曰古金文一二三字均與此同說文解字一二三之古文作弌弍弎
乃晚周文字錢大昕汗簡跋云作字必先簡而後繁有一二三然後有从弋之
弌弍弎而叔重注古文于弌弍弎之下以是知許所言古文者古文之別字非
弌古于一也

[glyph] 前貳一一 [glyph] 同上二 [glyph] 同上 [glyph] 同上七 [glyph] 同上 [glyph] 同上 [glyph] 前貳二八 [glyph] 前肆一四
[glyph] 同上一九 [glyph] 同上三十 [glyph] 同上三一 [glyph] 前陸三十 [glyph] 前柒二七 [glyph] 後下一六 [glyph] 新二零八 [glyph] 新三四零

羅振玉曰說文解字王古文作𤈦金文作王（盂鼎）王（格仲尊）𤈦（者沪鐘）均與說文所載古文同卜辭从⊥从△（△即⊥刀筆僅能成其匡郭耳）並與𡴀同吳大澂釋為古火字是也卜辭或徑作𡈼王國維謂亦王字其說甚確蓋王字本象地中有火故省其上畫誼已明白且據編中所載諸文觀之無不諧也（又皇字从王古金文或从王又或从土土非土地字即王也）卜辭中或作△作⊥則亦但存火亦得示盛大之誼矣王國維曰考工記畫繢之事火以圜鄭氏注云形如半環今觀古文諸王字皆作環形（象火之上炎）可為考工之碻詁又王旺聲同當以旺盛為本義許說蓋引伸之義

后乃母權時代之遺字其必遭廢棄乃意料中事（說詳第十四篇毓字注）入周以後義轉為王妃實猶存其本來面目周語云昔昭王娶于房曰房后妃后義之見於典籍者疑以此為最古其后辟義之繼承者則為王字史記殷本紀云周武王為天子其後世貶帝號為王桉以卜辭此說殊不確蓋卜辭天子已稱王且已稱其先公為王亥王恆王矢矣然王之當屬後起由王字本身可以證明說文云王天下所歸往也董仲舒曰古之造文者三畫而連其中謂之王三者

天地人也而參通之者王也孔子曰一貫三為王此乃就後起之字形以為說非王字之本義也王字古文畫不限於三中不貫以一卜辭王字極多其最常見者作太與士字之或體相似繁之則為𡗗若𡗗省之則為太若土金文王字多作三畫一連然中直下端及第三橫畫多作肥筆其第三橫畫之兩端尤多上拳如宰甾𣪕作王　盂鼎作王　其最顯著者姑馮句鑃隹王正月作王　四畫貫者非一所貫非三據此可知孔仲尼不識古字每好為臆說近人始有新說出焉吳大澂說文古籀補即據盂鼎王字注為盛也大也从二从火火古火字地中有火其氣盛也火盛曰王德盛亦曰王羅氏採其說謂卜辭从土从太並與火同又或作太作土但存火亦得示盛大之誼余桉吳氏未見卜辭以火為火字其說自較一貫三之舊解為長然卜辭既出則此說又當更正太若土實即且若士字之變羅氏以為並與火同者非也其在母權時代用毓以尊其王母者轉入父權則當以大王之雄以尊其王公且已死之示稱之為祖則存世之示自當稱之為王祖與王魚陽對轉也又如後起之皇字金文中其器之稍晚者如秦公𣪕作皇　鄦侯𣪕作皇　禾𣪕作皇　陳侯因資𣪕作

皇 齊陳曼簠作皇 齊子仲姜鎛作皇 王孫鐘作皇 沇兒鐘作皇 邾公華鐘作皇 皆从王作而器之較古者如毛公鼎之皇 宗周鐘之皇 頌鼎之皇 善夫克鼎之皇 則皆从士作（羅氏以為从土非也）是則王與士同係一物之明證矣余謂士且王土同係牡器之象形在初意本尊嚴並無絲毫猥褻之義入後文物漸進則字涉於嫌遂多方變形以為文飾故士上變為一橫筆而王更多加橫筆以掩其形且字在金文中器之較古者無變器之較晚者如鄀公簠作且 師虎敦作且 伯家父敦作且 益以手形陳逆簠作且 子仲姜鎛始从示作祖 士字上肥筆亦變作橫畫後且从示矣匕字亦如是匕之作妣者始見於鄦侯敦之妣 字其他如作義妣鬲作妣 召仲作生妣鬲作妣 陳侯午敦作妣 子仲姜鎛更从示作妣 皆較晚之器皆有所文飾者矣

□ 前肆二八 □ 前陸三二 □ 同上 □ 林弍七

羅振玉曰从勹貝乃珍字也篆文从王此从貝者古从玉之字或从貝如許書玩亦作貦是其例也勹貝為珍乃會意篆文从王㐱聲則變會意為形聲矣

□ 前弍一一 □ 同上 □ 同上三八 □ 同上

从王从禾从目从止或省止說文所無

王 前弍一三 丰 前陸六五 丰 後上二六 丰丰 後下四三

羅振玉曰說文解字王象三玉之連丨其貫也古文作玊卜辭亦作丰或露其兩端也至古金文皆作王無作玊者

王國維曰古玨字 說詳第四朋字注

中 前弍六 中 前弍三一 中 前肆二七 中 同上 中 同上三七 中 同上 中 前陸四九 中 前柒二二

羅振玉曰說文解字中古文作中籀文作中古金文及卜辭皆作中或作中斿或在左或在右斿蓋因風而左右偃也無作中者斿不能同時既偃于左又偃于右矣又卜辭凡中正字皆作中从口从中伯仲字皆作中無斿形史字所从之中作中三形判然不相淆混惟中丁之中曾見作中者乃偶用假字也

每 前弍二 每 前肆二七 每 前捌七 每 後上三十 每 同上一四 每 新一五七

胡光煒曰卜辭假每為霰每敄聲同故爾雅言霰謂之晦

董作賓曰每當讀晦與啓相對晦陰啓晴也

 後下 二十

王國維曰此與說文莊之古文形近但省丌耳疑即葬之初文

 前弍 二七  前肆 一一  同上 三七  同上 四一  前伍 二十  同上  同上 二四  同上

 同上 三十  前柒 三八  前捌 一一  後下 二八  新二 三五

羅振玉曰說文解字若擇菜也从艸右右手也又諾譍也从言若聲按卜辭諸若字象人舉手而跽足乃象諾時巽順之狀古諾與若為一字故若字訓為順古金文若字與此略同擇菜之誼非其朔矣

葉玉森曰按契文若字並象一人跽而理髮使順形易有孚永若荀注若順也卜辭之若均含順意許君右手擇菜之說非朔誼

 前弍 一一  前弍 六  前肆 五三  前捌 四  後上 九  林弍 二十  新三 二二

羅振玉曰从又持斷艸是芻也散盤有字與此同古陶文騶字从芻漢騶四朱小方錢騶字从芻古鉥印亦然均尚存古文遺意矣

 前弍 二七  後下 三七  同上 三九

羅振玉曰說文解字苣束葦燒也此从丮執火或从屮象爇木形與莄同意殆

茝之本字

王襄曰古爇字象人執火形

前弍三二 前陸三九 前柒三 後上二三 同上 後下四 同上

羅振玉曰周禮大宗伯以貍沈祭山林川澤此字象掘地及泉實牛于中當為貍之本字貍為借字或又从犬卜辭云貞三犬尞五犬五豕卯四牛 前編七卷三葉 貍牛曰貍犬曰實一字也

王襄曰古貍字象貍牲之形从∷或⁝象地中之水貍之牲為牛則字从牛犬則从犬也後世以貍薶為而之本字廢

明二一八八 同上一九一三

葉玉森曰字右下並不完當作即古萑字又从森與从茻同字如亦作可證契文之萑為地名

鐵一五一 鐵一八四 鐵二四九 前肆五 前陸四三 同上 餘 戩一三

葉玉森曰上揭諸字當象方春之木枝條抽發阿儺無力之狀下从日即从日為紀時標識紬繹其義當為春字說文萅推也从艸从日屯聲古孝經春作

石經作旾並省艸與卜辭近似蓋屯本非聲加艸更贅萅乃後起字卜辭又作屯省日再省作屮似許書屮字訓艸木初生仍春象也

又曰萅萅並萅之繁文萅狀春木枝條抽發形乃萅之省變

董作賓曰清于省吾說萅字與若字同例證明萅字上半所从為木形深合于卜辭且為繁體春字的最好注脚錄其說于下艸部萅从艸从日艸春日生也屯聲桉此篆蓋體變當作萅上从屯即叒字也叒部叒之籀文作叒叒實即若字而石鼓文箬字作箬則叒亦當作萅王筠句讀曰从口屯聲是也叒之當作屯此明徵矣（說文職墨）徐灝引戴侗說也以為叒是象木而三其枝其說曰屯象木而三其枝譌為三又古鐘鼎文作萅籀文作叒乃萅之譌若从艸从右則又自籀而訛也（說文解字注箋）說文叒日初出東方湯谷所登榑桑叒木也象形所謂象形必是象榑桑叒木之形于戴兩家之說甚是由此更可知春字所从之木實即叒木也就是桑木春字从桑从日意是桑抽柔條之日也就是說可以採桑之日這裏還有三個證據一文證金文叒字卜辭桑字皆類似春字所从試比較于次叒屯（師嫠𣪕）屯（毛公鼎）屯（盂鼎）桑屯（後上一一）屯（前弌

六前肆四一春前陸四三同上前肆五金文借叒為若卜辭中則若另是一字卜辭中桑字如曰桑貞曰在桑曰田桑皆地名商有桑林相傳是成湯祈禱旱災之所觀上所舉可見叒音同弱表示桑枝柔弱之義卜辭桑字幾與金文叒字全同春字所从即是桑字不過更象其嫩條初生阿儺無力之狀而已二物證桑之為木枝條柔弱且為春日常見之物採桑詩歌即可為證茲錄見于詩經者四則春日載陽有鳴倉庚女執懿筐遵彼微行爰求柔桑（豳風七月）蠶月條桑取彼斧斨以伐遠揚猗彼女桑（同上）菀彼桑柔其下侯旬捋采其劉（大雅桑柔）隰桑有阿其葉有難（小雅隰桑）所謂柔桑條桑桑柔阿難皆可見桑之為物枝條柔弱之狀與春字所从之形正合不然別的樹木如松柏桐梓之類雖春日也有嫩枝新條但決非如此形狀了三事證蠶桑事業的發明相傳始于黃帝的元妃嫘祖這話雖然荒誕但至少在商代早有了蠶桑事業那是無疑義的新石器時代的西陰村（與仰韶文化同時在商以前）已有了半個經過人工的割裂的繭殼（詳李濟所著西陰村史前的遺存二二葉）甲骨文字中有从糸之字及帛巾等物又有蠶示之祀（後上二三葉有蠶示三宰之文）桑字之出現更是不用說了古代農桑耕織並重蠶桑事業早已盛行

于商代故特借此最有用之桑木為春日樹木之代表因以造為春字

前肆九 後上一四 後下二

羅振玉曰从日在森中从森與許書从茻同卜辭从茻从森多不別如圃字作圃亦作圃矣

後上一八 著

羅振玉曰从茻䖒聲䖒即且殆即孟子驅龍蛇而放之菹之菹

陳邦懷曰此字从茻从虘乃古文蘆字𧃒蘆字見爾雅釋艸說文解字艸部無蘆字邑部有𨟯字許君曰沛國縣从邑虘聲今酇縣桉說文𨟯字乃後起之字卜辭⿳艹虘廾字當是古文从茻作⿳艹虘廾猶說文莽字籀文作莽矣古金文从艸之字多从茻例多不悉舉爾雅作蘆者蓋⿳艹虘廾之省文

甲骨學文字篇第一

醴陵朱芳圃編

文字編第二

文七十三　重三百三十九

小 前弍一六　小 同上　小 同上一六　小 同上　小 前肆五五　小 後上二四　小 林弍一四　小 林弍二五

商承祚曰按小卜辭作三點示微小之意與古金文同許君訓从八丨見而八分之殆非初誼矣

葉玉森曰說文小物之微也从八丨見而八分之按契文作小蓋象細小如雨點形故亦借作省文雨如甲骨文字一卷十葉缺日允小小即雨之省文辭言某日允雨也又有作小者前編四卷四二葉雨小又五五葉牛小羅振玉釋少王襄釋雹予按殷虛卜辭四零一版己巳卜亡小臣其斧又小臣之小正作小知小小同字上舉二辭固言雨小牛小也篆文之少即由小變褱盤彤沙之沙作沙仍从小知古本無少字

八 前弍四六　八 前弍三三　八 前弍二

說文解字八別也象分別相背之形

前伍四五 藏三八

說文解字分別也从八刀刀㠯分別物也

前弍二七 同上四三 同上四五 同上四六 同上 新一二五

羅振玉曰象人着介形介聯革為之或从::者象聯革形

公 前弍四八 新一零八

商承祚曰按說文解字公分也从重八孝經說曰故上下有別段玉裁云此即今之北字其作公者非古也今徵之卜辭亦有公字與許書从重八正合卜部卦灼龜坼也古文作公則公之本誼為分別而卦則為卜卦之專字今則借北為卦而卦廢矣段氏謂公為北之初字以誼繩之殆有所誤矣

前弍三 同上

羅振玉曰說文解字公从八厶八猶背也此與古金文均从八从口

前弍一三 同上 前柒三六 前捌一四

王國維曰按佘為余之古文說文余从八舍省聲非

鐵一二 前弍二九 同上十 前肆二八 前伍四六 同上 後上二四 後下五

 林弍一一六  新一五五

羅振玉曰說文解字告牛觸人角著橫木所以告人也卜辭中牛字或从二或从乚乃象著橫木之形

徐中舒曰羊字金文骨文作象其頭角形牛字象形本與羊同角內環∪為牛角外環∨為羊說文牛事也理也象頭角三封尾之形也依羊字例亦只象頭角形

 前弍二十  同上二八  同上二九  同上三四  前陸四七  前柒一七  後上二五

羅振玉曰說文解字牡畜父也从牛土聲此或从羊或从犬或从鹿牡既為畜父則从牛从羊从犬从鹿得任所施牡或从鹿作麠猶牝或从鹿作麀矣

王國維曰說文牡畜父也从牛土聲按牡古音在尤部與土聲遠隔卜辭牡字皆从丄丄古士字孔子曰推十合一為士丄字正丨（古文十字）一之合矣古音士在之部牡在尤部之尤二部音最相近牡从士聲形聲兼會意也士者男子之稱古多以士女連言牡从士與牝从匕同匕者比也比於牡也

葉玉森曰疑古或以王（契文王一作丄）與匕表陰陽二性故通用於獸畜（畜父从王畜母从匕）

按匕者比也乃後起之說其在母權時代牡猶不足以比牝遑論牝

比於牡推十合一之說亦必非士之初意上若果爲十與一之合則土何不可

爲十與一之合耶據余所見上實爲牡器之象形互見第一祖字注

前弍一七 同上 同上一八 同上 同上 前肆三十 後上二三 同上一三

羅振玉曰說文解字犅特牛也从牛岡聲此从剛省聲靜敦亦有字與卜

辭正同大中敦莘犅字又作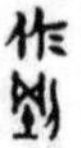卜辭又有作者

前弍九 同上二四 前伍四四 同上四三 前陸四六 同上 後上二五 同上

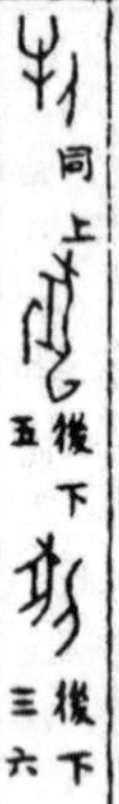
同上 後下五 後下三六

羅振玉曰說文解字牝畜母也从牛匕聲母畜對牡而稱牝殆猶母對父而稱

匕羊豕犬亦有牝故或从羊或从豕或从犬或从馬詩麀鹿之麀乃牝之从鹿

者與⿰羊匕⿰豕匕⿰犬匕⿰馬匕諸字同乃諸字皆廢而麀僅存後人不識爲牝之異體而別搆

音讀蓋失之矣

林弍一三 前弍五 前弍一十 同上 同上 同上一一 同上 同上一二

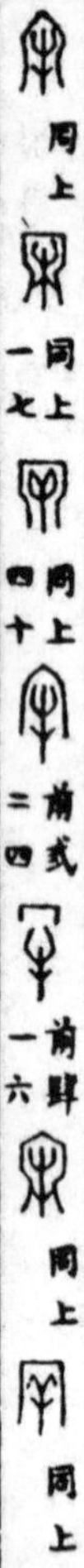
同上 同上一七 同上四十 前弍二四 前肆一六 同上 同上 同上

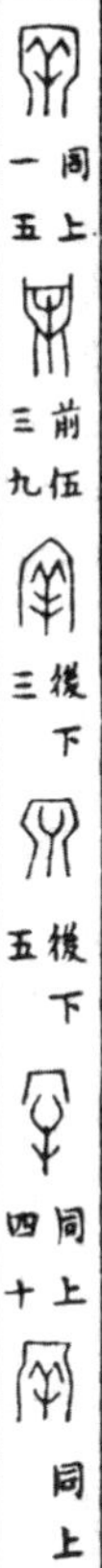
同上一五　前伍三九　後下三　後下五　同上四十　同上

羅振玉曰牢為獸闌不限牛故其字或从羊或變作或變作遂與今隸同矣其从者亦見絡子卣

董作賓曰窂義同牢用法有別疑即牛為太牢羊為少牢之義从羊之窂有作者可證少牢即小牢太牢即大牢也

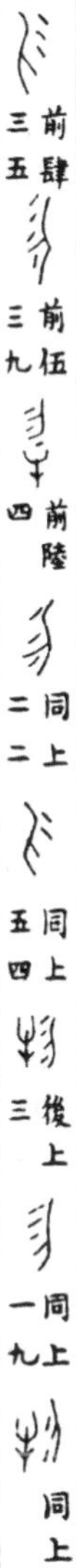
前肆三五　前伍三九　前陸四　同上二二　同上五四　後上三　同上一九　同上

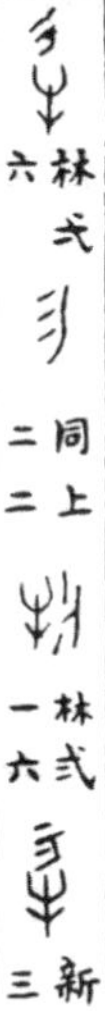
林弍六　同上二二　林弍一六　新九三

王國維曰說文物萬物也牛為大物天地之數起於牽牛故从牛勿聲桉許君說甚迂曲古者謂雜帛為物蓋由物本雜色牛之名後推之以名雜帛詩小雅曰三十維物爾牲則具傳云異毛色者三十也實則三十維物與三百維羣九十其犉句法正同謂雜色牛三十也由雜色牛之名因之以名雜帛更因以名萬有不齊之庶物斯文字引申之通例矣

徐中舒曰勿之本義當為土色經傳多借物為之周禮載師掌任地之灋以物地事授地職而待其政令丱人掌金玉錫石之地而為之厲禁以守之則物其

地圖而授之草人掌土化之法以物地相其宜而為之種遂師掌四方之地名辨其丘陵墳衍遼隰之名物之可以封邑者縣師凡造都邑量其地辨其物而制其域儀禮既夕冢人物土左傳成二年先王疆理天下物土之宜而布其利又昭三十二年士彌牟營成周中畧仞溝洫物土方此諸物字皆勿之借字物地物土即相土色相地色各家注皆訓物為相惟鄭司農注周禮載師云物色之以知其所宜之事草人云以物地占其形色卝人云占其形色知鹹淡也訓物為色為形色為不誤物訓色自非一色引申之又得為雜說文旃旗也中畧雜帛為之幅赤白半周禮司常雜帛為物旃為雜帛則勿為雜土物為雜毛牛物訓雜毛牛與犁訓犁雜文論語何注牛不純色淮南說山高注等義又正相應甲骨文物或作勿皆謂雜毛牛無作否定詞用者金文則全為否定詞矣

 前弍二一  同上

羅振玉曰說文解字無此字卜辭中又有戠戠二文前編四卷四葉此从戈與戠殆一字故知此字从牛从戠考說文解字埴注黏土也从土直聲禹貢厥土赤埴墳釋文埴鄭作戠是古戠與直通禮記王制大夫以犆牛周禮小胥釋文特本

作犆由此推之知戠即犆犆即特也然由卜辭觀之戠當為牛色與革字同例

後人以特釋犆或非初誼矣

前弍三 同上二六 前弍二七 前柒一四

說文解字告牛觸人角箸橫木所以告人也从口从牛

前陸一

說文解字名自命也从口夕夕者冥也冥不相見故以口自名

前弍二一 同上 同上二二 同上 同上 同上 同上二三 同上

同上 同上 同上二四 同上二六 後上一六 林弍二九

商承祚曰椄與古金文同

後下九

說文解字問訊也从口門聲

前肆二七 前伍三九

說文解字唯諾也从口隹聲

前弍四三 同上四四 同上 同上 後上一九

羅振玉曰說文解字咸皆也悉也从口从戌戌悉也卜辭與古金文盂鼎及貉子卣皆

从戌

吉 前弍四四 吉 同上 吉 同上 吉 同上三十 吉 前肆一九 吉 同上二九 吉 前伍五 吉 同上六

吉 同上一五 吉 同上一六 吉 同上 吉 同上 吉 同上 吉 同上 吉 同上 吉 同上

吉 同上一七 吉 前捌七 吉 前陸四十 吉 同上四三 吉 前柒一六 吉 同上三九 吉 後上一九 吉 後下九

羅振玉曰說文解字吉从士口卜辭中吉字異狀最多惟第十字與許書合作

吉吉者與空首幣文合

葉玉森曰說文吉善也从士口栔文吉字變態極多疑吉吉為初文从甲从日甲為十干之首古或以甲日為吉日遂制吉字至變十為丄為ㄒ為屮為士復由屮譌變从𠂉與告字溷由ㄒ譌變从亼仝介象矢鏃形朔誼乃益隱晦

士字卜辭未見从士之字如吉於作吉形之外多作吉吉吉吉諸形是士字古亦作亼仝𠂔若𡈼矣金文吉字有作吉旂鼎吉㝬敦者與卜辭之从𡈼作者同此由形而言與土且同為牡器之象形實無二致士音古雖在之部然每與魚部字為韻如射義禮記引詩曾孫侯氏八句以舉士處所射譽

為韻詩常武首章以士祖父武為韻（武本作戎據江有誥校改）是士字古本有魚部音讀也

蓋士字古本讀魚部音而轉入之部牡从土聲（案當為且聲）而讀在尤部者亦同此

說且尤魚二部亦有為韻之例如民勞二章以怓韻休逑憂休者是也

□（鐵三六）□（前肆三二）□（前伍一五）□（前陸六三）□（同上）□（新二四九）□（新二七七）

商承祚曰按知□即周者金文公伐郤鼎周作□又省口作□免簋王在周

亦作□是以知之

字固周字其證有二一為無惠鼎之王各于周廟作□乃□之省

則知□乃□之省（近出矢令彝兩周公字一作□一作□此□為周字之鐵證）一為畫字古金文畫字从

周如畫轉畫輻二畫字毛公鼎作□師兌敦作□番生敦作□从周省

與無惠鼎周字同彔伯敦作□蓋琱字之省琱亦通周（函皇父作周媍匜之周媍函皇父敦作琱）

媍即其明證 而宅敦則作□从□省是□為周之明證矣至畫字何以从周觀

其字形殆謂以規畫圓也（圓周之周說文本作□然經典中未見此字古器物中亦未見此字）

□（前弍四七）□（林弍一一）

王國維曰唐即湯之本字說文□古文唐从口易與湯字形相近卜辭之唐必

湯之本字後轉作啺遂通作湯矣

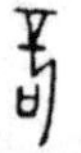前肆二八前伍二一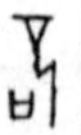前陸二九同上三四後下一十

說文解字啻語相訶歫也从口辛辛惡聲也讀若櫱

後下一三

說文解字吝恨惜也从口文聲

前伍二四同上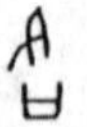同上同上後下一九

羅振玉曰說文解字各異辭也从口夊夊者有行而止之不相聽也按各从象足形自外至从口自名也此為來格之本字

前伍四七同上四六菁一一

說文解字吠犬鳴从口犬

前陸九後下二八

葉玉森曰說文㕣山間陷泥也从口八象水敗皃讀如沇州之沇沇九州之渥地也故以沇名焉又沇下出古文㕣蓋㕣為本字篆變作沇隸變作兖卜辭之㕣當即㕣

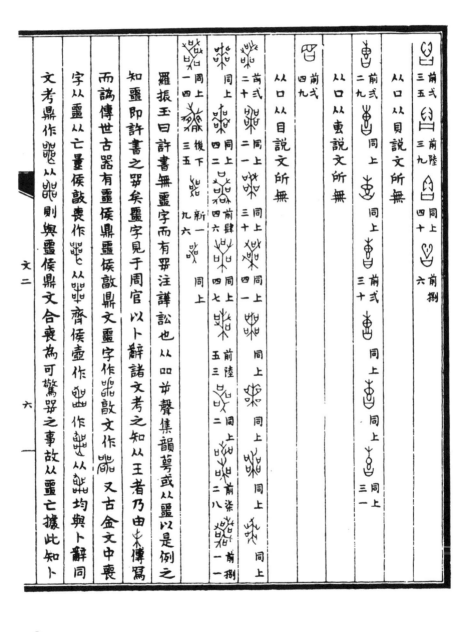

前弍三五 前陸三九 同上四十 前捌六

从口从貝說文所無

前弍二九 同上 同上 前弍三十 同上 同上 同上三一

从口从叀說文所無

前弍四九

从口从目說文所無

前弍二十 同上二一 同上三十 同上四一 同上 同上 同上 同上

同上 同上四二 前肆四六 同上四七 前陸五三 同上二 前柒二八 前捌一一

同上一四 後下三五 新一九六 同上

羅振玉曰許書無噩字而有咢注譁訟也从吅屰聲集韻蘁或从噩以是例之知噩即許書之咢矣噩字見于周官以卜辭諸文考之知从王者乃由木傳寫而譌傳世古器有噩侯鼎噩侯敦鼎文噩字作敦文作又古金文中喪字从噩从亡量侯敦喪作从齊侯壺作作从均與卜辭同文考鼎作从則與噩侯鼎文合喪為可驚咢之事故从噩亡據此知卜

辭諸字與噩侯兩器之文確為噩字噩侯史記殷本紀作鄂侯漢書韋賢傳咢咢黃髮文選諷諫詩作諤諤黃髮綏民校尉熊君碑臨朝謇咢諤又作咢是咢諤鄂古通用爾雅釋天之作噩史記歷書作作鄂集解引徐廣曰噩一作鄂知史記之鄂侯即金文之噩侯卜辭中噩為地名殆即噩侯國許書之咢蓋後起之字此其初字矣

前柒二六 後下一二 菁五

羅振玉曰作與伯昊生鐘同卜辭中獸字从此獸即狩之本字征戰之戰从單蓋與獸同意

丁山曰單之形見于殷契者與金文不甚遠而其流變也往往似干干與盾同實而異名盾單雙聲而單干疊韻審其聲音遞轉竊疑古謂之單後世謂之干單干蓋古今字也如契文或省為是其證

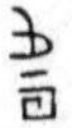前弍八 前肆三七 菁九

羅振玉曰說文解字𧻚𧻚田易居也从走亘聲此从止从亘殆即許書之𧻚矣此當為盤桓之本字後世作桓者借字也

之 前弍五三 之 後下三 之 同上五 之 新一零八

孫詒讓曰說文止下基也象艸木出有阯故以止為足依許說則止本象艸木之有阯而假借為足止金文有足跡形如毋卣作㞢富夫鼎作㞢皆無文誼可推或即與止同字龜甲文則凡止皆作㞢

又曰綜考金文甲文疑古文㞢為足止本象足跡而有三指猶說文又字注云手之列多略不過三是也金文足跡則實繪其形甲文為㞢則粗具匡郭猶山之為山其原本同

胡光煒曰之象人足於今文為止其見於古經傳者如詩草蟲曰亦既見止亦既覯止毛傳曰止辭也在卜辭則以之為代辭其用當於爾雅之子猶言是子也之是古經傳皆以之為代辭之於說文為之求之卜辭則有㞢與之形近然考卜辭用㞢之例或以為又或以為有其用與之絕異殷虛卜辭二九一八片文曰㞢于之足證㞢之之非一字矣

歬 前弍四十 歬 前陸二一 歬 後下一一 歬 同上

羅振玉曰說文解字歬不行而進謂之歬从止在舟上此从歬从行或省从彳

文二 七

誼益顯矣

□ 前弍三三 □ 後下一一 □ 同上 □ 同上

羅振玉曰說文解字歷過也从止厤聲此从止从秝足行所至皆禾也以象經歷之意或从林足所經皆木亦得示歷意矣

□ 前弍三三 □ 前肆六 □ 同上四一 □ 前伍二 □ 同上二九 □ 同上 □ 前柒一七 □ 前捌一 □ 同上 □ 後上三十 □ 後下三三 □ 同上四二 □ 林弍二二

羅振玉曰說文解字歸女嫁也从止从婦省𠂤聲籀文作□此省止與諆田鼎歸夆敲同或又省𠂤

葉玉森曰□□並从𠂤从止予曩釋𠂤从朿象植兵于架表師次不用兵意（見第十四𠂤字注）兹更从止蓋謂師已歸止故植兵于架表師還意當即初文歸字小篆从𠂤从止猶協古誼□形與□近後乃譌□為□復誤省作□乃通假為歸□字轉罕見故□取誼于歸屋似應从□乃□省契文並譌从□

□ 前伍二 □ 林弍二九

羅振玉曰說文解字登上車也籀文从廾作䔲與此合散盤亦作□此字从

址异聲异即瓦豆謂之登之登

□前弍十 □同上四九 □前弍七 □前肆一七 □前伍二四 □前陸一 □同上二二 □同上

□前捌四 □後下一一 □同上二六 □同上四三 □新二八一 □新三一三

羅振玉曰說文解字步行也从止𣥂相背桉步象前進時左右足一前一後形

或又增行

□前弍一 □前柒三二 □同上三八 □後上七 □同上二七 □戩六 □同上一七 □同上二十

□同上二三 □林弍一二 □林弍三 □同上二九 □餘一 □明八四 □明一四一三 □明二三三五

羅振玉曰从步戌聲說文解字从戌聲

歲與戉古本一字許謂歲字从步羅亦因之然如歲果从步者則當作戚若𢧜不應置左右二足形於戉之上下而隔裂之古人造字無是例也依余所見□與□（子禾子釜）實本同意戉之圓孔以備掛置故其左右透通之孔以人喻之恰如左右二足是則二點與左右二足形□之異僅由象形文變為會意字而已故从步之說有語病許書以五星為五步之說解之尤非其朔也要之歲戉古本一字因後用歲以為年歲或歲星字故二者遂至分化也又□

亦戉字以子禾子釜戉字按之亦即歲字

□ 前弍四十 □ 前肆四 □ 前伍三九 □ 前陸六一 □ 前柒二九 □ 菁一

羅振玉曰說文解字正从一一以止古文从二作□又从一足作□此从口古金文作■此但作匡郭者猶丁之作口就刀筆之便也許君云从一足殆由□而譌正月字征伐字同又作□从□

王國維曰正以征行為本義許訓是蓋引申之義

□ 前肆三六 □ 前伍九 □ 前陸三四

余永梁曰此疑進字說文近字古文作㞯

□ 前伍二一

說文解字遝迨也从辵眔聲

□ 林弍二五

說文解字迨遝也从辵合聲

□ 前肆二四 □ 同上五三 □ 前伍二六 □ 後下一一 □ 同上一二

羅振玉曰說文解字逆迎也从辵屰聲按从辵从屰者象人自外入而走以迎

之或省彳或省止

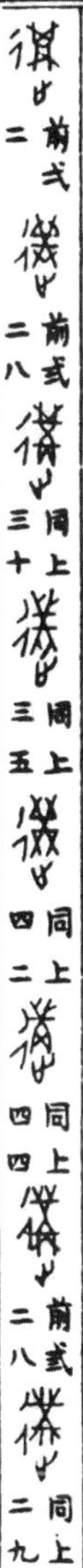

前弍二　前弍二八　同上三十　同上三五　同上四二　同上四四　前弍二八　同上二九

同上　後上一一　同上一四　同上二十　後下六

說文解字遘遇也从辵冓聲

羅振玉曰說文解字逢遇也从辵夆聲此从彳古文从辵者或从彳許書所載篆文亦然如退或从彳作徂是矣

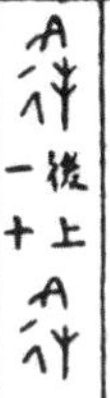

後上一十　菁九

羅振玉曰說文解字遣縱也从辵𠳋聲古金文遣皆从辵从　穿鼎及遣小子敦城虢遣生敦或省辵作　大保敦與此同周公敦追字作　亦省止增口

後下三　同上一二　同上

羅振玉曰从彳从徲徲即辟字見第九辟字注人有罪思避法也

前伍三十

容庚曰徲从屖通遲說文从屖乃淺人所改

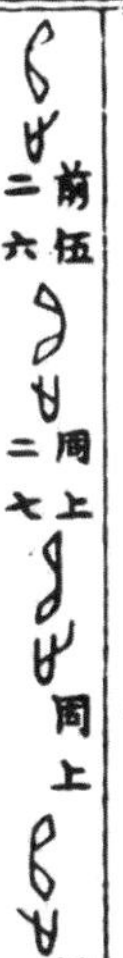

前伍二六　同上二七　同上　後下四十

文二　九

羅振玉曰說文解字追从辵𠂤聲此省彳𠂤即師字𠂤行以追之也

前弍一二 同上二三 同上四一 前弍三三 同上 同上 前陸一十 同上四六

前捌一 鐵四五 餘五 同上 明五七零 前伍二八 同上 同上

羅振玉曰說文解字逐追也从辵从豚省此或从豕或从犬或从兔或从鹿从止象獸走壙而人追之故不限何獸許云从豚省失之矣

葉玉森曰第十三字增行似為逐之繁文散氏盤道亦作　可證

前伍三十

說文解字邇近也从辵壐聲

前陸二四

从辵从向說文所無

前弍二十 同上二四 同上 同上 同上三十 同上 同上 同上三四 前弍二三

同上 前肆一七 同上一四 同上五十 前陸二十

羅振玉曰說文解字𡳿艸木妄生也从之在土上又往之也从彳𡳿聲古文作

𨑒卜辭从止从土知𡳿為往來之本字許訓𡳿為艸木妄生而別以徃為往

來字非也

前肆一七 同上四九 前伍一九

葉玉森曰林義光釋𣪘鼎䘙道為循道至塙契文之當亦循字禮月令循行國邑循即巡左莊二十一年傳注巡者循也知循巡古通

前陸二五 同上二六 前柒三二

王襄曰古徐字从辵省辵彳二字古相通假字與郤通

前弍四 同上 同上二十 同上 同上二一 同上 同上 同上二二 同上 同上二三 同上 前伍二六 後上一二 林弍二八

羅振玉曰說文解字後迹也从彳戔聲按後與踐同踐訓行（儀禮士相見禮注）訓往（呂氏春秋古樂篇注）此从辵从戈或省止與許書之後同但戈戔殊耳又許書後衛並訓迹乃一字踐雖訓履然與後亦一字是一字而析為三矣

前弍三 前肆三一 前伍四二 後下二二 同上二六

羅振玉曰說文解字徬附行也从彳旁聲按後世彷徨之彷殆从旁省與徬同此从行方聲與彷同

余永梁曰按一二四五諸文从行方聲殆亦彷徨之彷古金文有此字諸家並

釋衛

鐵一一六　鐵一四四　前弍五二　前伍二九　同上　前柒四二　同上　前捌一三

後下三六

羅振玉曰說文解字得行有所得也从彳㝵古文省彳作　許書又有㝵字注取也从見从寸複出當刪此从又持貝得之意也或增彳許書古文从見殆从貝之譌

鐵一九九　鐵二二一　鐵二七二　前弍二五　同上三三　同上四四　前弍一八　同上三五

前肆一一　前伍一三　前陸五　同上六　同上八　同上九　同上一二　同上二二

前捌二　同上一一　菁三　後下一二　同上一三　新一五二

羅振玉曰說文解字御使馬也从彳从卸古文作馭从又从馬此从彳从　與午字同形殆象馬策人持策于道中是御也或易人以攴而增止或又易彳以人或省人殆同一字也作　者亦見盂鼎或又从又馬與許書古文同或又从象

御賓从午　當是索形殆御馬之轡也

余永梁曰□疑亦馭字□馭鼎字作□正與此同

□ 後下四二

从彳从衣从又說文所無

□ 前弌四八 □ 同上

从彳从華說文所無

□ 前陸二二

从彳从木說文所無

□ 前弌六

从彳从京說文所無

□ 前弌四十 □ 同上 □ 同上 □ 前肆一一 □ 後下二 □ 同上 □ 同上

羅振玉曰□象四達之衢人所行也石鼓文或增人作□其誼甚明由□而變為□形已稍失許書作□則形誼全不可見于是許君乃釋行為人之步趨謂其字从彳从亍失彌甚矣古从行之字或省其右作彳或省其左作亍許君誤認為二字者蓋由字形傳寫失其初狀使然矣父辛觶亦作□與卜辭合訓

宮中道之啚字正从此許君謂从口象宮垣道上之形不知口但象宮垣而象

道路者乃在口内之非字也作與石鼓文同作則省行之半誼已明矣

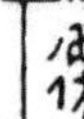 後上二九 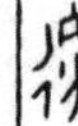 後下一五 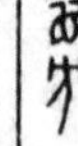 新八

从行从蒡說文所無

 前陸二三

从行从乂說文所無

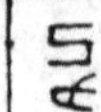 前陸二五

商承祚曰桉此从止从已殆即許書之跽字後世增心耳

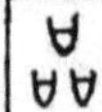 前伍三五 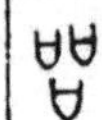 同上 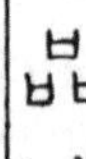 後上九

商承祚曰桉作與周公敦同

 前伍一九  同上  同上  後上四  戩二

字在卜辭乃祭名當即禴祭之禴 互見龢字注

 前貳四五  鐵二五

羅振玉曰說文解字龢調也从龠禾聲讀與和同此从龠省

說文和龢異字和在口部曰相譍也从口禾聲龢在龠部曰調也从龠禾聲讀與和同是許以唱和為和以調和為龢然古經傳中二者實通用無別今則龢廢而和行疑龢和本古今字許特强為之別耳卜辭有龢字文曰貞甲龢罘唐羅釋龢謂从龠省是矣按龠字說文以為从品侖侖理也然考之古金文如克鼎之錫女史小臣霝龠鼓鐘作龠而从龠之龢字如王孫遺諸鐘沇兒鐘子璋鐘公孫班鐘之作龢𠭯鐘之作龢魯邍鐘之作龢虢叔鐘之作龢邛君婦壺之作龢字均不从品侖諦視之實乃从亼象形象形者象編管之形也金文之作ㅂㅂ若ㄩ者實示管頭之空示此為編管而非編簡蓋正與从亼冊之侖字有別許書反以侖理釋之大悖古意矣龠字既象編管與漢以後人釋龠之意亦大有別後人均以為單獨之樂管似笛然或以為三孔（說文解字鄭玄周禮笙師禮記少儀明堂位注郭璞爾雅釋樂注）或以為六孔（毛詩邶風簡兮左手執籥傳）或以為七孔（廣雅）是皆未見古器之實狀而縣擬之耳形之相悖既如彼說之參差復如此故知漢人龠似笛之說全不可信爾雅釋樂云大籥謂之產其中謂之仲小者謂之箹而說文籟字注云籟三孔龠也大者謂之笙其中謂之籟小者謂之箹

是則龠之與籟是一非二莊子齊物論云人籟則比竹是矣籟爲比竹與龠之字形正相一致許知籥龠爲一而不知龠故以三孔龠釋籥其誤與龠下注云樂之竹管三孔者正同知龠籟爲比竹則知其大者自當爲笙爾雅產字蓋形近而訛不則當因後人不識龠而妄改者也（仲籟之異其理亦同蓋後人以籟爲籥疑中龠名籟與龠不合也）知此則簡兮之左手持籥右手秉翟而後方可說明詩之意殆言萬舞者以樂器自爲節奏右手秉翟而舞左手持籥而吹龠而果似笛乃或六孔七孔則隻手不能成節奏而左手尤不能也疑三孔之說即爲調和此詩而生蓋三孔則左手勉强可能也然說文於笛字注下云羌笛三孔則知中國古無三孔之笛令知龠本比竹於詩之義乃豁然貫通蓋比竹如令之口琴隻手優能吹之即左手亦優能吹之也在狂舞之時舞者自吹此單純之樂器節奏亦容易構成迥非笛之比矣故此詩於此適可爲互證蓋由龠始得解詩由詩亦可以知龠也知龠則知龢龢之本義必當爲樂器由樂聲之諧和始能引出調義由樂聲之共鳴始能引伸出相應義亦猶樂字之本爲琴（羅說象絃附木上其加白者乃象調絃之器按即琴矣）乃引伸而爲音樂之樂與和樂之樂也引伸之義行而本義轉廢後人只知有

音樂和樂之樂而不知有琴絃之象亦僅知有調和龤和之和而不知龢之為何物矣然龢固樂器名也爾雅云大笙謂之巢小者謂之和（說文笙字下亦引此）此即龢之本義矣當以龢為正字和乃後起者也字之从龠正表彰其為笙故此亦正可為互證蓋由龠可以知龢由龢亦可以返知龠也由上數項之推證可知龠當為編管之樂器其形轉與漢人所稱之簫相類周禮春官小師掌教簫管鄭注云簫編小竹管如今賣飴餳所吹者周頌有瞽箋亦同許書於簫字亦注云參差管樂象鳳之翼此與笙簧無別矣惟可異者漢人之簫與今制不同今人之簫為單管說者謂由排簫至單簫之變當在隋唐之際此事余尚未深考然余自文字上以求之則漢以前之簫並無編管之痕跡而反有單管之實證第一簫字或作箾說文云箾以竿擊人也从竹削聲虞舜樂曰箾韶是箾本含竿義又簫之別義如廣雅釋草云簫箾也如簫之為梢或弓末釋名釋兵曰弓其末曰簫言簫梢也簫又通篠文選長笛賦林簫蔓荊注云簫與篠通似皆由竿義引伸而出無與編管意相涉者第二爾雅云大簫謂之言按此當為言之本義爾雅以外於墨子書中僅一見墨子非樂上篇引古逸書云舞佯佯黃言孔

章黃乃簧之省黃言猶言笙簫也墨子所非者為樂故舉此以為證偽孔書竊此以入伊訓而改為聖謨洋洋嘉言孔彰蓋不解言字古義誤以為言語之言考言音古本同類字如許書言从口辛聲音从言含一字於古金中每相通用如王孫鐘之中翰虘旟沇兒鐘作中翰虘旟字雖不識然同是一字而一从言作一从音作又如免簠之錫戠衣趩尊之錫趩戠衣从音豆閉𢿞之錫汝戠衣則从言格伯𢿞亦有此字曰書史戠武或作戠或作戠或作戠或作戠或作戠或作戠三器器蓋各一字均从言作（具見周金卷五）卜辭亦有此字作戠若戠二形同見於一片（前四卷四葉四片）亦从言作羅振玉謂从言从音殆通用不別是也觀此所从之言字並不从辛作此乃言之最古字字从口象形與骨文之磬鼓字同意磬於卜辭作殸即磬也从殳以擊之鼓作鼓壴即鼓也从殳以擊之言之丫若丫即簫管也从口以吹之又無形之字必藉有形之器以會意如喜樂和雅無形之字也喜之藉為鼓樂之藉為琴和之藉為笙雅之藉為雅（雅樂器也見周官笙師）聲音亦無形之物也故聲之藉為磬音之藉為言其意若曰以手擊磬耳得之而成聲以口吹簫舌弄之而成音也

金文戠字於言若音之旁益以八者殆即表示樂器之音波如鼓音為彭彭於骨文竟有作彭彭諸形者即以點畫為音符也後由此乃轉化而為舌若舌更於其首加一遂與从辛之字無別矣言之本為樂器此由字形已可得充分之斷定其轉化為言說之言者蓋引伸之義也原始人之音樂即原始人之言語於遠方傳令每藉樂器之音以臧事故大簫之言亦可轉為言語之言然由言之字形而言最古之義必合最古之形古辛字之丫若丫之簫形實係單管而非編管以上徵諸字義考諸古文古代之簫似同今制余疑簫之名物今古無變漢人之異說乃少數學者之偶有未照以致簫與龠之名實互易耳又簫龠互易於笙師之掌教龡竽笙塤籥簫篪遂笛管之次第亦可略見其端倪此殆以形制之近似為類聚竽笙塤籥為一類簫篪笛管又為一類塤與笙竽雖異然形制實近周禮小師掌教塤小鄭云塤燒土為之大如鴈卵大鄭云塤六孔以其不作管形故類之於笙也若籥果似笛簫果編管則當列籥於上屬籥於下古人為文雖不必如是矜慎然亦自有理法可尋其次序乃與余所推定者適合此亦余說之一左證也

又曰和之為笙於文獻中猶有存者如儀禮鄉射記三笙一和而成聲鄭注云三人吹笙一人吹和是也卜辭之貞甲龢眔唐余謂當與其鼓彤告于唐其壴于唐同例蓋彼用鼓以助祭此用龢以助祭也別有[illegible]字文曰勿[illegible]元于妣乙當亦龢之異體从口與从亼同意口者滙管之器也和字或此字之省變

冊 前肆三七　卌 前伍一一　卌 同上　𠕋 同上　卌 前柒一二　卌 同上三九

董作賓曰冊說文作𠕁訓符命也諸侯進受於王也象其札一長一短中有二編之形卜辭中冊字作上揭諸形金文略同其中物皆為一長一短之形而所謂二編者不過一韋束之而已據新獲龜版冊六之文知此冊字最初所象之形非簡非札實為龜版其證有二第一自積極方面證之吾人既知商人貞卜所用之龜其大小長短曾無兩甲以上之相同者又知其必有裝訂成冊之事則此龜版之一長一短參差不齊又有孔以貫韋編甚似冊字之形狀而冊當然為其象形之字也第二自消極方面證之儀禮聘禮疏引鄭氏論語序云易詩書春秋禮樂冊皆二尺四寸孝經謙半之論語八寸冊者三分居一又謙焉是古代簡策雖有長短之異而其于一種書一冊書中策之長短必同如六經

之册皆二尺四寸孝經十二寸論語八寸是也簡牘與札在一册之中其形制
大小長短必相同而册字之所象乃一長一短則非簡非札可斷言也龜版之
可以名册更可求證於莊子莊子外物篇乃刳龜七十二鑽而無遺筴疏云筭
計前後鑽之凡經七十二筭計吉凶曾不失中是訓遺為失訓筴為謀於義未
諦余謂筴本馬箠以同音而假借為册同書駢拇篇則挾筴讀書可證也釋文
筴竹簡也蔡邕獨斷筴者簡也其制長二尺短者半之又曰單執一札謂之為
簡連編諸簡乃名為筴可知筴即册也史記陳涉世家不如少遺兵索隱遺謂
留餘也余以為無遺筴者言此龜版上無有餘隙也蓋經過七十二鑽雖尺二
之大寶龜亦將不能留餘隙矣

文字編第三　　醴陵朱芳圃編

文九十　重三百一十五

 前陸五

商承祚曰按卜辭中从之字間亦作口

 前陸五五

商承祚曰按象眾口之嘵嘵疑即囂字

 前陸四十  後下一一

羅振玉曰說文解字屰不順也从干下凵屰之也按屰為倒人形示人自外入之狀與逆同字同意故卜辭逆字亦如此作

 前弍一  同上  同上  同上二  同上  同上

羅振玉曰說文解字商从冏章省聲古文作籀文作卜辭與篆文同惟篆文从辛此从䇂耳乙亥鼎作丁未角作均與此同卜辭或又省口

 前肆三二  前伍七

說文解字古故也从十口識前言者也

| | 前弍 二三

丁山曰艸眛之世人知陋索凡一二所不能盡者每每約之以三易曰利市三倍論語曰三思而後行孟子曰食李三咽史記三仕三見三戰三走皆以三見其多蓋猶上世之遺數目之語雖甚古而上世紀數之術每以二為耦進而以三示多多而無別則仍不足彊多寡之較也于是文有四五六七八九十四承三形積畫為亖自五以下非不可積畫也其事繁其勢不便積畫為亖不若借㐅之為簡易也積畫為亖不若借人之為簡易也七八九準是故言我國數名一二三亖皆有專文㐅∧十八寸皆非本字縱一為|一|之成基于十進之通術觀數名成形之跡亦可想見史前人類之進化矣

數生于手古文一二三四字作一二三亖此手指之象形也手指何以橫書曰請以手作數于無心之間必先出右掌倒其拇指為一次指為二中指為三無名指為四一拳為五六則伸其拇指輪次至小指即以一掌為十一二三四均倒指故橫書也以手作數之法依民俗而不同中國以右掌者西人

則先出左拳伸其小指為一無名指為二中指為三次指為四以一掌為五六復循環以二掌為十故羅馬數字之一二三豎書作 | || |||（巴比倫印度亦然）五作∨即掌之象形中國以一掌為十故金文十字作 （甲骨文作|以不易作肥筆而省之）一豎而鼓其腹亦象掌之象形也此掌與彼掌之異在拇指之併與不併而已

 前陸四六  前捌五  後上三一  後下四三  林弍一

載家祥曰千从一人猶百从一白以一加于人為千猶以一加于白為百也古文（四聲一先引滕公墓銘千作ㄗ當有所本）始則假人為千繼乃以一為千係數作ㄗ十沿用已久成為科律人但知千為十百遂失其初誼矣

 前弍一九  前弍二八  前陸四

說文解字廿二十并也古文省多

 前弍三五  後上二三

說文解字卅三十并也古文省

 前弍二七  前肆八

王襄曰卌字說文所無廣韻引說文有之意後人失錄也

前伍二十後下一十同上二三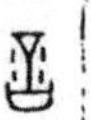同上四一前陸三四前弍二九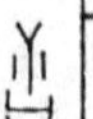前肆一三同上四二

說見第二𤔲字注

鐵九六前弍二六前肆四同上二八前伍二三同上同上同上

後上一二後下九同上一十

羅振玉曰說文解字𧮰辭也从言䠶聲卜辭諸謝字从言从兩手持席或省言或省兩手知為手持席者許書席古文作夙古文作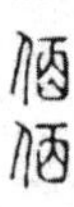又云宿字从此豐姞敦宿字作許書席之古文从古金文宿从皆象席形此作作作文有繁簡形則同也知兩手持席為謝者祭義七十杖于朝君問則席注為之布席堂上而與之言正義布席令坐也此从兩手持席者蓋臣于君前不敢當坐禮故持席以謝也此古禮之僅存于祭義中者今由卜辭覿之知賜席之禮古矣篆文从䠶聲乃後起之字也

葉玉森曰第二文疑與為一字

前伍四一後下一十

羅振玉曰說文解字競从誩从二人此从誩省

後下三四同上同上三六

羅振玉曰此即許書部首之䇂卜辭中諸字从此者不少特不可盡識其見許書者則口部之啇一字耳予按許書䇂辛兩部之字義多不別許君於䇂字注辠也以童妾二字隸之辛注从䇂辠也而以辠辜等五字隸之兩部首字形相似但爭一畫考古金文及卜辭辛字皆作𢆉金文中偶有作䇂者什一二而已古文䇂與辛之別但以直畫之曲否別之若許書辛部之辭之辥金文皆从𢆉部首之辥卜辭从𢆉𢆉𢆉金文从𢆉𢆉其文皆與䇂同又古文言童妾龍鳳諸字則金文於言童妾三字从𢆉卜辭中則妾从▽言从𢆉龍鳳从𢆉意均爲䇂之或體蓋因字勢而絀申之耳凡許書䇂辛二部所隸之字及部首之辟口部之啇皆應隸䇂部庚辛之辛字形與䇂之或體𢆉字雖同然卜辭與古金文從無一曲其末畫者其初義既不可知則字形亦無由可說次於庚部之後但立爲一部可矣又疑䇂即言字之或體意不能決姑此俟考

前肆二五後上六

羅振玉曰說文解字妾从䇂从女此从▽乃䇂省

前辭三六 林式二五

羅振玉曰說文解字對从丵从口从寸或从士作對漢文帝以為責對而為多言非誠對故去其口以从士也按古金文無从口作者亦非从士又許書从寸古金文及卜辭均从又

後下二十

羅振玉曰說文解字菐瀆菐也从丵从廾廾亦聲又僕給事者古文从臣作䑑按古金文無从臣之䑑有史僕壺靜敦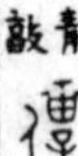旂鼎諸形卜辭僕字从即古金文之从即古金文之从即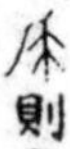則象人形而後有尾許君所謂古人或飾系尾西南夷亦然者是也說文解字尾字注僕為俘奴之執賤役瀆菐之事者故為手奉糞棄之物以象之菐僕古為一字許書从菐乃从之譌也

葉玉森曰按羅氏釋僕良塙惟解剖稍誤予以為人形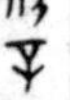其首上之飾與妾之从从同妾為从坐之女僕為俘虜之男故首上飾同為有罪之幖識系尾之飾殆亦然也

僕字於人頭之上从辛即黥刑之會意詳見第十四辛字注

 前弍一二  前伍二二

說文解字廾竦手也从𠂇又

 鐵一七一  後下三十

羅振玉曰象人臽阱中有𢪻之者臽者在下𢪻者在上故从廾象𢪻之者之手也此即許書之丞字而誼則為拯救之拯許君訓丞為翊云从廾从卩从山山高奉丞之誼蓋誤廾為𠃜誤凵為山誤為卩故初誼全不可知遂别以後出之拯代丞而以承字之訓訓丞矣

商承祚曰按卜辭中又有作从廾从亦丞字象由下拯之之形則許君之从𠃜亦有由矣

 前肆三二  前陸二八  前柒一四

陳邦懷曰此弇之初字从冋象以冂掩物形廾其聲也說文解字弇之古文作从冋殆由冋而譌大徐及段氏注弇字古南切又一儉切證之卜辭从廾則弇字於古必讀古南切矣此字在卜辭中假借作媕

 後下一九

王國維曰此殆畀字與與㥯諸字同意字亦作畁鼻尊亼畁字从此為聲說文分畁畀為二字或失之

余永梁曰歔罍有畁字舊誤以為二字余謂即說文畁字說文畁相付與之約在閣上也从廾由聲由乃由之譌畁从由丌由亦聲畁譌作畀猶廾部畁字从由徐鍇本从田或又誤作鬼頭之甶矣蓋由甶形既相似而聲亦近故致誤耳契文之乃廾部畁字从廾从由又有字（前弍一三）與鼻尊之亼畁疑是一字皆以畁為聲王先生謂說文分畁畀為二字或失之者是也

（前捌六）

从廾从鼎說文所無

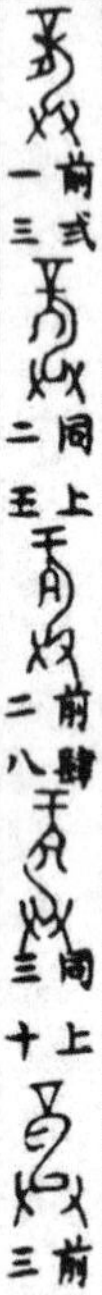
（前弍一三）（同上二五）（前肆二八）（同上三十）（前柒三一）

說文解字龔給也从共龍聲

（前伍三八）（同上）（後下三九）（前陸五六）（新二一六）

羅振玉曰說文解字異分也从廾从畀畀與也古金文皆作象人舉手自翼蔽形此翼蔽之本字後世皆借用羽翼字而異之本誼晦許書訓異為分後

起之誼矣此从與古金文亦異

王國維曰此疑戴字象頭上戴甶之形

余永梁曰按加𢦏乃戴之本義詩毛傳崔嵬土山之戴石者土山戴石曰砠是也籒篆乃為形聲字矣戴異古當是一字音同在之部虢叔鐘嚴在上異在下盂鼎古異臨天子異翼一字本義當與戴近

丁山曰金文字从異字作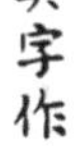象兩手端舉高與首齊形當即翼敬翼戴之本字卜辭之即其初形 互見第八冀字注

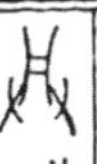 前伍二一  同上 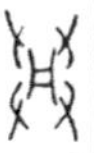 同上二二  後上二六

羅振玉曰說文解字與黨與也从舁从与古文作卜辭諸字从般象二人相授受形知與受為與之初誼矣知為般者以般从或作知之知與字从般者以受字从舟知之也或省从兩手奉般形兩手奉般者將有所與也般亦舟也所以盛物鄭司農謂舟若承槃是般與舟殆一物矣

 前肆一十

說見第十四辰字注

前伍四七 同上四八 同上 後上七 後下一三 新一零七

羅振玉曰說文解字農耕田也从晨囟聲籀文从林作䢉此从林从辰或加又象執事于田間不从囟諆田鼎作𤲱予所藏史農觶作並从田散盤作亦从乂與卜辭同从田與諆田鼎史農觶同知許書从囟者乃从田之譌矣

前陸六一

王國維曰此當即䵼鬻二字古讀若門盟字古文从此

前弍三七 同上 前弍二四 後上九

羅振玉曰說文解字䰞鬻也从鬲羊聲此从皿與鬲同說見䰞字注殆即許書䰞字从乚者亦皿字卜辭中从皿之字或从乚

前陸四一 後上七 菁十

羅振玉曰說文解字鬻鬻也从䰜侃聲叔氏寶林鐘侃作㑒此从ㄅ乀象匕一㣺象粥

前陸四二 同上 同上 同上 後下五

羅振玉曰說文解字鬻五味盉羹也从䰜从羔此从匕从肉有湆汁在皿中當

即𤕌字从皿與从鬲同𤕌字篆文从鬲叔夜鼎从皿其例矣許書之𤕌殆後起字

前貳三九　前伍一八　林貳四

王國維曰說文解字𤕌鼎實从𩰲速聲或作餗與此同許書之𤕌疑後起字

前伍三十　同上　後下一十　同上　同上　同上

羅振玉曰說文解字爲母猴也其爲禽好爪爪母猴象也下腹爲母猴形王育曰爪象形也古文作象兩母猴相對形㮚為字古金文及石鼓文並作从爪从象絕不見母猴之狀卜辭作手牽象知金文及石鼓文从爫者乃又之變形非訓覆手之爪字也意古者役象以助勞其事或尚在服牛乘馬以前微此文幾不能知之矣

前陸二八　後下一四

从爪从目說文所無

前陸一四　後下一一　同上三八　同上

羅振玉曰象兩手執事形古金文與此同篆文作𦥑誤

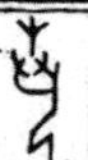前陸一五同上同上同上同上一六後下二五

商承祚曰說文解字埶種也从丮坴丮持種之此象手持木之形殆即埶字石鼓作尚存古意逮至許書形益失矣其从屮與木同蓋埶之言不尊謂木也詩小雅埶我黍稷

前弍一十

羅振玉曰說文解字䬣設飪也从丮从食才聲讀若載䬣載同音假借漢鄭季宣碑亦借䬣為載此从食从𢦏聲殆即䬣字

王國維曰此字卜辭从皀从𢦏與虎𣪕之載石鼓文之䬣略同古文以為載字

鐵二四四前陸一二同上一七同上二九同上五二同上五三前柒三一後下一二

此字余意即許書之巩若𢭏丮部云巩𢀜也从丮工聲𢭏巩或加手又於手部別出𢭏字曰𢭏擁也𢀜擁義同許蓋依轉注為訓由工得雝聲故訓𢭏為擁由擁得𢀜義故訓巩為𢀜然古文巩字義不若是狹隘也毛公鼎有此字凡二見曰肄皇天亡射臨保我有周不巩先王配命不巩孫詒讓釋為丕𢭏曰余小子家湛于艱永巩先王孫云未詳桉此本即攻字攻自有鞏義詩我車

既攻傳攻堅也不巩即是丕堅又周禮春官大祝掌六祈以同鬼神示五曰攻

六曰說鄭注攻說則以辭責之永巩先王猶金縢言若爾三王是有丕子王國維諸

為不慭之責于天齊侯鎛鐘亦有此字曰汝婺巩古或作婺勞朕行師此則爾雅釋詁

攻善也之義亦即工巧之工互見第五工字注

前弍九 同上 前伍四一

羅振玉曰說文解字兩士相對兵杖在後象鬥之形卜辭諸字皆象二人手

相搏無兵杖也許君殆誤以人形之為兵杖與自字形觀之徒手相搏謂之

鬥矣

葉玉森曰古鬥字象怒髮相搏

前弍三一 前肆三七

堇作賓曰又在卜辭通作祐亦作侑侑蓋祭祀時勸食之樂詩楚茨以妥以侑傳侑勸也

前弍一九 前伍七 後下三七

羅振玉曰說文解字叉手足甲也从又象叉形古金文亦作叉卣與此相合惟

字既从又不能兼為足甲許書舉手并及足失之矣

前弍二四　同上　同上　同上二六　同上　同上　同上五一　同上五二

父字甲文作　金文作　乃斧之初字石器時代男子持石斧

丨即石斧以事操作故孳乳為父母之父古之父母意猶男女今人稱雌雄牝牡為公母即其遺意之象形

前肆二八　同上二九　同上　後下四

丁山曰竊以前儒說叜字者莫當于朱駿聲莫精于俞樾朱氏之說曰叜即搜之古文从又持火屋下索物也會意為長老之偁者借意非本訓孟子王曰叜劉注叜長老之偁依皓首之言皓首叜首俱疊韻劉意謂發聲之辭是也俞氏之說曰因叜字借為長老之偁故又製从手之搜夫叜既从又而搜更从手緟複無理故知古字止作叜也然則尊老之偁當作何字曰叜下有重文傁即其字也宣十三年左傳曰趙傁在後字正作傁方言曰傁尊老也東齊魯衛之間凡尊老謂之傁楊子雲多識古字故作傁不作叜兒笘錄由二說推之則叜者搜之本字非搜之古文尊老之叜當曰从人叜聲歸諸人部古文字少一字輒當數字之用叜本義搜求也故書既通借為傁不得不另制搜字以別於叜許君不附搜於叜下而以傁為叜之或體使本借之義不別兼失叜形矣

□ 前肆二八 □ 前柒四三 □ 後上二二 □ 菁一

羅振玉曰說文解字尹从又丿握事者也古文作□今卜辭與許書之篆文同古金文亦作□从又丨許書所云从丿殆傳寫譌矣

□ 前伍三七 □ 後上一八

羅振玉曰此字與許書及古金文並同

又曰沇兒鐘及王孫鐘並有中𬨎䖒旟語猶詩言既多且有終和且平殆語辭之且古如此作且象祖形其為祖之專字與

□ 前貳二八 □ 前伍三九 □ 前陸一二 □ 同上 □ 後上五 □ 同上八

羅振玉曰說文解字𤼷反引也从又𠦬聲卜辭作□从□師𤼷敦作□與卜辭略同所从之□均不从𠦬又或省□

□ 前肆三一 □ 前伍二七 □ 同上 □ 同上 □ 同上 □ 同上 □ 前柒一六 □ 前捌七 □ 後上二二

羅振玉曰說文解字及从又从人古文作乁弓𢓊三形石鼓文作□與卜辭同象人前行而又及之

商承祚曰案不𡢁敦蓋及作□許書之𢓊其□與彳誼同□又□之變也

文三 八

□ 後下一十 □ 同上二一

羅振玉曰秉仲鼎作□與此略同象手持禾形

□ 前弍四

羅振玉曰說文解字反古文作□此作□與古金文及許書篆文合

□ 鐵八一 □ 前肆八 □ 前伍二九 □ 前捌一二

羅振玉曰說文解字𠬝治也从又从卪卪事之節也此象以又按跽人與印从爪从卪同意盂鼎服字作□趩尊作□並从□與此同

象以手捕人之形即古孚字（古金中俘字均作孚从爪子）服字从此

□ 前弍三九 □ 前伍一七 □ 後下一三

羅振玉曰伯叔之叔古文作□吳大澂曰象人執弓矢形男子生桑弧蓬矢六以射天地四方故叔為男子美稱予以為吳說似矣而未盡當也叔从□象弓形猶射之古文从□也□象矰𦁐繳矰為短矢故但以□象之其下屈曲者繳也此殆為弋射之弋之本字許書之䧏从隹弋聲則後起之字不如叔之合弓與矰繳之形視而可識察而見意也至經典借弋為䧏於是後起之䧏亦廢不

用而叔之本意弋之初字益塵霾不可知矣

按羅說是也此與己可為互證字蓋从己己亦聲也己隹同在之部之部音與幽部最相近故假借為叔己後轉入宵部為繳故叔又讀為弔古書不淑與不弔兩通揆其初字則固同為 或 之隹也

前伍三一　同上三二　同上　前陸六三　前捌六　後下八　同上　同上

羅振玉曰說文解字彗埽竹也从又持甡或从竹作篲古文作 此从兩手持二帚象掃除之形殆即許書彗字許書古文作 从 殆从兩帚之譌與卜辭中又有从又持一帚者殆亦彗字

前肆二九　前柒八　同上八

羅振玉曰說文解字友古文作 从 乃从羽傳寫之譌从 又為 之譌也師遽方尊友作 卜辭有作 者亦友字卜辭中 亦作 斯 亦作 矣其从二與 同意

前弌八　同上　同上一八　同上三六　同上　前伍三五　同上　同上

後上七　林弌一八　同上　同上　餘一三

文三　九

羅振玉曰从手持木于示前古者卜用蘸火其木以荆此字似有卜問之誼又許書有𣪊字注楚人謂卜問吉凶曰𣪊从又持祟祟非可持之物出殆木之譌𣪊即許書之𣪊然此字卜辭中皆為祭名豈卜祭謂之𣪊與

陳邦懷曰叔即𣪊之古文說文解字隸从隶柰聲篆文作隷段注云此曰篆文則上古文也段說極是又欠部歀意有所欲也从欠𥨊省或作款許君曰款或从柰許君所謂或體款蓋即古文款也以此例之知卜辭叔字實為𣪊之古文殆無可疑羅氏疑出乃木之譌偶未照耳

□前弍三一 □同上 □前肆三七

王國維曰古文反正不拘或左或右可任意書之惟□□二(一)諸字例外

□前伍三九 □前弍二 □前肆四 □同上二八 □同上 □前伍二二 □新三二零 □新三三七

王國維曰說文解字史記事者也从又持中中正也其字古文篆文並作□从中泰泰山刻石御史大夫之史說文大小徐二本皆如此作按古文中正之字作□□□□□□諸形伯仲之仲作中無作中者惟篆文始作中且中正無形之物德非可手持然則史所从之中果何物乎吳氏大澂曰史象手執簡形然中與簡形殊不類江氏

永周禮疑義舉要云凡官府簿書謂之中故諸官言治中受中小司寇斷庶民獄訟之中皆謂簿書猶今之案卷也此中字之本義故掌文書者謂之史其字从又从中又者右手以手持簿書也吏字事字皆有中字天有司中星後世有治中之官皆取此義江氏以中為簿書較吳氏以中為簡者得之（簡為一簡簿書則需多簡）顧簿書何以云中亦不能得其說按周禮大史職凡射事飾中舍筭大射儀司射命釋獲者設中大史釋獲小臣師執中先首坐設之東面退大史實八筭于中橫委其餘于中西又釋獲者坐取中之八筭改實八筭興執而俟乃射若中則釋獲者每一个釋一筭上射于右下射于左若有餘筭則反委之又取中之八筭改實八筭于中興執而俟云云此即大史職所云飾中舍筭之事是中者盛筭之器也中之制度鄉射記云鹿中髤前足跪鑿背容八筭釋獲者奉之先首又云君國中射則皮樹中於郊則閭中於竟則虎中大夫兕中士鹿中是周時中制皆作獸形有首有足鑿背容八筭亦與中字形不類余疑中作獸形者乃周末彌文之制其初當如中形而於中之上橫鑿孔以立筭達於下橫其中央一直乃所以持之且可建之於他器者也考古者簡與筭為一物古之簡策

最長者二尺四寸其次二分取一為一尺二寸其次三分取一為八寸其次四分取一為六寸筭之制亦有一尺二寸與六寸二種射時所釋之筭長尺二寸投壺筭長尺有二寸鄉射記箭籌八十長尺有握握素注箭篠也籌筭也握本所持處也素謂刊之也刊本一膚賈疏云長尺復云有握則握在一尺之外則此籌尺四寸矣云刊本一膚者公羊傳僖三十一年膚寸而合何休云側手為膚又投壺室中五扶注云鋪四指曰扶桉文選應休璉與君苗君胄書注引尚書大傳曰扶寸而合不崇朝而雨天下鄭玄曰四指為扶是扶膚一字一指案寸皆謂布四指一指一寸四指則四寸引之者證握膚為一謂刊四寸也所紀筭之長短與投壺不同疑鄉射記以周八寸尺言故為尺四寸投壺以周十寸尺言故為尺有二寸猶鹽鐵論言二尺四寸之律而史記酷吏傳言三尺法漢書朱博傳言三尺律令皆由於八寸尺與十寸尺之不同其實一也計歷數之算則長六寸漢書律歷志筭法用竹徑一分長六寸說文解字筭長六寸計歷數者尺二寸與六寸皆與簡策同制故古算筴二字往往互用既夕禮主人之史請讀賵執算從柩東注古文筭皆作筴老子善計者不用籌策意謂不用籌筭也史記五帝本紀迎日推筴集解引晉灼曰筴數也

迎數之也按筴無數義惟說文解字云算數也則晉灼時本當作迎日推筭又假筭為算也漢蕩陰令張遷碑八月筴民按後漢書皇后紀漢法常以八月算人是八月筴民即八月算民亦以筴為算是古筭筴同物之證也射時舍筭既為史事而他事用筭者亦史之所掌周禮馮相氏保章氏皆大史屬官月令乃命大史守典奉法司天日月星辰之行是計歷數者史之事也又古者筮多用筴以代蓍易繫辭傳言乾之策坤之策士冠禮筮人執筴又周秦諸書多言龜筴罕言蓍龜筴筭實一字而古者卜筮亦史掌之少牢饋食禮筮者為史左氏傳亦有筮史是筮亦史事筭與簡策本是一物又皆為史之所執則盛筭之中蓋亦用以盛簡簡之多者自當編之為篇若數在十簡左右者盛之於中其用較便逸周書嘗麥解宰乃承王中升自客階作筴執筴從中宰坐尊中于大正之前是中筴二物相將其為盛筴之器無疑故當時簿書亦謂之中周禮天府凡官府鄉州及都鄙之治中受而藏之小司寇以三刺斷庶民獄訟之中又登中于天府鄉士遂士方士獄訟成士師受中楚語左執鬼中蓋均謂此物也然則史字从又持中義為持書之人與尹之从又持丨象筆形者同意矣然則謂中為盛筴之器史之義不取諸持筭而取諸持筴亦有說乎曰有持筭為史事者正由持筴為史事故也古者書筴皆史掌之書金縢史乃冊祝洛誥王命

作册逸祝册又作册逸誥顧命大史秉書由賓階隮御王册命周禮大史掌建
邦之六典掌灋掌則凡邦國都鄙及萬民之有約劑者藏之以貳六官六官之
所登大祭祀戒及宿之日與群執事讀禮書而協事祭之日執書以次位常大
會同朝覲以書協禮事及將幣之日執書以詔王大師同車大遷國抱灋以前
大喪執灋以涖勸防遣之日讀誄小史掌邦國之志奠繫世辨昭穆若有事則
詔王之忌諱大祭讀禮法史以書辨昭穆之俎簋卿大夫之喪賜謚讀誄內史
掌王之八枋之灋以詔王治執國灋及國令之貳以考政事以逆會計凡命諸
侯及公卿大夫則册命之凡四方之事書內史讀之王制祿則贊為之以方出
之內史掌書王命遂貳之外史掌書外令掌四方之志掌三皇五帝之書掌達
書名於四方若以書使於四方則書其令御史掌贊書女史掌書內令聘禮夕
幣史讀書展幣又誓于其竟史讀書覲禮諸公奉篋服加命書于其上升自西
階東面大史是右侯氏升西面立大史述命注讀王命書也既夕禮主人之史請讀賵
又公史自西方東面讀遣卒命曲禮史載筆王制大史典禮執簡記奉諱惡玉
藻動則左史書之言則右史書之祭統史由君右執策命之毛詩靜女傳古者

后夫人必有女史彤管之法史不記過其罪殺之又周六官之屬掌文書者亦皆謂之史則史之職專以藏書讀書作書為事其字所从之中自當為盛筴之器此得由其職掌證之者也史為掌書之官自古為要職殷商以前其官之尊卑雖不可知然大小官名及職事之名多由史出則史之位尊地要可知矣說文解字事職也从史之省聲又吏治人者也从一从史史亦聲然殷人卜辭皆以史為事是尚無事字周初之器如毛公鼎番生敦二器卿事作事大史作史始別為二字然毛公鼎之事作□小子師敦之卿事作□師寰敦之嗇事作□从中上有斿又持之亦史之繁文或省作□皆所以微與史之本字相別其實猶是一字也古之官名多由史出殷周間王室執政之官經傳作卿士（書牧誓是以為大夫卿士洪範謀及卿士又卿士惟月顧命卿士邦君詩商頌降予卿士是殷周間已有卿士之稱）而毛公鼎小子師敦番生敦作卿事殷虛卜辭作卿史（前編二卷二三葉又四卷二一葉）是卿士本名史也又天子諸侯之執政通稱御事（書牧誓我友邦冢君御事大誥大誥猷爾多邦越爾御事又肆予告我友邦君越尹氏庶士御事酒誥厥誥毖庶邦庶士越少正御事又我西土棐徂邦君御事小子梓材王其效邦君越御事召誥誥告庶殷越自乃御事又王先服殷御事比介于我有周御事洛誥予旦以多子越御事文侯之命即我御事罔或耆壽俊在厥服多以邦君御事並稱蓋謂諸侯之執政者也）而殷虛卜辭則稱御史

前編四卷二八葉是御事亦名史也又古之六卿書甘誓謂之六事司徒司馬司空詩小雅謂之三事又謂之三有事春秋左氏傳謂之三吏此皆大官之稱事若吏即稱史者也書酒誥有正有事又茲乃允惟王正事之臣立政立政立事政與事對文長官謂之正若政庶官謂之事此庶官之稱事即稱史者也史之本義為持書之人引申而為大官及庶官之稱又引申而為職事之稱其後三者各需專字於是史吏事三字於小篆中截然有別持書者謂之史治人者謂之吏職事謂之事此蓋出於秦漢之際而詩書之文尚不甚區別由上文所徵引者知之矣

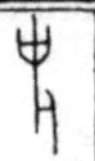前捌三 同上四 前弍四八 前陸八 同上一二 同上一六 新八一

羅振玉曰說文解字事从史之省聲古文作卜辭事字从又持簡書執事之象也與史同字同意

王國維曰第五文疑亦事字

前柒二三 後下三八

羅振玉曰說文解字聿所以書也从聿一聲此象手持筆形乃象形非形聲也

畫父辛卣从□與卜辭同

□ 前弍二八 □ 同上 □ 同上 □ 前伍七

王國維曰此疑畫字毛公鼎畫字从此

古金文畫字作□从晝从周當係以規畫圓之意蓋晝實古規字也周金文存及愙齋集古錄有皃生毀者其銘云皃生蔡冉曆用作季日乙晝子子孫孫永寶用攈古錄之季日彝亦同是冉所作之器彝亦毀也依金文通例晝字當是器名二器為毀而銘之以晝可知晝音必與毀音相近參以字形則為規字無疑規毀同屬見紐故假晝為毀也師望鼎不敢不分不晝分讀去聲晝為規字義亦甚協卜辭亦有晝字皆用為地名字亦作濜从水蓋運規時須著汁也王氏疑是畫字相差尚有一間

□ 前肆八 □ 同上 二□一 後下二

羅振玉曰象日光輝四射之狀後世篆文將此字所从之□引長之而作□上又增聿形誼全晦於是許君遂以隸畫部而為與夜為界之說矣

葉玉森曰疑即周禮眡祲掌十煇之煇乃暈之古文日光炁也□□並象日旁

文三 十三

雲氣四面旋捲若軍營圍守者然

前弍九 前肆二七 同上 同上 同上 同上三十 同上三一 同上三二

前柒七

臣字小篆作許書云臣牽也事君也象屈服之形臣之訓牽蓋以同聲為轉注然其字何以象屈服之形於小篆字形實不能見字於卜辭作若金文如周公𣪘之錫臣三品作令鼎之臣十家作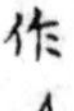均象一豎目之形人首俯則目豎所以象屈服之形者殆以此也古人造字於人形之象徵目頗重要如頁字夒字首字等均以一目代表一人或一頭首此以一目為一臣不足為異

董作賓曰臣象瞋目之形石刻人體上有此花紋

後下四

从二臣說文所無

前弍三五 同上 後下七 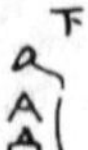同上 同上 菁十

羅振玉曰古金文有作己侯𣪘杞伯𣪘者與此略同从又持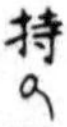殆象勹形

所以出納於𣪘中者非从攴也

戴家祥曰說文皀穀之馨香也象嘉穀在裹中之形匕所以扱之或說皀一粒也凡皀之屬皆从皀又讀若香小徐繫傳引顏之推家訓曰在益州與數人同坐初晴見地下小光問左右是何物一蜀豎就視云是豆逼耳皆不知所謂取來乃小豆也蜀土呼豆為逼時莫之解吾云三蒼說文皆有皀字訓粒通俗文音方力反眾皆歡悟段玉裁曰顏黃門云通俗文音方力反不云出說文然則黃門所據未嘗有方力反矣而許書中卿鄉字从皀聲讀香之證也按許氏說皀之聲義引或說以存之足見漢時此字已不經見初誼無可究詰矣而其形僅存於偏旁顏氏以蜀豎之言證皀通俗文音方力反雖有新異可喜之誼然不免郢書燕說之失皀字自說文以外未見於他書其音方力反未知何據以鄙意測之或因小篆从匕而比附其聲與段氏以卿鄉从皀證其字當讀香不知卿鄉均非从皀聲段氏定為讀香未確傳世經典無皀字其聲誼久佚今細考商周古文偏旁从皀之即既冟食⿰食殳鄉及从食之餗饔餳饋饗饉饌等字偏旁皀皆作⊖8實非从⊖从匕知許書匕所以扱之之說未甚當也說文食部

饗鄉人飲酒也从食从鄉鄉亦聲又䣈部鄉國離邑民所封鄉也中畧从䣈皀聲卯部卿章也中畧从卯皀聲皀部即食也从皀卩聲既小食也从皀旡聲羅振玉曰古金文嚮背之嚮公卿之卿饗食之饗皆作毫無分别曩以為疑嗣讀白虎通言卿之言嚮也為人所歸嚮始悟公卿之卿與饗食之饗古為一字而則嚮背之嚮也此彝卿字作象兩人相向就食之形蓋饗食之饗本字卿彝跋又曰即象一人就食形既象人食既許君訓既為小食誼與形不協殷虛書契考釋按羅說鄉確古文鄉即既等字當象人就食形許君以皀卩旡聲釋之均覺未安說文食部食一米也从皀亼聲或說亼皀也金文作卜辭作細繹其形許說亦未當竊思訓食之字皆从皀先儒均以穀之馨香釋之今以金文卜辭證之皀殆為古人盛飯器日用饔飧之具也字本象形故即既饗食等字偏旁从之許君訓穀之馨香象嘉穀在褢中之形匕所以扱之或說皀一粒與即既饗食諸字誼皆不合凡人就食之誼必取穀之馨香以造字於六書毫無所取如依或說皀為一粒則饗食之饗象賓主相向就食而僅穀之一粒於事物之情更不可通諦審金文作上象器之蓋形下形與字相似卜

辭作豆下形則與豆字古文相似是古器物之形明矣然則皀既為古人日用饔飧之具傳世古器果何屬耶曰器則有之自宋以來冒他器之名乾嘉諸老踵武舊說而不揪其覆故世於皀未之見也考宋人圖錄有皀者形圓而名之曰敦流傳沿習成為科律惟清儒錢獻之韓履卿始疑其誤黃紹箕更疏證其說以為即簋簋之簋（翠墨園話）按黃氏之言是也說文竹部簋黍稷方器也从竹从皿从皀匭古文簋从匚飢匭古文簋或从軌朹亦古文簋按詩伐木陳饋八簋與埽牡舅咎協韻簋與軌通儀禮士昏禮聘禮公食大夫禮鄭注古文簋皆作軌易損卦彖辭釋文簋蜀才本作軌簋又與塯通墨子節用中飯于土塯啜于土形史記序傳司馬談論六家要指引作食土簋啜土刑韓非十過篇堯飯於土簋飲於土鉶史記李斯列傳二世責問李斯曰吾有所聞於韓子也曰堯飯土匭啜土鉶徐廣曰匭一作溜秦始皇本紀云飯土簋索隱本簋作塯云如字一音鏤一作簋又叙傳云食土簋集解引徐廣云一作塯周禮小史以書敍昭穆之俎簋鄭玄注故書簋或為几大鄭云几讀為軌書亦或為軌簋古文也段玉裁校几為九云簋字古音同九其古文作軌軌古音亦同九也徐養源亦從

九云几字古在脂微韻簋九並在幽韻其音不同桉段徐二說是也春秋繁露祭義云春上豆實夏上尊實秋上机實冬上敦實豆實韭也尊實醴也机實黍也敦實稻也桂馥曰机實即簋實簋黍稷器說文義證按簠匦匦机軌增九皆在古音幽部故得同聲通假又說文殳部𣪘揉屈也从殳从皀皀古文叀字叀部皀云古文惠𣪘字从此辵部𨓈恭謹行也从辵𣪘聲讀若九勹部匓飽也从勹𣪘聲广部廄馬舍也从广𣪘聲中畧[illegible]古文从九一切經音義九廄古文[illegible]匓二形釋名釋宮室廄勼也桉說文从𣪘之字其音皆與九相近亦在古音幽部是簋𣪘同音之證說文𣪘即金文[illegible]之變體頌敨師𨑂父敨追敨均作[illegible]秦公敨作[illegible]是變[illegible]為[illegible]乃古文緐簡之通例也今桉𣪘讀為幽韻自宋迄今之𣪘非敨之異體則昭若發蒙矣𣪘字从皀得聲而讀若九則皀字不應讀若香與方力反亦可大膽斷定矣由此而知𣪘字从皀而讀為幽韻簋字从竹从皿从皀而讀為九通為軌則簋之从皀得聲而非會意字亦與然永釋矣推而論之說文廄古文作[illegible]九皀皆在幽韻聲類集合字也簋之古文作匭匦二形則又聲義互易字也今既斷定𣪘九二字古音同部則皀亦必讀若九夫文字者隨

代變異非綜校互勘未易通其條貫也簋字既可定為皀聲則皀之初誼殆即
簋之象形字也商周古文往往變獨體象形為合體猶磬之古文声象形合體
作殸鼓之古文壴象形合體作鼓壺之古文[illegible]伯姬壺作[illegible]以此證
皀之作𣪕亦古文形義增益之通例也古文象形又增益為形聲如函皇父
敨壺作鐙說文豆作梪叔上匜匜作𥁕史頌匜作鉇古文象形又有改易為形
聲如凵之作筶鬲之作䰛以此證皀之作甌甌亦古文六書類轉與聲義互易
之通例也古文象形又累益其形義如𠙹本象形小篆作箕[illegible]本象形陳子匜
作鑪並變為一聲兩形以是證簋之从竹蓋以質言之从皿蓋以類言之亦古
文形義緟複之通例也可知皀為簋之初文自有焯然通例而非穀之一粒及
穀之馨香在聲義上證之毫無疑滯不煩多引已弇若合符矣清代大儒於古
文字學實駕宋人而上之然古器物之命名仍踵宋人舊說故自宋以後均以
盨為簋以𣪕為敨於字例不加細擇亦考古者千慮之一失今既由文字推定
𣪕為簋字又有傳世古器可證許鄭方圓之爭訟亦可判決矣按許氏說文言
簋方簠圜鄭氏周禮舍人注方曰簠圜曰簋又按淮南泰族訓陳簠簋注方中

者為簠圓中者為簋陶方琦謂此篇為許注果簠則許君之說亦不一定賈公彥周禮疏引孝經陳其簠簋注云內圓外方受斗二升者北堂書抄引作方曰簠圓曰簋小牢饋食疏引作外方曰簠詩秦風釋文內圓外方曰簠內方外圓曰簋儀禮聘禮釋文內圓外方曰簠內方外圓曰簋廣韻五旨亦曰內圓外方曰簠顏師古漢書賈誼傳注云方曰簠圓曰簋與鄭說同是漢訖唐師說各異莫衷一是宋歐陽修集古錄簠容四升其形外方內圓而小此本聘禮音義聶崇義三禮圖引舊圖云外方內圓曰簠內方外圓曰簋足高二寸挫其四角漆丹中御覽器物部引舊圖云簋受一升足高一寸中圓外方挫其四角漆赤中蓋亦龜形其飾如簠盛稻粱考傳世古器簠之形正圓然簋之形長方橢角與內外方圓之說均可強合即許鄭方圓之異亦不致偏廢故三禮圖及盧陵逕定為簠今以㔾字形觀之頗似豆與傳世古器形狀恰合知鄭是而許非也自來言簠方者僅說文一書詩伐木毛傳云圓曰簋是鄭氏所本又鄭君易損卦彖辭二簋可用享注云離為日日體圓巽為木木器圓簋像論語公冶長篇皇疏與鄭說同又聘禮夫人使大夫勞以二竹簋方玄被纁裏有蓋鄭注云竹簋方者器名也以竹為之狀

如簋而方如今寒具筥筥者圓此方耳賈疏云凡簋皆用木而圓受斗二升此
則用竹而方故云如簋而方以此可證鄭君確謂簋為正圓賈疏此經云用木
而圓者本鄭君周易注受斗二升者依考工記實一觳之說考工記疏與此同
是不以簋為長方橢角者依儀禮經文則鄭義塙不可易否則竹簋不當特言
方為殊異之詞矣周官考工記言陶人為甗盆甑鬲旊人為簋而不言簠今傳
世古器甗盆甑鬲形皆正圓知考工記舉簋而不舉簠者簋亦正圓器也以上
可證鄭謂簋確為正圓與毁之形狀吻合矣考周秦諸子言堯舜飯土簋食土
刑言雖無徵然簋之由來必甚古自有卿即諸字之作上下饔飧必已通用簋
矣故聖人借皀作書以彰飲食之誼今傳世古器皀之數量為諸器冠蓋古者
自天子至於士庶人祭祀賓客饔飧無不用之如易之二簋詩之四簋八簋儀
禮聘禮之六簋八簋公食大夫禮之六簋周禮掌客之十二簋玉藻之四簋函
皇父敦之八簋此殆諸侯卿大夫士庶人之等差也戴震曰古者簠簋或以金
或以木或以瓦為之管仲鏤簋金簋也爾雅金謂之鏤是飾以玉飾以象者木
簋也簋之用如此之廣古聖人造作書契之宏誼妙旨可想見矣似不宜拘守

一書而迂屈古誼也至傳世之盨經典無徵錢獻之仍以簋稱之容庚謂盨毁
或其別名然伯庶父盨叔樂父盨皆云作盨毁則盨毁當是二物盨殆即顏師
古漢書注謂狀如盤之寶數與

□前陸四　□同上一二　□前柒六　□後下二六

余永梁曰疑即役字从殳从人與說文古文同

□前弍四七　□前弍一　□同上　□同上　□前肆四　□同上　□前伍四一

說詳第六南字注

□前弍二六　□前柒二九　□後下一二

从殳从玉說文所無

□後下六

商承祚曰按說文解字殺戮也从殳杀聲古文作□□□籀文作□
此與古金文第三字相似从□與古金文考老字所从之□殆是一字巛象血
滴形

□前伍一二　□同上　□同上

羅振玉曰說文解字專六寸簿也从寸叀聲一曰專紡專此字从叀从又凡篆文从寸之字古文皆从又疑即許書之專字其誼則不可知矣

 前弍九  同上

羅振玉曰說文解字徹通也古文作徹此从鬲从又象手象鬲之形蓋食畢而徹去之許書之徹从攴殆从又之譌矣卒食之徹乃本誼訓通者借誼也

葉玉森曰疑有鬲二字合文

 前伍一七  同上  後下十  同上三八

羅振玉曰說文解字敏疾也从攴每聲叔龢父敦从又杞伯鼎聃敦均省又與卜辭同

陳邦懷曰卜辭及古金文假每為敏蓋以聲近說文解字每艸盛上出也从屮母聲考卜辭字所从上之與卜辭上之同古金文若字亦作吳大澂說兩手理髮形於以知上之象髮形更知卜辭上之象笄飾形髮盛故用笄古者女子十五而笄二十而嫁也又古金文妻字有作者楊妻鼎其上亦从並象安髮之笄也卜辭从上之乃

屮省小篆每字遂譌从屮妻字从屮其譌變亦猶是耳竊意髮盛為每之本誼艸盛其引申誼矣

前伍一九　同上　後下十　林弍二一

說文解字效象也从攴交聲

前弍一六　同上一七　同上　同上　前肆三十　前陸九　同上

商承祚曰說文解字攸行水也从攴从人水省徐鍇曰攴入水所杖也泰嶧山石刻作　毛公鼎作　頌敦作　此省水疑亦攸字

前肆三二　前伍七　前柒三一　後下三七

說文云寇暴也从攴完从完之義無說古金文如虞司寇壺二器器蓋四寇字均與小篆形近然如曶鼎揚敦衛姬壺等器之寇字則作　所从之宀非完字也余謂寇不从完當从賓省古金文賓字通作　王孫鐘若　史頌敦或逕省貝如邾公鐘用樂嘉賓作　叡鐘用樂好賓作　骨文賓从止不从貝亦或省止與邾叡二鐘同寇字二體其所从者即此賓字或賓之省也然則寇何以从賓曰賓之古義與今有別卜辭稱所祭之祖若妣為王賓是

賓即是神戲鐘之用樂好賓另一器又另一編鐘作用樂好宗則賓與宗同義知此則知寇之从賓蓋毀人宗廟之意也古人於為寇期必毀人宗廟墨子非攻篇下曰燔潰其祖廟遷其重器天志篇作焚燒其祖廟孟子曰毀其宗廟遷其重器二家之說全同蓋古之行事本有如是者毀人宗廟為寇遷人重器亦必為寇卜辭有奇文作上揭諸形者余謂此乃般人之寇字字之左半於屋下从玉从由由即說文東楚名缶曰甾之甾是即古寶字寶乃古人之葆藏右半或象雙手捧械或竟从攴即遷人重器之意屋頂之著火光者殆又焚燒燔潰之意也

後下三三

前肆二七　同上三一　前伍十　同上一七　同上三九　菁一一

說文解字敤研治也从攴果聲

羅振玉曰說文解字改更也从攴己又攺攺𣪏大剛卯以逐鬼魅也从攴巳聲古金文攺鼎簋及卜辭有从巳之攺無从己之改疑許書之攺即改字初非有二形也

改字作　若　殆象朴作教刑之意子跪而執鞭以懲戒之也

前陸十

羅振玉曰說文解字叙次第也从攴余聲此从又篆文从攴之字若斂敃等古文多从又

菁二 餘二 前肆四五 前伍十 同上二七 同上四五 同上 同上

前陸二三 同上 後下一二 同上 同上 同上 同上 菁一

同上

羅振玉曰說文解字牧養牛人也从攴从牛此或从牛或从羊牧人以養牲為職不限以牛羊也諸文或从手執鞭或更增止以象行牧或从帚與水以象滌牛

說文解字教上所施下所效也从攴孝

前伍八 爻 同上二十

前弌四四 同上 前伍二十 前陸六四 後上八

羅振玉曰說文解字斆覺悟也从教从冂冂尚矇也臼聲篆文省作學桉卜辭諸文均不从攴且省子或又省作爻

前弍四六前伍二五
从攴从隹說文所無

前弍二一菁九
从攴从癸說文所無

新一四六
从攴从麓說文所無

前弍五同上同上前弍二十同上同上一三同上

羅振玉曰象卜之兆卜兆皆先有直坼而後出歧理歧理多斜出或向上或向下故其文或作或作曶鼎卜作說文卜古文作並與此不異也

董作賓曰卜字本象兆璺之狀茲分形音義三項研究之一卜字之形卜小篆作卜說文訓灼剝龜也象灸龜之形一曰象龜兆之縱橫也前說蓋以丨象龜版一象灸龜之火置於龜上而灸之此就小篆之形而言之耳而實則應从後說今甲骨刻辭中所有卜字作上揭諸形皆象兆璺之縱橫而其特異之點即在卜字之歧出或左或右各隨其兆璺而定如文辭所屬之兆為卜形則文中

之卜字即向左歧出而作ㄅ形一如兆之坼文兆坼在右則反是二卜字之音

廣韻卜博木切今讀或作攴或作攵其音同於爆破余謂不惟卜之形取象於兆璺其音亦象灼龜而爆裂之聲也吳中卜法占龜一條有云既灼之後其龜板炸然有聲是云龜語某日余欲一聞所謂龜語者乃鑿新購之龜版而灼之灼之既璺將見兆矣而爆然之聲乃發於所灼之中亟覆版視之坼文縱橫畢具而卜字之形亦遂與爆然之聲同時出現始信卜法所載為不謬並悟及卜字之音從可知卜之讀答為商代古音之僅存者矣三卜字之義卜字之意義為灼龜見兆故周禮注云問龜曰卜孫希旦禮記集解云凡卜以火灼龜視其裂紋以占吉凶其鉅紋謂之墨其細紋旁出者謂之坼謂之墨者卜以墨畫龜腹而灼之其從墨而裂者吉不從墨而裂者凶故卜吉謂之從裂紋不必皆從墨以其吉者名之故總謂之墨也是卜字實包墨與坼言之

 前肆二五  同上  同上二九  同上  前陸三九  前柒五

說文卟卜目問疑也从口卜讀與稽同从卜與从囧同意日本未改字尚書古寫本盤庚篇兩稽字均作𠧩此又一稽之異文矣

前弍一五 同上一六 同上 同上 同上一八 同上一九 同上 同上二二
同上 同上二三 同上二四 同上三十 同上 前弍二四 前肆一九 同上二十
同上三十 前伍一九 同上二十 同上 前柒三九 同上 前捌一 同上
同上三 同上七 同上一四 後上八 同上二十 後下三 菁十 同上一一

羅振玉曰說文解字貞卜問也从卜貝以為贄一曰鼎省聲京房所說又鼎注古文以貞為鼎籀文以鼎為貞今卜辭中凡某日卜某事皆曰貞其字多作與字相似而不同或作鼎則正與許君以鼎為貞之說合知確為貞字矣古經注貞皆訓正惟許書有卜問之訓古誼古說賴許書而僅存者此其一也又古金文中貞鼎二字多不別無鼎鼎字作舊輔甗貞字作非合卜辭觀之並可為許書之證段玉裁改小徐本古文以貞為鼎籀文以鼎為貞兩貞字作貝是為千慮之一失矣

陳邦懷曰周禮春官天府季冬陳玉以貞來歲之媺惡鄭注問事之正曰貞問歲之美惡謂問於龜鄭司農云貞問也又大卜凡國大貞鄭注引鄭司農云貞問也許君貞為卜問之說蓋本諸先鄭

□ 前肆二五 □ 前捌一四

說文解字占視兆問也从卜口

□ 前弍五 □ 同上三五 □ 同上 □ 前弍二八 □ 前陸六六 □ 新五二

葉玉森曰此疑即書洪範明用稽疑之稽汗簡引古文尚書作□與□形尤近許書引作卟

此即乩之初字从囙乙乙者乙治之也

□ 鐵一三零 □ 前弍九 □ 同上十 □ 同上 □ 同上二一 □ 同上二八 □ 前弍二三 □ 前肆一六

□ 同上 □ 同上 □ 前伍二八 □ 同上三五 □ 後上二一 □ 同上二六 □ 後下五 □ 同上一二

□ 同上一九 □ 同上二一 □ 同上三一 □ 同上三八 □ 林弍二五

葉玉森曰予疑从□从□並象架形从卜蓋象干形經傳屢以干戈並舉契文未見干字篆文作□即古竿字梃也則卜當即古文干象梃上有枝形植于於架有事則用之似含備物致用之意故用亦訓備（國語時至而求用注）至契文變作□□諸形乃無从索解矣

余永梁曰用象器形□卜辭作□均象插矢於用中形又用部庸用也从

用庚蓋象兩手奉干於用中故用字象形本誼當為用具之用盛物器也引申為一切資用及行施誼

 鐵二  前伍九  同上 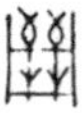 同上 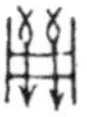 同上 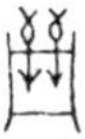 同上  同上十  後上二八

羅振玉曰說文解字箙弩矢箙也从竹服聲周禮司弓矢鄭注箙盛矢器也詩小雅象弭魚服箋服矢服也是古盛矢之器其字作箙作服卜辭諸字象盛矢在器中形或一矢或二矢古金文略同作丙申角番生敦毛公鼎爵父癸甗子父巳爵諸形且有中盛三矢作者博古圖卷十父辛卣番生敦文曰簟弼魚毛公鼎文亦同是與確即毛詩及許書之服箙其字本象箙形中或盛一矢二矢三矢後乃由从一矢之變而為于初形已漸失而與葡字形頗相近古者犕與服相通假易服牛乘馬說文解字犕注引作犕牛乘馬左傳王使伯服如鄭請滑史記鄭世家作伯犕後漢書皇甫嵩傳注犕古服字此犕服相通假之證矢箙之初字全為象形乃由轉寫而為由又轉譌而為葡為犕又由犕而通假作服又加竹而為箙于是初形全晦而象形乃變為形聲字矣

王國維曰葡古箙字卜辭作丙申角作象矢在器毛公鼎作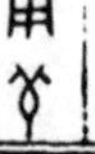即矢形之變其形似葡字故易傳服牛乘馬說文引作犕牛左傳伯服史記引作伯犕矣古者矢箙在車上既夕禮記大服注云笭間兵服說文𨏈車笭間皮匧也古者使奉玉所以盛之从車玨讀與服同東京賦及續漢志皆有𨏈弩蓋古者矢箙在車笭間後或以盛玉或以盛弩雖易其字而猶存其音然則箙𨏈一字實車上物也

後下四一餘八

羅振玉曰卜辭中學戊亦作交戊殆古音同相假借

醴陵朱芳圃編

文字編第四

文六十六　重三百零九

前伍二四　後下一七　同上二七　同上四一

羅振玉曰說文解字旻舉目使人也从攴从目卜辭旻从攴即攴字

前弍四五　前肆三七　同上四七　同上　同上　同上　前伍四三　後上三　同上四　同上七　後下二六

羅振玉曰說文解字眔目相及也从目从尾省古金文作靜敦諆田鼎及卜辭从巛小等形殆非从尾省也古文尾从木

胡光煒曰眔猶暨也說文㐺部臮衆與詞也虞書曰臮咎繇古文臮按臮即眔之誤說文目部眔目相及也从目从隶省由目相及引申為相暨

前弍一七　前伍二五

說文解字相省視也从目从木

前伍九　同上三九　新一三一

羅振玉曰說文斁解也从攴睪聲詩云服之無斁斁猒也毛公鼎肆皇天亡斁斁字作[illegible] 吳大澂釋斁與此同

王國維曰無斁古通作無射睪从目从矢矢著目上意亦為射

戴家祥曰此字从目从矢以聲誼繹之實即眣之異文原形移置字也公羊文七年傳眣晉大夫使與公盟也又成七年傳郤克眣魯衛之使何休解詁以目通指曰使說文目部無眣字而有从失之眣訓目不正也段玉裁謂淺人無識以譌體改說文字應作眣竊疑眣字从目从矢在六書為會意从目失聲則變為形聲此六書嬗變例也陸德明公羊釋文云眣本又作眣丑乙反又大結反則與失聲並相近是从失非誤字也古音失與寅同故聲類互易變為瞚廣韻玉篇眣同瞚是其證說文瞚開闔目數搖也莊子庚桑楚篇兒子終日視而目不瞚呂氏春秋安死篇其視萬世猶一瞚也高誘注潁川人謂相視曰瞚按瞚之古音與瞬相近故陸德明釋文云眣一音瞬是眣之本誼為目動故其字从目从矢若以為射之本字則其誼無取於从目矣至眣字在金文則當讀為射同音假借字也師𩛥毁靜彝及毛公鼎均以亡睪為文當讀為無射無射乃宗

周成語見詩大雅車舝思齊周頌清廟及禮記祭統皆與金文同本為無厭之義樂律亦名無射見國語周語及淮南天文訓射之音義與斁相近爾雅釋詁射厭也說文斁厭也故無射亦作無斁見書洛誥詩周頌振鷺駉魯頌泮水字均作斁蓋古人言語本無定名經文多通假無⿱罒大之作無斁固不必求其孰正而孰假也⿱罒大字今既知其聲與斁相近然則說文亣部⿱白大字當為⿱罒大之字誤亦可以訂定矣許書⿱白大大白澤也从大白古文以為澤字蓋古文⿱罒大亦作□無斁鼎作□鄦伯氏鼎上文與白形近故誤為⿱白大澤斁均从睪聲金文⿱罒大與斁通則許書云古文以為澤字知東漢經師尚能知古文古誼以此例推金文無斁鼎無斁二字為人名知魏人田子方名無澤即無斁之義也見莊子田子方篇及國策魏策又變為無擇詩大雅思齊篇古之人無斁鄭箋作無擇釋文斁擇也故莊子讓王篇有北人無擇揚子法言吾子篇君子言也無擇聽也無淫擇則亂淫則辟述正道而稍邪哆者有矣未有述邪哆而稍正也大玄元掜曰言正則無擇行正則無爽水順則無敗無敗故久也無爽故可觀也無擇故可聽也此即本孝經口無擇言身無擇行為說無擇即無射之假字也

□後下二四

說文解字瞚開闔目數搖也从目寅聲

□ 前陸七 □ 後下二五 □ 同上三一 □ 同上三二

余永梁曰按此眉字周憲鼎作□羌伯敦作□散氏盤作□此□字與散氏盤略同从目與从百同□字與周憲鼎同與羌伯敦亦相近

□ 前弍四六 □ 前弍二三 □ 前伍二六 □ 後下三九

孫詒讓曰說文省視也从眉省从屮甲文□字从屮从目即省字之省

商承祚曰按□乃眚字與金文同屮即生之省也

□ 前弍三十 □ 前弍二五 □ 前弍二三 □ 前肆一四 □ 前伍二八 □ 前陸五八 □ 前捌一五 □ 後上五

□ 同上一一 □ 同上 □ 同上二十 □ 菁九

羅振玉曰說文解字自鼻也象鼻形古文作□又白注此亦自字也省許既以自白為一字而分為二部者以各部皆有所隸之字故也卜辭中自字作□或作□可為許書之證但白部諸字以古文考之多非从白魯字者字均从□或从□智字等亦然許君生炎漢之季所見古文含壁中書而外固不能如今日之博自不能無疏失矣

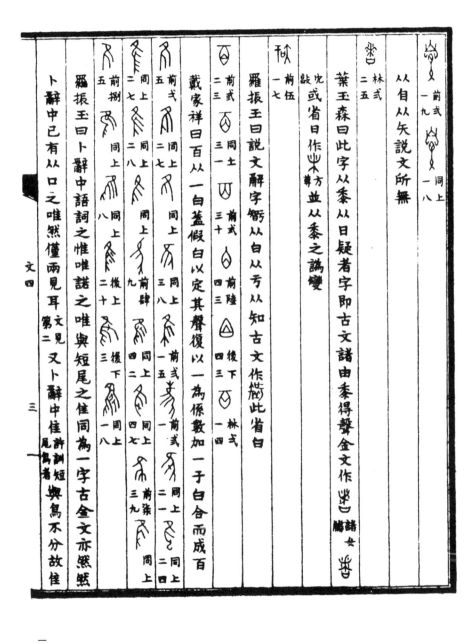

前弍一九　同上一八

从自从矢說文所無

林弍二五

葉玉森曰此字从黍从日疑者字即古文諸由黍得聲金文作（諸女觥）

（仡鼔）或省日作（方尊）並从黍之譌變

前伍一七

羅振玉曰說文解字䎽从白从亏从知古文作𥏫此省白

前弍二三　同上三一　前弍三十　前陸四三　後下四三　林弍一四

戴家祥曰百从一白蓋假白以定其聲復以一為係數加一子白合而成百

前弍五　同上二七　同上　同上三八　前弍一五　前弍一　同上二一　同上二四

同上二七　同上二八　同上　前肆九　同上四二　同上四七　前柒三九　同上

前捌五　同上　同上八　後上二十　後下三　同上一八

羅振玉曰卜辭中語詞之惟唯諾之唯與短尾之隹同為一字古金文亦然然

卜辭中已有从口之唯然僅兩見耳（文見第二）又卜辭中隹（許訓短尾鳥者）與鳥不分故隹

文四　三　一

字多作鳥形許書隹部諸字亦多云籀文从鳥蓋隹鳥古本一字筆畫有繁簡耳許以隹為短尾鳥之總名鳥為長尾禽之總名然鳥尾長者莫如雉與雞而並从隹尾之短者莫如鶴鷺鳧鴻而均从鳥可知強分之之未為得矣

 前伍二三  同上四一  前陸三二 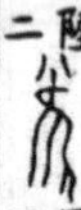 同上五九 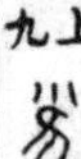 前柒三九 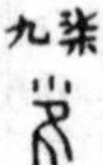 前捌一一 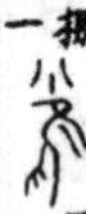 同上一三

說文解字雀依人小鳥也从小隹讀與爵同

 前弍一一 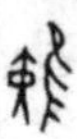 同上三一  同上三四  前肆四四  前柒二四  後上一四 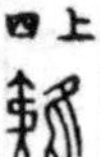 後下六 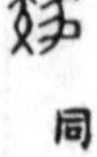 同上

羅振玉曰說文解字雉古文作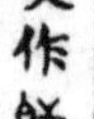从弟令以卜辭考之古文乃从蓋象以繩繫矢而射所謂矰繳者也雉不可生得必射而後可致之所謂二生一死者是也許言从弟殆失之矣

陳邦懷曰卜辭雉字皆从夷第一字从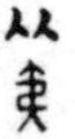即說文解字之夷第四字从則夷之反文也段注說文雉字云雉古音同夷周禮雉氏掌殺艸故書作夷氏大鄭从夷後鄭从雉而讀如鬀鬀令本周禮作薙者俗製也又桉段氏周禮漢讀考卷二云雉氏注故書雉或作夷夏日至而夷之月令注引夏日至而雉之然則夷即雉字邦懷桉段云雉古音同夷夷即雉字皆足證卜辭雉字塙是从夷說文解

字古文雉从弟蓋亦為从夷之譌段云弟聲恐不然矣第二第三字所从之

則為夷字之變體第五字所从之夷省作而與矢形近者是小篆雉字从

矢所由出與

前弍三六 同上三七 同上 前肆四三 前柒二三

羅振玉曰卜辭中諸雞字皆象雞形高冠修尾一見可別于他禽或增奚聲然

其他半仍是雞形非鳥字也說文解字雞从隹籀文从鳥均失之矣

前弍二四 同上三五 同上 同上 同上三六 同上 同上 同上

同上 同上 同上二八 前肆二九 後下二一 林弍二

羅振玉曰从巛即水字从口从隹古辟雝字如此辟雝有環流故从巛或从乙乃巛省也口象圜土形外為環流中斯為圜土或从囗與口誼同（盥卣瞂尊亦均从囗）古辟雍有圜鳥之所止故从隹說文訓為雝渠非初誼矣伯雝父鼎作與此同他金文或增口作呂後又譌呂為邑初形益不復可見矣

陳邦懷曰說文解字邕下曰邑四方有水自邕成池者是也从巛邑讀若雝出籀文呂竊疑呂从宮省巛象宮外有水从宮省聲故讀若雝乃辟呂之本字羅

氏謂雝為古辟雝字又謂許訓雍渠非初誼胥失之矣

前弍四　同上　後上一三　同上　林弍九

羅振玉曰說文解字雇籀文从鳥作鳸卜辭地名有字从鳥户聲與籀文合

前弍九　後上九

羅振玉曰說文解字䧺鳥肥大䧺䧺也或从鳥作鳿與此同疑此字與鴻雁之鴻古為一字惜卜辭之鳿為地名末由徵吾說矣

後下二十

余永梁曰此字从隹从匕疑即雌字

前弍八　同上一八　前伍六

商承祚曰桉此字从隹至聲與集韻同但此或增丨丨不知與鴙為一字否

鐵一二一　前弍一六　前肆一八　同上三九　同上四三　同上　同上　前捌三

同上四　後下六　同上　同上　同上　同上

羅振玉曰說文解字雚小爵也从萑吅聲卜辭或省吅借為觀字此字之形與

許書訓鴟屬之雈相似然由其文辭觀之則否矣

前肆 一五　後下 二　同上 六

羅振玉曰說文解字舊鴟舊舊留也从雈臼聲或作鵂此从凵古文臼字多如此作

前弍 四九　同上　同上　同上 四四　同上 五二　前伍 三九

前陸 七　同上　同上

商承祚曰婁孑乃戈字之變从女與从人之意同

前柒 一七　後下 二三　前肆 四四　前陸 五　同上 六

从苗从人說文所無

前弍 一二　同上　前弍 二三　前肆 四九　同上　同上　同上　同上

同上　同上 一七　同上 五十　同上　同上　林弍 一三　後上 二一　同上 二三

後下 一六　同上 三十　同上 四十　鐵一 九七

羅振玉曰羊字變體最多然皆為象形

新三 五八

董作賓曰說文羊部𦍌羊鳴也从羊象气上出與牟同意又牛部牟牛鳴也从牛𠃉象其聲氣从口出此作∨與𠃉乚小異要皆象鳴時氣从口出之形

前弍一八　前伍一八　前柒二八　後下一四

商承祚曰按美角作　與此略同　象角攲敧之形

前弍四一　同上　同上　同上四二　同上　同上　同上　同上　同上　同上

同上四三　前弍三五　同上　前肆三七　同上五十　前陸四十　前捌六　後上三

同上　同上　同上二二　同上二六　同上二七　後下四二　林弍一四　餘七

羅振玉曰作　者象牽之以索也索在後不在前者羊行每居人先也作　者側視形作　者亦象帶索从側視之之狀也

董作賓曰羐字从羊从人誼為牧羊之人有時又帶繩索表示牽羊之意羐羊同音互相通假

前肆三五　同上　同上　後下二二

羅振玉曰从四羊與羴同誼

前弍一五　前伍三五　菁十

說文解字靃飛聲也雨而雙飛者其聲靃然

前陸四六
羅振玉曰說文解字喿鳥群也从品木聲卜辭从鳥在木上
羅振玉曰說文解字雧群鳥在木上从雥从木或省作集毛公鼎作从隹
前伍三七後下六
在木上與此同

羅振玉曰說文解字鳳古文作二形卜辭从與略同从即凡字古
金文作凡與此小異與篆文同惟从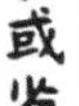或省作與許書篆古二文不合耳龍字从鳳字所从亦與龍同此于古必有說今無由知之矣王國維曰卜辭中屢云其遘大鳳即其遘大風周禮大宗伯風師作飌師从雚而卜辭作鳳二字甚相似余桉此說是也考卜辭中諸鳳字誼均為風古金文不見風字周禮之飌乃卜辭中鳳字之傳譌蓋譌為譌凡為風耳據此知古者假鳳為風矣

葉玉森曰栔文塙為風字疑丵丵象大鳥之冠省變作[glyph][glyph]▽[glyph][glyph][glyph]等形並象鳥有長尾[glyph]象尾末有圓斑如孔雀然或古代鳳尾亦有此斑鳥尾長則奮翼一飛風象自見故古風字从長尾鳥从月疑舟帆形凡或帆之古文長尾鳥與帆並可占風故先哲制風字假二物以象意省左省右仍並為風从⺌大鳥攀則塵揚殆以狀飛塵與

陳邦懷曰卜辭鳳字所从之[glyph]即說文辭字之丵字其作[glyph]者省文也許君說丵字曰叢生艸也象丵嶽相並出也段注云吳語不經見者謂丵嶽考卜辭中鳳與龍字有从丵者蓋以鳳龍為不經見之物與

[glyph] 前弍三十 [glyph] 前伍一十 [glyph] 同上四 [glyph] 後下八 [glyph] 鐵一四十 [glyph] 前陸二六

王國維曰殷時玉與貝皆貨幣也商書盤庚曰茲予有亂政同位具乃貝玉於文寶字从玉从貝缶聲殷虛卜辭有[glyph]字前陸三一及[glyph]字後下一八皆从宀从玉从貝而闕其聲蓋商時玉之用與貝同也貝玉之大者車渠之大以為宗器圭璧之屬以為瑞信皆不以為貨幣其用為貨幣及服御者皆小玉小貝而有物焉以系之所系之貝玉於玉則謂之珏於貝則謂之朋然二者於古實為一字

玨字殷虛卜辭作丰作丯或作䍩金文亦作丰（乙亥敦云玉十丰）皆古玨字也說文玉象三畫之連丨其貫也丰意正同其作丯作䍩者丫丫丫皆象其系如束字上下从屮巾也古系貝之法與系玉同故謂之朋其字卜辭作拜作玨金文作拜（遽伯寰敦）作拜（寰鼎）作拜（庚羆卣）作拜（且子鼎）又公中彝之貝五朋作[illegible]𢼸叔敦蓋之貝十朋作玨戊午爵乃作玨甚似玨字而朋友之朋卜辭作[illegible]金文或作[illegible]（杜伯簋）或作[illegible]（豐姞敦）或从拜或从玨知玨朋本是一字此可由字形證之者也更以字音證之玨自來讀古岳反說文亦以瑴字為玨之重文是當从㱿聲然竊意玨與瑴義同音異古玨字當與𤤷同讀說文𤤷讀與服同詩與士喪禮作服古文作[illegible]古服葡同音玨亦同之故𤤷字以之為聲古者玉亦以備計即玨之假借齊侯壺云璧二備即二玨也古音服備二字皆在之部朋字在蒸部之蒸二部陰陽對轉故音變為朋音既屢變形亦小殊後世遂以玨專屬之玉以朋專屬之貝而不知其本一字也又舊說二玉為玨五貝為朋（詩小雅菁菁者莪箋）然以玨拜諸字形觀之則一玨之玉一朋之貝至少當有六枚余意古制貝玉皆五枚為一系合二系為一玨若一朋釋器玉十

謂之區區𣪘雙聲且同在侯部知區即𣪘矣知區之即𣪘則知區之即為玨矣貝制雖不可考然古文朋字確象二系康成云五貝為朋五貝不能分為二系蓋緣古者五貝一系二系一朋後失其傳遂誤以為五貝一朋耳觀玨䍃二字若止一系三枚不具五者古者三以上之數亦以三象之如手指之列五而字作又許君所謂指之列不過三也余目驗古貝其長不過寸許必如余說五貝一系二系一朋乃成制度古文字之學足以考證古制者如此

郭沫若曰王氏謂玨朋古本一字其說是矣然謂古制貝玉皆五枚為一系合二系為一玨若一朋在貝玉已成貨幣之後庸或有之然必非玨朋之朔貝玉在為貨幣以前有一長時期專以用于服御此乃人文進化上所必有之步驟許書貝部有賏字曰頸飾也从二貝女部嬰字亦曰頸飾也从女賏賏其連也其連段氏改作貝連椄即不改字固可知其為貝之連貝而連之非朋而何耶古說以五貝為朋外亦有兩貝為朋說詩七月朋酒斯饗傳曰兩樽曰朋易損之六五或益之十朋之龜崔憬注雙貝曰朋前漢食貨志載王莽貝貨五品自小貝以上均以二枚為一朋王莽志在擬古當必有所本是知朋與賏實一物

而異名朋之為賏猶賏之為連也（今人謂之嫌）賏及从賏之字古器物中未見嬰於新鄭所出王子嬰次之口盧王國維以為即楚令尹子重嬰齊（觀堂集林十八卷索實魯莊十四年為愽攷所般之鄭子嬰齊）嬰省从女貝以其从女而觀之知必為後起字蓋古之頸飾男女無別此於現存未開化之民族猶可徵見逮其專施於女子乃在社會已移變為男權中心以後也朋為頸飾於字形之本身亦可得而證明朋字骨文作若若以三或二之貝玉為一系連二系以成左右對稱金文亦如之如效卣之廿朋作匽侯鼎作呂鼎之卅朋作剌鼎作是也按此實即頸飾之象形故骨文朋字更有連其下作環形如若者寶字之或體亦从此作此更顯而易見矣事之尤顯著者乃殷彝文中有以玨朋為頸飾之圖形文字如母鼎（殷文存上卷三葉）祖癸爵（同下卷十一葉）父丁鼎（同上卷三葉）父乙盤（同下卷卅四葉）按此即象人著頸飾之形當為倗之初字倗乃古國名周金有倗伯虒敨倗仲敨當即其後前人不悟朋為頸飾之意乃肊造子荷貝二貫或孫荷貝一朋之奇說不知貝朋所用之貝即今人所謂瑪瑙貝一貝之長不及半寸而多磨穿其脊以備橫貫假令一朋真像十貝則長亦不

過尺許重亦不及數兩正無勞子若孫担荷也知玨朋之朔本為頸飾則知構成玨朋之玉貝自可多可少故謂雙玉為玨可（詩菁菁者莪鄭箋）謂三玉為玨亦可（淮南道應訓玄玉百工下高注三玉為一工工即玨）謂五貝為朋可（同上詩箋）謂二貝為朋亦可三五之作奇數者蓋連朐墜或項墜而言此不足為異至謂玨必十玉朋必十貝此於貝玉已成貨幣之後理或宜然然必非玨朋之朔也

 前陸三六

王國維曰古㫃埶為一字此殆許書之鷙

 前伍四六  同上  同上  前捌五  後下六  同上  同上

羅振玉曰說文解字鳴鳥聲也从鳥从口此从雞从口雞司晨者也應時而鳴引申而為凡鳥之鳴許書从鳥非初誼矣石鼓文已从鳥作鳴

 鐵一八三  鐵二二七  前弍二九  前弍五  前伍一四  同上

 後下二  同上八  同上四一  新三七二

羅振玉曰說文解字畢田网也从華象畢形微也或曰由聲卜辭諸字正象网形下有柄即許君所謂象畢形之華也但篆文改交錯之網為平直相當于初

形已失後人又加田于是象形遂為會意漢畫象刻石凡捕兔之畢尚與字形同是田網之制漢時尚然也又許書隸畢字於華部於畢注云从華象畢形而於華注乃曰箕屬所以推棄之器也象形一若華既象田網之畢又象推棄之箕者許君又謂糞棄二字皆从華今證之卜辭則糞字作乃从甘不从華糞除以箕古今所同不聞別用他器其在古文華即畢字與甘不同糞棄固無用畢之理此亦因形失而致歧者卜辭之畢或加又象手持之

前弍一八 後下八 同上

羅振玉曰說文解字糞棄除也从廾从華糞采也官溥說似米非米者矢字今卜辭之即糞字从象糞穢形即官溥所謂似米非米者从甘即許書所从之華（華象田網非箕屬說詳上畢字注）廾以推棄之埽糞穢于甘中而推棄之糞之誼瞭然矣其从川且旁加帚者殆亦糞字

後下七 同上二一

羅振玉曰說文解字棄从廾推華棄之从去去逆子也古文作籀文作此从早在甘中（許書从華即甘也）廾棄之殆即棄字

前弍一八 前肆三 同上三三 同上五一 同上 後上二六 後下一六

羅振玉曰卜辭借為遘遇字

前柒一

說文解字再一舉而二也从一冓省

前肆四六 前伍一一 同上二一 同上 同上 前陸一二 前柒一二 林弍一一

前柒一八 同上二五 林弍一一

羅振玉曰說文解字爯并舉也从爪冓省與卜辭同卜辭又或省爪

陳邦懷曰古彝文有作丂者薛尚功謂李公麟得古爵於壽陽紫金山腹有二字曰己舉王玠獲古爵於洛亦有二字曰丁舉字體與此正同（見歷代鐘鼎彝器款識卷二）知卜辭爯字所从之 皆古舉字 象下而上舉爪象上而下承并舉之誼昭然小篆爯字从冉蓋由 形近而譌許君不得其解乃曰冓省甾為之說耳然許書并舉之說則必有所受之也卜辭第二文即古舉字羅氏以為省爪恐不然矣

後下三五

說文解字幼少也从幺力

 前弍十  前弍一九  後下二十  同上三八

羅振玉曰說文解字𢆶微也从二幺古金文用為訓此之茲與卜辭同

 後下九

羅振玉曰說文解字幽隱也从山中𢆶𢆶亦聲古金文幽字皆从火从𢆶𢆶隱不可見得火而顯

 鐵二六八  前弍五  同上  前伍九  後上二四  後下一五  同上三二  新一四六

 新二四零  新三一三  新三六零

余永梁曰桉此疑即叀字同剸諸家詮釋每與𤰈字誤混為一考卜辭作者𤰈字也作者叀字也字形顯別其義亦有分作𤰈者曰𤰈于且乙曰貞賁十物牛㞢五𤰈曰百𤰈百牢作叀者曰叀九牢酌大甲曰㞢于南庚叀小牢曰貞㞢于王亥叀三白牢而前編五卷一葉文曰貞不叀𤰈用叀𤰈二字連文尤為異字之證疑叀為用牲之法與卯賁沈同例後編上卷二二葉一骨上文曰叀口曰卯牛其明徵矣說文叀下云古文叀斤部斷古

文作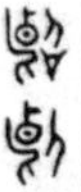然則叀牢者剸牢也本字為叀剸則後起形聲字集韻剸通作叀

專是也說文𣃔截首也从斷首剸或从刀專聲𣃔亦後起之篆

 前弍二七  同上三十  同上  同上三五  同上三八  同上三九 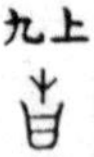 同上 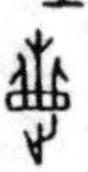 同上

羅振玉曰說文疐礙不行也从叀引而止之也古金文有字疐卣前人釋疐與卜辭文正同

 後下三十

羅振玉曰說文瑗大孔璧人君上除陛以相引段注未聞桂氏曰大孔璧者孔大能容手又曰漢書五行志宮門銅鍰亦取孔大能容手以便開閉而於人君上除陛以瑗相引之說亦無徵證蓋古義之僅存於許書中者也瑗為大孔璧可容兩人手人君上除陛防傾跌失容故君持瑗臣亦執瑗在前以牽引之必以瑗者臣賤不敢以手親君也於文从𠂇象臣手在前𠂇象君手在後丨者正視之為○側視之則成丨矣瑗以引君上除陛故許君於爰援均訓引荀子性惡篇注訓援為牽引禮記中庸注訓援為牽持之並與許書瑗注義同知古瑗援爰為一字後人加玉加手以示別其於初形初義反晦矣古罰鍰之鍰

亦作爰尗尚幣作𤔔作毛公鼎作𤔔變丨為一為丿形又失矣吳縣潘氏滂喜齋藏一卣其文曰與卜辭正同蓋亦瑗字

前弍二十　前弍一六　前弍一　同上三十　同上　前肆四

同上三七　同上五三　前伍二二　同上二三　前陸四　同上七

同上一六　前柒二　同上一五　同上三八　前捌一一　同上

後上一五　後下二三　同上三三　同上　餘一一

羅振玉曰說文解字受相付也从受舟省聲古金文皆从舟不省與此同象授受之形與與同意𠂇或作𠂇或作又皆手形非訓覆手之爪

後上二　後下四十　林弍三十

羅振玉曰說文解字𣦵剔骨之殘也从半冎古文作此與篆文同

前伍四一　後下四

羅振玉曰說文解字𣧠从𣦵从人古文作此从𣦵象人跽形生人拜於朽骨之旁𣧠之誼昭然矣

前弍四六　前肆二四　同上　同上三八　同上四三　同上五二　後上一六　後下一一

丁山曰𣪊本作象人在棺槨之中

前弍二九　前弍一五　後下五

羅振玉曰說文解字膏从肉高聲此从高省聲

前弍三　同上　同上一八　前伍三二　同上　後下五　同上一三　同上一八

菁九　菁十

徐中舒曰利所从之諸形即力形之變象用耒端剌田起土之形金文作將力旁土移於禾旁故小篆利或从刀但古文利及从利之黎棃犂諸字仍是从可證从刀乃是省形利來母字旨是从力得聲剌地藝禾故得利義又利所从之或讀為勿勿利古韻脂部字國語越語以一物失利相叶故得相通

前伍三九　後下一三

說文解字初始也从刀衣裁衣之始也

前伍四三

說文解字刜擊也从刀弗聲

鐵二五十　前肆三二

羅振王曰說文解字⿰臬刂刑鼻也从刀臬聲或从鼻作劓此作⿰自刂⿰自刂與說文或作合自即鼻之初字也

後下二八

从刀从不說文所無

後上一五

从刀从网从東說文所無

後上一五

从刀从网从禾說文所無

前弍八　後上一四

商承祚曰椄與匕乙甬同

前陸一七　同上　前柒一五　後下二八　菁一

此乃耤之初字象人持耒耜而操作之形金文令鼎王大耤農于諆田其字作⿰昔刂象形耤聲彼所从之象形文即此字也薛尚功鐘鼎款識卷十四

文四　十二　一

之截毀王曰截令女汝作嗣土官嗣耤田字作[illegible]形雖略變然與令鼎文正相彷彿卜辭與金文之異僅在一為象形文一為形聲字耳象形之文例先於形聲故[illegible]實即耤之初字也

徐中舒曰耤象人側立推耒舉足刺地之形故耤之本義應釋為蹈為履後漢書明帝紀注引五經要義云籍蹈也言親自蹈履于田而耕之也顏師古漢書文紀注引臣瓚說藉謂蹈藉也籍藉耤古通用字或轉為蹠淮南子主術訓一人跖耒而耕不過十畝又齊俗訓脩脛者使之跖钁（钁太平御覽引作鏵）鹽鐵論取下篇從容房闈之間垂拱持案食者不知蹠耒躬耕者之勤也又未通篇民蹠耒而耕負擔而行勞罷而寡功跖蹠古通用淮南高誘注跖蹈也此可證蹈履為耤字正解（論語民無所措手足即从此義引申）後來耤字為借義所奪詩載芟序鄭箋籍之言借也借民力治之故謂之藉田風俗通祀典古者使民如借故曰籍田因別造一踏字以為蹈履之踏耤為蹈履故得引申為薦於他物之下意如馮藉（成語）藉用白茅（易大過初六）之類是聲轉為苴如漢書郊祀志云江淮間一茅三脊為神藉而終軍傳則云苴以白茅于江淮曲禮云凡以弓劍苞苴簞笥問人者鄭注苴藉也

又轉為助如孟子滕文公上云助者藉也又轉為耡為鉏如說文引孟子商人七十而耡耡藉稅也又周禮春官司巫注杜子春云蒩讀鉏鉏藉也玄曰蒩之言藉也祭食有當藉者凡且聲字多與耤相通租稅之稱鉏耡之名當即由耤轉變而來

 鐵七一  前肆五三  同上  菁一

羅振玉曰說文解字角獸角也象形角與刀魚相似石鼓文作此作皆象角形∧象角上橫理橫理本直文作曲形者角為圓體觀其環形則直者似曲矣許君云與刀魚相似蓋未知∧象角之橫理也

 後下二一

商承祚曰說文解字解判也以刀判牛角也此象兩手解牛角||象其殘靡卜辭从之字或省从與刀形相似而非刀字也卜辭从篆文又省从由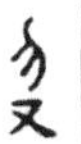又省作遂與刀形相混矣

 前弋一一  後下三三

从角从殳說文所無

甲骨學文字編第四

醴陵朱芳圃編

文字編第五

文七十六　重三百一十九

前陸三五 菁九

羅振玉曰鄦子簠簠字作从匚从古此从个个即古之省

容庚曰簠金文作从匚古聲說文黍稷圜器也古文从匚从夫作今證之古器侈口而長方與周禮舍人注方曰簠之說同周禮掌客簠十注簠稻粱器也今銘辭多云用盛稻粱則黍稷之說亦非

鐵一八一 前弍一一 同上十 同上一七 前弍二 同上九 前弍一 前伍三一

前陸一五 同上三四 前柒二四 後上二五 同上三二 後下一八 前陸五七

羅振玉曰說文解字箕从甘象形下其丌也古文作三形籀文作二形卜辭作作許書之由而譌乃與許書古文合此字象甘形而假為語詞卜辭中諸其字亦然其字初但作後增丌於是改象形為會意後又加竹作箕則更繁複矣許君錄後起之箕字而附甘其諸形於箕下者以當時通用之字

文五　一

為主也

前陸 一一

羅振玉曰此疑是箙字象雙矢𢂶繳之形雉兔之雉卜辭从𢍏或从矢亦象矢𢂶繳彼从一矢此从二矢疑是一字廣雅釋器䉶箙箭也周官司弓矢䉶矢箙矢用諸弋射字又作菔箙菔殆皆由之譌變至矢之形或順或逆繳之形或左或右文字中所不拘實無殊異知必有作者於是隸變而成箙其矢形下向者去其上半則成菔矣

前肆 三七　前柒 六

陳邦懷曰此蓋古典字說文𥫚古文作𥫚从丌而古文从廾以此例之典字从丌而卜辭从廾作其為典之古文殆無疑矣

前弍 二四　同上 二七　前弍 一五　前陸 五七　後下 二四

羅振玉曰从酋从丌並省象尊有薦乃奠字也从酋之字古金文多从酉如障从酉鄭作奠之類从丌之字古金文或省从一如其字作从一 虢叔鐘 郘遣敦 之類

前肆 一七　同上 三二　同上 五十　前陸 六二　前柒 二四　前捌 一　同上 一二

□疑即工字古工功攻本係一字如詩我車既攻石鼓文作避車既工詩㦸敏戎功齊侯鎛鐘作㦸敏于戎攻不䝈敦作㦸敏于戎工虢季子白盤作□壯武于戎工又古司空官於古器中均作𤔲工而齊子仲姜鎛有大攻从手當即功字亦即是攻許書工之古文作□近出魏三體石經無逸篇即康功田功功字古文亦作□此从彡者當係又形之譌變作□作□作□者當亦攻伐或攻作之攻又有从口作者當係一字金文之子□圖卣亦然前人或釋廟或釋廟或釋廟者皆非也按此猶艁許書古文造亦見羊子戈之作□頌鼎若□頌壺家之作□毛公鼎若□頌鼎宖之作□毛公鼎亦有从手作者其一作□又其一作□要當為一字

又曰周以後人之作工者當即□若□形之變此事與壬字之變遷恰成互異卜辭及殷彝壬字作工與周金之工字形近而周金壬字通作王鬲攸从鼎更作□此與□形則僅在空筆作與肥筆作之差異而已以午字作□亦作□天字作□亦作□土字作□亦作□例之則工壬古當為一字字乃器物之象形蓋古錐鑽之類兩端著鏃而付柄於中以便運使為之柄者必易朽之

物則此器除於此圖形文字外其原物恐已無再見於世之日又史記扁鵲倉公列傳鑱石撟引索隱云鑱謂石針也鑱壬同在侵部疑是古今字以聲類而言侵部之壬與東部之工雖頗隔閡然同字亦不妨異音蓋壬本工作之器而工乃工作之事形上之事必藉形下之器以為表徵故工之初字必係□□等形尚未脫圖畫之畛域逮後壬器廢而□□等省作□或竟省作□故讀為工音而原義與失因而巩攻諸字化而為形聲而許書又謂工乃象人有規矩殆以工字形為矩形之變不知工作之興更遠在知用規矩以前也壬器在殷代似猶未廢殷彝中有□爵□父己爵□父癸爵又有爵以□為銘者見王氏金文著錄表以二壬器夾一矢箙形與它器以戈戉弓矢為銘者相似匽尊亦有此字文曰匽作父辛尊彝□亦當是殷器□形與上語不屬从収作者有□彝及甲□爵从丮作者於上舉子□圖卣外別有□圖觶見周金文存又格子宮尊積古卷一作刊宮尊原有錫四聿二□語聿乃古筆字古人之筆乃曲刀之類此□字則係器物名蓋又假□為壬鑱巩或加手作挐者可知與攻同意矣周人工若攻字有別作異形者如史獸鼎三工字第三字

作工新出矢彝百工字作工公伐郐鐘攻戰襄敵字作攻虘鼎之攻躍無敵作
 攈古卷四 字與  形有異當係周人所改變之字或以為工殆象斧鑿之形則
與作  者亦屬同意也要之工壬在殷代本為一字壬乃工作之器工乃工
作之事用為攻戰字者乃其引伸之義

 鐵一四三  後下四

羅振玉曰說文解字巫古文作  此从冂象巫在神幄中而兩手奉玉以事
神許君謂从  象兩褎舞形  與舞形初不類矣
陳邦懷曰羅說是也桉說文解字靈巫也以玉事神可證卜辭第二字从玉者
塙為巫之古文其第一字从玉省作工者是說文古文  字及小篆巫字从
工之所由出也

 後上一二  同上

說文解字甘美也从口含一一道也

 前肆三五  同上三六  前柒一五  後下一

羅振玉曰說文解字旨古文作  此从匕从口所謂嘗其旨否矣

文五 三

曰（前弍九）曰（同上四三）曰（後下四十）

羅振玉曰說文解字曰詞也从口乙聲亦象口出气也卜辭从一不作乙散盤亦作曰晚周禮器乃有象口出气形者

𠕋（鐵二一九）𠕋（前弍三四）𠕋（同上四四）𠕋（前弍三八）𠕋（前肆四五）𠕋（前柒二五）𠕋（後上二三）𥙷（同上二四）𥙷（後下四三）𠕋（林弍六）𠕋（同上）

羅振玉曰說文解字𠕋告也从曰从冊冊亦聲卜辭从口口與曰同意

商承祚曰按𥙷亦𠕋字从示以示𠕋于神也今𠕋行而𥙷廢矣

𣍘（前弍五）

羅振玉曰說文解字𣍘獄兩𣍘也从棘在廷東也从曰治事者也此从口與曰同意

又曰按卜辭棘為國名又有𣍘棘與𣍘殆一字也

丁山曰說文米部糟酒滓也从米𣍘聲醩籀文从酉以𣍘例𣍘戴侗疑𣍘即嘈字从曰棘聲者是也卜辭云壬寅卜在𣍘貞王𢦔于口亡巛（前編二卷五葉）曹字正从口又云貞猶伐𣗥其𢦏（後編上一五葉）曹又不从口此𣍘諧棘聲之證也

前柒三一 菁三

說文解字乃曳詞之難也象气之出難也

前弍一八 前弍二五 同上 前伍一八

羅振玉曰說文解字寧願詞也从丂盌聲此从盌省心从丂寧母父丁鼎亦省心與此同卜辭此字皆訓安

前弍一一 同上 鐵五

說文解字兮語所稽也从丂八象气越亏也

前弍三二 前弍五 前肆二八 同上 前伍五 新三

羅振玉曰說文解字乎語之餘也从兮象聲上揚越之形也古金文作乎頌鼎頌敦師遽敦與此同

胡光煒曰卜辭假為評召之評

前弍四 前弍一 前捌一 同上六 後下四一 同上四三 菁一一 同上

羅振玉曰說文解字亏於也象气之舒亏从丂从一一者其气平也古金文皆作于盂鼎散盤等 己亥鼎 畀鼎 且子鼎與此同

□ 前弍一 □ 前肆一八 □ 前伍一八 □ 同上 □ 新二百

羅振玉曰說文解字喜樂也从壴从口古文作□此與篆文合

陳邦懷曰卜辭曰喜𩚀前編五卷一八葉余謂喜𩚀之喜當是饎之省文桉詩甫田田畯至喜大田田畯至喜鄭箋皆曰喜讀為饎饎酒食也爾雅釋訓饎釋文云舍人本作喜釋云古曰饎集韻饎之重文亦省食作喜也又聃敦喜帝文王陳介祺說即饎禘省文見說文古籀補其說至塙亦可與卜辭互證

□ 前伍二 □ 同上四 □ 後下二六

葉玉森曰鼓之初文

□ 前肆七 □ 前伍三四 □ 同上 □ 同上 □ 同上 □ 同上 □ 前柒三 □ 後上九

羅振玉曰說文解字彭鼓聲也从壴彡聲徐鉉曰當从形省乃得聲段玉裁刪聲字卜辭从彡或作□□乃从彡日之彡

葉玉森曰羅氏釋卜辭□□彡為彤日之彤又祭名彭从彡得聲其說至確許書訓鬃為門內祭先祖所以徬徨从示彭聲詩曰祝祭于鬃桉彭乃彡日祭禮之一故从彡鬃為彭之後起字卜辭彭作□□諸形壴乃鼓之初文彡日

用鼓樂祭先祖當即槃之本義許君因槃一作祊故訓徬徨似迂蟄已又前編四卷一葉貞今日(缺)乙亥(缺)彡壴彡壴即彭之分文而彡日用鼓樂之義益可徵矣

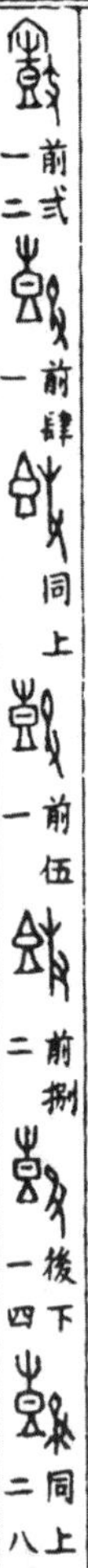
前弍一二　前肆一　同上　前伍一　前捌二　後下一四　同上二八

羅振玉曰說文解字鼓籀文作𪔛从古聲卜辭與古金文略同皆不从古其增屮者殆亦鼓字

按壴當爲鼓之初字象形作鼓乃伐鼓之意卜辭二字通用如辛亥卜出貞其鼓彡告于唐九牛一月(餘十葉)丁亥卜大貞告其壴于唐衣亡尤九月(後下三九葉)二辭同例而一作鼓一作壴此其明證

前伍二　同上　同上　同上　前陸九　後上五　同上七　同上二六　同上二八　後下八　同上一一　同上二九　新一四二

羅振玉曰說文解字𢍜禮器也从廾持肉于豆上讀若鐙同此殆即爾雅瓦豆謂之登之登卜辭从兩手奉豆形不从肉由其文觀之乃用爲烝祀字

商承祚曰按作𢍜亦𢍜字从廾象奉豆于神前

[glyph] 鐵二三八 [glyph] 前伍五 [glyph] 前陸六一 [glyph] 同上三九 [glyph] 同上 [glyph] 後上十 [glyph] 後下八

[glyph] 同上二九 [glyph] 菁五

王國維曰說文示部云禮履也所以事神致福也从示从豐豐亦聲又豐部豐行禮之器也从豆象形案殷虛卜辭有[glyph]字其文曰癸未卜貞醴[glyph]後編下卷八葉古𦬆珏同字卜辭珏字作丰丯𦬆三體則[glyph]即豐矣又有[glyph]字及[glyph]字[glyph]又一字卜辭[glyph]字或作[glyph]其證也此二字即小篆豐字所从之𧯛古山[glyph]一字卜辭出或作[glyph]或作[glyph]知𧯛可作[glyph][glyph]矣豐又其繁文此諸字皆象二玉在器之形古者行禮以玉故說文曰豐行禮之器其說古矣惟許君不知𦬆字即珏字故但以从豆象形解之實則豐从珏在山中从豆乃會意字而非象形字也盛玉以奉神人之器謂之𧯛若豐推之而奉神人之酒醴亦謂之醴又推之而奉神人之事通謂之禮其初皆當用𧯛若豐二字卜辭之醴豐醴字从酒則豐當假為酒醴字其分化為醴禮二字蓋稍後矣

[glyph] 前肆二九 [glyph] 明二零三零

商承祚曰案古文从虍之字多省虍卜辭之[glyph]疑即虞字吳方尊蓋虞作[glyph]

亦省虍與此同

葉玉森曰第二文疑亦虞字古之虞人乃掌田獵之官獵時或被虎首以攝群獸故其字从虍从大大乃人形

鐵二七一

前肆四四

同上

同上四五

同上

前伍二九

前陸六三

後上六

後下五

菁七

菁十

林貳二六

羅振玉曰說文解字虎古文作二形此象巨口修尾身有文理亦有作圖班如豹狀者而由其文辭觀之仍爲虎字也

新三四七

从虎从爪說文所無

後下三六

新二二零

从虎从田說文所無

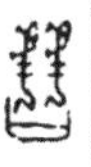
前陸四十

羅振玉曰說文解字𧇾兩虎爭聲从虤从曰此从口與曰同意

後下三

商承祚曰椄䨻象兩虎對爭之形即許書贙之本字後世傳寫譌正成虤遂加貝字以別虤微此幾晦其初形唐李英公碑贙字作贙从䨻尚存遺意楷書中存古文此其一也

前弍一六　後上一五　後下二三

从虤从火說文所無

前伍三　同上　前柒二　前捌六

羅振玉曰說文解字皿飯食之用器也象形與豆同意卜辭中皿字或作若豆之有骹故許云與豆同意

同上

前弍二十　同上　同上三七　同上三八　同上　同上　前伍五　後上一八

羅振玉曰說文解字盂飯器也从皿亏聲古金文从于（盂鼎）與此同卜辭或从亦于字即皿省

鐵二二三　前肆五　前伍三七　同上三八　同上　同上一一　後下三　同上二四

林弍二九　同上

羅振玉曰象皿水益出之狀象水形

鐵六六 林式一一 同上 前陸四一 後下三

葉玉森曰象皿中有水為瓜形口象實ㄑ象蔓水滿瓜浮其意為盈或古盈字變作省水瓜形雖顯意稍晦矣

前弍四四 同上 同上四五 同上 前捌五 同上

後下一三 同上

羅振玉曰从又持朩从皿象滌器形食盡器斯滌矣故有終盡之意說文解字云从皿㶳聲殆不然矣

前陸四二 同上六一 後下四一

羅振玉曰說文解字盥澡手也从臼水臨皿此象仰掌就皿以受沃是盥也

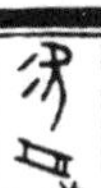前陸三二 同上 同上

葉玉森曰此象舟人或手持物象篙檝形疑均古文盪字論語奡盪舟古誼當訓推盪宜从舟後乃引伸為盪滌故變从皿卜辭尤近湯蛻嬗之迹固可尋也

後下 三一

从皿从夊說文所無

前肆 三三

同上

前陸 一四

後上 二一

羅振玉曰說文解字血祭所薦牲血也从皿一象血形此从〇者血在皿中側視之則為一俯視之則成〇矣

前肆 一八
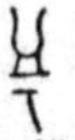
後上 一五

後下 二四

菁九

羅振玉曰說文解字甹定息也从血甹省聲此从皿不从血卜辭寧訓安與許書訓甹為定息誼同是許書以此為安寧字而以寧為願詞今卜辭曰今月鬼甹是甹與寧字誼同當為一字其訓願詞者殆由安誼引申之也

前弍 二一

前肆 四八

後上 一五

後下 一五

商承祚曰桉說文解字主鐙中火主也象形从丶丶亦聲此从木〇象爝木為火殆即主字

井
後上 一八
井
後下 六
井
同上
井
同上 三九

葉玉森曰井象構韓四木交加形中一小方乃象井口

前弍一二　前肆四一　前陸四一　同上　同上　同上四三

前柒四十　後下四一　同上二五　林弍一四　同上

羅振玉曰說文解字阱陷也从𨸏井井亦聲或从穴作穽古文汬禮記中庸釋文書費誓傳漢書食貨志下注後漢書趙壹傳注並云穽地以陷獸也卜辭象獸在井上正是阱字或从坎中有水與井同意又卜辭諸字均从鹿麤知阱所以陷鹿屬者矣

前伍一七　同上二一　前陸五

羅振玉曰即象人就食形

鐵一七八　鐵一六一　前伍二四　前柒一八　前捌十　後下八

羅振玉曰既象人食既許君訓既為小食誼與形為不協矣

鐵一四一　前弍九　同上十　前伍一　前弍一八　同上二三　前肆一二　同上五四

前伍一　同上　前柒十　後上一九　同上二八　後下七　同上九　餘二

羅振玉曰作者與古金文同其變文至多以文例推知之

鐵八九　鐵二四一　前弍三　同上五　前伍五　同上　後下七　同上

文五　八

 林弍六

羅振玉曰說文解字爵禮器也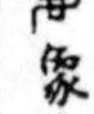象爵之形中有鬯酒又持之也所以飲器象

爵者取其鳴節節足足也古文作象形許君言象爵形者謂所从之也

今觀卜辭諸爵字象爵之首有冠毛有目有咮因冠毛以為柱因目以為耳因

咮以為足厥形惟肖許書所从之殆由轉寫之譌其从鬯與又則後人

所益也許君謂飲器象雀者取其鳴節節足足也今證以卜辭其字確象爵雀

形知許君所云為古先遺說不見于諸經注幸尚存于說文解字中許君網羅

放佚之功誠巨矣

 鐵二三九  前陸三五  前捌八  同上  後下二八  林弍十

羅振玉曰說文解字食从皀亼聲此从以卜辭中鄉字从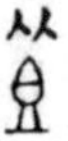例之知為食字

戴家祥曰上象器蓋下即簋之初文日用饔飧之具也（互見第三毀字注）

 鐵一八五  前柒一四  同上三三  菁三  鐵二一七  林弍一二

骨文凡从皀之字如既作即作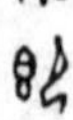鄉作皆象人就食之

形即所食之物象豆中盛物豐滿無缺也（許書說小篆字形以為說謂象嘉穀在裹中之形匕所以扱之非）

食字亦有作□形者乃加蓋於食物之象金骨文从食从皀之字每多不別如𣪘字古本从皀然骨文有作□者从食（後下七葉）金文多至不可勝舉（凡係𣪘器大率皆有𣪘字）鄉字亦然如大鼎王□醴𢼸卣納□于王皆从食知皀為食物之象形皀而缺其上為皀則當為饎矣故皀即饎之初字从皀省會意作食者乃假借饎則後起从人虫形已複而又複

合 前柒三六

余永梁曰合象器蓋相合之形許君云亼三合也从人一象三合之形乃望文生訓之肊說

亼 前弍一九　亼 同上　亼 同上　亼 同上二十　亼 同上　亼 同上二四　亼 同上二五　亼 菁九

羅振玉曰說文解字令是時也从亼卪卪古文及古金文作□（召伯虎𣪘）□（盂鼎）與此同

人 前弍一　入 同上

說文解字入內也象從上俱下也

□ 前肆六　□ 同上二一　□ 前陸二四　□ 同上　□ 同上　□ 同上三一　□ 後下二三

葉玉森曰疑栔文出作𡳿ㄓ為足形凵為坎形ㄓ出凵故曰出𡳿與𡳿相反殆

內字ㄓ入冂故曰內即納之初文變作𡳿从內復增冂形乃愈繁縟不若𡳿象

之簡明也

鐵二三一　前弍三　前肆五一　同上　前伍七　同上

羅振玉曰象鏑幹栝之形說文解字云从入乃誤以鏑形為入字矣

前弍八　前弍三二　同上三一　同上三二　同上　前肆一四　前伍四二　同上

同上　同上　同上　同上　同上　同上四三　前陸三　後上三十

同上　後下二三　同上二六　菁一

羅振玉曰說文解字䠶从矢从身篆文作射从寸寸法度也亦手也卜辭中諸

字皆為張弓注矢形或左向或右向許書从身乃由弓形而譌又誤橫弓為立

矢其从寸則从又之譌也古金文及石鼓文並與此同

王襄曰象矢在弓弦將發之形

前弍二　前肆一八　同上二八　前伍九

羅振玉曰說文解字矦从人从厂象張布矢在其下古文作𡳿與此同古金文

亦均从厂

前肆 三一 前伍 一一 前陸 三六 同上

商承祚曰按集韻謂裘高古族字而許書無

後下 二六 同上 三十

从矢从巳說文所無

後下 三十

从矢从帝說文所無

前弍 三三 同上 同上 三四 前弍 一二 前弍 三四

說文解字高崇也象臺觀高之形从冂口與倉舍同意

前弍 二 後上 六 同上 同上 九

羅振玉曰說文解字亳从高省乇聲乙亳鼎作　父乙方鼎作　吳大澂

謂是从止按宅字卜辭亦作　晉邦盦作　仍从乇乇聲殆不誤非从止也从从

屮着殆亳之異體

前柒 一 菁九

文五 十

說文解字宂宂宂行見从儿出冂

□（前伍八）□（同上三十）□（前捌十）□（林弍九）

王國維曰殷虛卜辭有□字象四屋相對中函一庭之形又有□字當即此字之省也按古文變化往往繁簡任意如奔字作□（見石鼓文）或省作□（見盂鼎）之類是也□字他無所見□字古金文或作□（毛公鼎）或作□（齊國差甔）或作□（召伯虎敦）或作□（拍尊蓋）小篆之□字□字皆由此變說文𩫏部𩫏度也民所度居也从回象城𩫏之重兩亭相對也或但从口又土部𩫏古文墉又亯部𩫖用也从亯从自（古鼻字）自知臭香（段注以香為亯之譌是也）所食也讀若庸同是許君以𩫏𩫖為二字又以𩫏字分為二字（古文墉篆文郭）其實本是一字□為□之變猶□為□之變形其跡甚明此二字只是古文墉字召伯虎敦之僕□土田即詩頌之土田附庸左氏傳之土田陪敦也（古僕附陪三字同音附作僕作陪者聲之通𩫏作敦者字之誤也）國差甔之西□寶甔即西墉寶甔也又假借為庸字毛公鼎之余非□又昏即余非庸又昏也故古文垣堵諸字皆从𩫏說文垣籀文作□堵籀文作□城籀文作□陴籀文作□徵之古金文則邵鐘之□散氏盤之□虢仲敦之□

史頌鼎史頌敦之𩏂皆从𩫏作故𩏂𩏂二字為古文墉字蓋無可疑又古者先有宮室而後有城郭必先有宮室之垣墉而後有城郭之垣墉則凡从𩏂之字非取象於城郭而取象於宮室也必矣又𩫏𩫏字上下所从之介及介實象屋形（古文自有此部首昔人釋為屋形其實宀广二部首即由此變本一字也）更分析之則△八象屋而下二直丨丨象其垣墉故高京亭諸字兼取象於△及丨丨而𩏂𩏂諸字但取象於屋下之二丨丨以丨丨不足以象垣墉故必以介介象之義各有所當也然則𩫏𩫏之為字實象兩屋相對之形而非象兩亭相對之形則□字之為四屋相對之形又可決也又古者祭祀（除郊社外祭）必於屋下被髮祭野古人以為戎狄之俗故𩏂字又引申為祭享之義殷商卜文云癸卯卜𡫳貞口唯𩫏于京（前編五卷九葉）又云癸卯卜𡫳貞𩫏□（同上三十葉）拍尊蓋拍作朕配平姬𩫖宮祀彝此數字其義略同於享而其音當讀為庸恐即說文𩫖字音訓之所自出庸字作𩫏作□與享字之作亯作亯作亯同取象於廟形不獨墉庸同聲可通假也由此觀之則□𩫏二字所象可知并知四棟之屋實起於制□字以前殆為宮室最古之制矣

藏九三 前弍四三 前肆十 同上三一 後上九

後上二一

說文解字京人所為絕高丘也从高省丨象高形

羅振玉曰說文解字亯獻也从高省曰象孰物形篆文作 古金文作 亯敦 豐子敦 周憲鼎 師寏敦 諸形與此同吳大澂云象宗廟之形是也

前弍五 同上二六 同上 同上 前弍二四 前肆三四

同上 前陸二九 前捌一二 新三二二

羅振玉曰說文解字𩫖孰也从亯羊讀若純一曰鬻也段玉裁曰純孰字當作此純醇行而𩫖廢矣今卜辭文曰甲辰卜王貞于戊申𩫖前編三卷二四葉又曰壬辰卜大弟𩫖見四卷三四葉厥意殆與亯同許君亯注獻也从高省曰象孰物形夫許于亯注既曰象孰物形又于𩫖注曰孰也二誼自相近且是字从亯羊會合二字觀之無從得純孰之誼疑古與亯是一字矣

王國維曰𩫖者敦之異文說文以𩫖為純熟之純殆非古器如齊侯敦等皆以𩫖為敦

陳邦懷曰羅氏謂卜辭𩫖字誼與亯同其說極塙又謂𩫖亯疑是一字未知是假借字也考齊侯匜膳亯作膳𩫖亦為假借字與卜辭正同知匜中𩫖字當讀如亯而不讀純者以與下句無疆為韻後二句無期與用之亦為韻也可證𩫖亯古非一字矣

 前弍二一

王襄曰季良父盉良作與此文相似

 前肆四一  後下七

羅振玉曰說文解字嗇愛濇也从來从㐭來者㐭而藏之故田夫謂之嗇夫古文作从田又穡注穀可收曰穡从禾嗇聲桉嗇穡乃一字卜辭从田與許書嗇之古文合从二禾與許書穡字从禾形合穡訓收歛从秝从田禾在田可歛也師寰敦穡作亦从秝左氏襄九年傳其庶人力于農穡注種曰農收曰穡田夫曰嗇夫誼主乎收歛又穡字禮記皆作嗇此穡嗇一字之明證矣其本誼為歛穀引申而為愛濇初非有二字

 前弍二五  前弍八  同上二一  同上二二  同上四十  同上四二  前肆一四  菁九

羅振玉曰說文解字來周所受瑞麥來麰天所來也故為行來之來卜辭中諸來字皆象形其穗或垂或否者麥之莖強與禾不同或省作作而皆假借為往來字

 前肆四十  同上  同上  同上  前貳十

羅振玉曰說文解字麥从來从夊按此與來為一字許君分為二字誤也來象麥形此从（降字从之殆即古降字）象自天降下示天降之誼來麰之瑞在后稷之世故殷代已有此字矣

葉玉森曰桉許君謂來為周之瑞麥然殷契文中已有來麥二字則許君說不足信契文之从象穗及莖象葉之披拂象根變作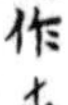穗形漸失疑為麥之本字而契文之實來之初文象一人兩臂盪動下从夊表行來之意後譌為麥復變作从來愈益譌矣

 前伍三一  前柒三  後下三二  同上二六

陳邦懷曰此即說文夊部之𡕥字許君說𡕥字行故道也从夊畗省聲按𡕥當是从𩫏省許君說字曰从回象城𩫏之重兩亭相對也或但从口段注謂

篆作□也是知夏从□其為□省殆無可疑考卜辭及古金文从□之字皆作□□智鼎□字所从之□即古□字卜辭□字所从之□為□字之省審矣然則許君所謂夏从畐省聲殆未然與

□ 前弍五 □ 前肆五 □ 前伍二五 □ 前陸五一 □ 後下一二 □ 林弍一八 □ 同上 □ 同上二六

葉玉森曰古人造春夏秋冬四時之字疑並取象於某時最著之物卜辭未見夏字茲援令春之例獵獲三則令下一字並象形文如令□其𦎫 前編二卷五葉 □賓貞㞢令□口 後編下卷一二葉 令□其㞢降獲 甲骨文字二卷二六葉 三辭中之象形文並狀緌首翼足與蟬逼肖疑卜辭假蟬為夏蟬乃最著之夏蟲聞其聲即知為夏矣

又曰夏之殊態如□□□□□□並象蟬之緌首翼足形蟬為夏蟲聞其聲即知為夏故先哲假蟬形以表之小篆作□誤乇乇為臼誤□為頁誤□為夊猶略得其似至許君乃謂象首及兩手兩足為中國之人一若外國之人首及手足與中國異數者然誠強索解矣

㬜 前陸三九 □ 前柒二八 □ 鐵二二七 □□□ 菁十 □ 戩二二 □ 明一五五八

葉玉森曰桉前編卷六第三十九葉甲辰卜㱿貞令□貞不𦉪卷七第二十八葉貞麇吉曰方□令□風受㞢又兩辭中□□二文並冠令字疑即藏龜第二百二十七葉□字之省文□从㯃从日說文㯃木盛也从林矛聲夏為木盛之日當即夏之別構省作□□故並冠以令字又殷虛文字第二十二葉于□彡受㞢又□又□省曰于夏彡即于夏時彡祭猶前編卷六第五十六葉云于□春彡藏龜第一百八十一葉云于□春彡也造字之始因以㯃日為夏與□日為春禾日為秋同例後乃省日即假㯃為之猶□省為□□再變作替从杼尚知為㯃省更變作□省林則古意幾泯矣

董作賓曰新出土三體石經春秋殘石有古文夏字作□从疋从日疑疋即矛之譌變試比較之□（甲骨文从矛夏字）□（石經古文夏字从疋）□（疋）□與□二形相差極少易於訛誤因形訛為疋音亦變从疋聲（後世夏雅同音）而蟬形夏字又久假不歸故□字亦漸廢棄

□ 前陸一八 □ 同上 □ 同上 □ 前柒二十 □ 後上二二 □ 後下一四

□ 同上三三 □ 菁十

王國維曰按此字象人首手足之形說文夊部夒貪獸也一曰母猴似人从頁巳止夊其手足毛公鼎我弗作先王羞之羞作□克鼎柔遠能𤞷之柔作□番生敦作□而博古圖薛氏款識盄和鐘之柔燮百邦晉姜鼎之用康柔綏懷遠廷柔並作□皆是字也夒羞柔三字古音同部故互相通假

□前肆三一 □前柒二五 □同上二六 □後下一

王襄曰許說韋相背也从舛口聲按北从二人相背韋从口从二□相背口圍也□足跡也足跡相背而馳有違背之誼从口得聲

□前伍二五 □後下一七

王國維曰按此字象人乘木之形虢季子白盤王錫乘馬之乘作□正與此同

陳邦懷曰王氏釋乘甚碻考□字所从之□是古櫱字說文櫱字櫱伐木餘也下出□文許君曰古文櫱从木無頭卜辭□字从□象人乘木上从□象木無頭形蓋伐木餘也古者伐木人乘木上為乘之初誼車乘殆引申誼乘馬又車乘引申誼矣

醴陵朱芳圃編

文字編第六

文四十三　重一百三十

 前弍一五

說文解字木冒也冒地而生从屮下象其根

 前肆一六　 林弍一八

說文解字杏杏果也从木向省聲

 前弍八　 後上一三　 後下三七

羅振玉曰說文解字杞枸杞也从木己聲文从朩旁己杞伯敨作从己在木下與此同

 前弍七　 同上　 同上八　 後上一二　 同上一三

羅振玉曰說文解字樹生植之總名从木尌聲籀文作按樹與尌當是一字樹之本誼為樹立蓋植木為樹引伸之則凡樹他物使植立皆謂之樹石鼓文尌字从又以手植之也此从力樹物使之立必用力與又同意

前柒二六後下二六

羅振玉曰象果生於木之形卜辭中媒字采字从此

藏七七前肆三三菁

葉玉森曰此爲條字本春之省文象柔枝猗儺形條誼尤顯疑即條

省

菁十

羅振玉曰北征葡有字吳大澂釋爲周禮槀人之槀此从森與从𣛧同

後下二九

葉玉森曰此字从三直木一橫木疑柵之象形文說文柵編樹木也从木从冊

冊亦聲桉冊非聲乃象柵形契文冊作冊象四札二編則象三木一編

前弍一七同上同上林弍二二

王國維曰此即弟子職云櫛之遠近乃承厥火又云右手執燭左手正櫛之櫛

字廣韻作𤎖

前肆伍三前伍一三

羅振玉曰說文解字茉兩刃臿也从木丫象形宋魏曰茉也或作釫與卜辭所載不知同誼否

前弍三六 同上四三 前伍二七 前捌一一

羅振玉曰說文解字槃承槃也从木般聲古文作鎜籒文作盤古金文作般此作片象形旁有耳以便手持或省耳古者槃與舟相類故般庚之般从片或徑作片殆與片字同後世从舟與从片同意也又以古金文例之般庚之般亦般盂字矣

前伍一三

羅振玉曰說文解字臬射墩的也从木从自卜辭有此字但不知與許書同誼否

前伍一 後上十 同上 菁九

羅振玉曰从絲坿木上琴瑟之象也或增白以象調絃之器猶今彈琵琶阮咸者之有撥矣虘鐘作借濼為樂亦从許君謂象鼓鞞木虡者誤也

鐵二四二 前伍三六 前柒四十

羅振玉曰象取果於木之形故从爪果或省果从木取果為采引申而為樵采或采擇

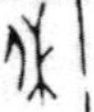 前伍二六  同上  後上一二  同上

說文解字休息止也从人依木

 前弍一二  前肆四五  後上十

从木从虎或省从虍說文所無

 前弍一九

从木从亡說文所無

 後下三三

从木从巳說文所無

 後上一一

从木从㠯說文所無

 前弍五三  前陸四二  同上  後上九  餘四

从木从貝說文所無

 前弍五  前弍二十  前陸二六  同上四六

徐中舒曰東古橐字埤蒼曰無底曰橐有底曰囊史記索隱引倉頡篇曰囊橐之無

底者也實物橐中括其兩端形象之鼎文重字作象人負橐形橐以貯物物後世謂之東西東西者橐之轉音也

丁山曰徐說甚是毛公鼎有字散氏盤有字諸家並釋為橐橐許君謂从橐省實則所从之即橐字易文所謂括囊者也橐中無物束其兩端故亦謂之束暨實以物則形拓大者橐之拓大者也故名曰橐橐與東為雙聲故古文借之為東方

（後上一五）

丁山曰東本橐字重之為𣝋曰二橐雖然古之以二紀數不盡言二也玉二曰玨錢二曰兩鳥二曰雙（方言飛鳥曰雙 廣雅雙二也）雙生曰孿（玄應音義引字林）二人相對曰偶（釋名釋親屬）夫妻相偶曰匹（白虎通匹偶也與其妻為偶）事二曰再（廣雅再二也）再亦謂之重（史記索隱重再也）

徐灝曰楚辭招魂分曹並進王逸注曹偶也史記扁鵲倉公傳曹偶可入索隱曰曹偶猶等輩也此當是曹之本義山則謂曹之本義為嘈曹偶之義正合𣝋字詩公劉民造其曹周語民所曹好鮮其不濟也民所曹惡鮮其不廢也毛傳韋注並訓曹為羣斯又𣝋偶義之引申自造字原則言之𣝋之本義為曹偶其

形从二東也殆無可疑

前弍八

說文解字林平土有叢木曰林从二木

前弍二三　前弍二八　後上一二　後上一五

羅振玉曰說文解字麓古文从录作禁此从乃古文录字古金文皆如此卜辭禁字又或从二林

後下三

說文解字森多木皃从林从木

前弍四　後上一八

从林从庙說文所無

前弍六　前肆四一　後上一一

羅振玉曰象桑形許書作从叒殆由致譌也

前弍四六　同上　後下三　㞢鐵七二　㞢同上

孫詒讓曰甲文皆从屮為止而之字則皆作㞢說文解字之出也象艸過屮枝莖漸益大有所之也一者地也

前弍九 前伍一七 前伍一八

羅振玉曰即古文師字金文與此同許君訓小𠂤非

前弍三 同上 前弍四二 前弍一八 前弍二一 前伍一七 前伍二八 前捌二

後上一二 同上 後上一三 後上二四 後上二九 後上三十 新二三八 新三五一

孫詒讓曰說文出進也象艸木益茲上出達也金文毛公鼎作石鼓文作皆从止龜甲文則作中亦从止明古出字取足行出入之義不象艸木上出形蓋秦篆之變易而許君沿襲之也

前弍一三 同上 同上 同上 同上 同上 同上 前弍一四 同上

同上 同上 同上 前弍一五 同上 前弍四五 後上五 同上二三

同上三二

由字之形象而言余以為南殆鐘鎛之類之樂器請敘述其證據如下其一卜辭有从南之字為㱿字亦象形乃象一手持槌以擊南與殸鼓二字同意㱿作諸形鼓作若即象持槌以擊殸持槌以擊鼓故知㱿與殸鼓必係同類字又即殸形即鼓形則知㱿南同字而南與殸鼓亦

必為同類其二詩小雅鼓鐘四章鼓鐘欽欽鼓瑟鼓琴䶖同音以雅以南以籥不僭毛傳以南為南夷之樂籥為籥舞於雅無說鄭箋以雅為萬舞餘同毛傳按雅為萬舞之說實不經見且邶風簡兮之萬舞而執籥秉翟則萬舞與籥舞特後人強為之分耳余以為雅籥實均係樂器之名周禮春官笙師掌教龡竽笙塤籥春牘應雅後鄭謂籥如遂三空（案此說有異見第二龢字注）先鄭謂雅狀如漆筩而弇口大二圍長五尺六寸以羊韋鞔之有兩紐疏畫雅籥為樂器則南自當為樂器禮記文王世子小樂正學干大胥贊之籥師學戈籥師丞贊之胥鼓南南既言鼓則亦顯係樂器之名而鄭注復以南夷之樂釋之舉詩以雅以南以籥不僭為證是不特以疑證疑乃至以疑證信矣要之南當為樂器特其名失傳故毛鄭均未得其正解其三國語周語景王二十三年王將鑄無射而為之大林單穆公諫之謂鑄大鐘以鮮其繼後又言王不聽卒鑄大鐘是則大林即是大鐘古人之鐘亦可謂之林林與南一聲之轉也其四金文公伐𨚕鐘有世為周[illegible]甬句第四字王國維以為甫字假為輔魯頌云為周室輔與此文例同鐘銘中多从此作之字如叔氏作寶[林/冏]鐘虢叔旅用作皇考惠叔大[林/冏]龢鐘

戲鐘之作朕皇考釐伯龢⿱林亩鐘伯顜父鐘之作朕皇者犀伯吳姬龢⿱林亩鐘兮仲鐘之作大⿱林亩鐘字均在鐘字之上而多以大為形頌王國維又以為鎛字謂以公伐郘鼎（按鼎乃僞刻）甫作⿱午亩故知此為鎛（此與上甫字說同見金文編坿錄）余按此即周語之大林也字當从林聲公伐郘鐘文乃其象形文耳字當讀林聲為鐘尚不一而足楚公豪鐘楚公豪自作寶大⿰亩攴鐘此與从林者自係一字而無聲符其他數器則或作⿰亩攴或作⿰亩攴所从之⿰亩攴等形則今字也今聲與林聲同在侵部存世兮仲鐘有數器於上舉兮仲作大⿱林亩鐘之一器外另一器作兮仲作大⿰金⿱林亩鐘省林而从金又另一器作兮仲作大⿰⿱林亩金鐘及一編鐘作⿰金⿱林亩蓋从金亶聲也林亶本同部字則从金作之⿰金亶字亦必同字同音無疑古金文亶字多从米作如農卣農⿱米亩厥孥（疑古妾字之別構从奴十聲十古文甲）厥小子小大又魯伯亶鼎之⿱亩米均从米亦有从禾作者則呂伯虎簋之⿱亩禾貝字是也陳猷及子禾子二釜左關之釜節乎⿰⿱亩米攴釜此字容庚亦釋亶謂从攴作（金文編五卷一八葉）按此實从米㪔聲也㪔與亩畐等實為一字小篆誤作㐭許書以為廩之本字謂从入从回象屋形乃沿譌字以為說也故亶實亩之譌字亩聲與林聲亦同在

侵部也字於金文亦有假作他字用者大段其一也器銘記王以奔睽之里錫大命人傳令奔睽奔睽應王命而答以余弗敢⿱林㐭蓋文作⿰⿱林㐭攴从攴从攴作者亦見於免𣪘及免簠𣪘云令女正周師嗣⿰⿱林㐭攴簠云令免作嗣土嗣奠還⿰⿱林㐭攴眔吳眔牧吳乃官名當即周禮地官山虞或澤虞牧當即迹人囿人之類則嗣⿰⿱林㐭攴蓋林衡之別名矣大𣪘之⿱林㐭若⿰⿱林㐭攴殆假為婪字由上可知㐭⿱林㐭⿱㐭土等字實當讀林聲以聲類求之當即古之鈴字其字亦正象鈴形特古人之鈴與鐘為同義語大鐘亦謂之大林者乃大鈴也南則又㐭之形音之略變者耳南如本為鐘鎛之象形則何以孳乳為南方之南余揆其意蓋因古人陳鐘鎛於最南大射儀禮記云笙磬西面其南笙鐘其南鑮（鎛同）皆南陳又頌磬東面其南頌鐘其南鑮皆南陳鐘鎛皆南陳故其字孳乳為東南之南此義之孳乳在殷代已然然文化漸進則同文異義之字不免發生混淆故㐭南二字遂不得不稍變其形而㐭字入後復增益而為⿱林㐭為⿰金稟更變而為鈴則形聲俱變其假為倉廩字用者則譌變而為㐭鈴㐭南三字遂迥不可復合其實乃同源之異流也

林弍二五

羅振玉曰此字不𦗊殷作象束矢形許君不知為象束矢而云東从口木以為會意字誤矣智鼎匹馬絲之以此例之亦東字也

王國維曰○象橐丫个象其系

前肆一二 同上五三 前柒二十

羅振玉曰說文解字囿籀文作石鼓文囿字亦作與卜辭同或从茻與蕬同意

前弍三二 前弍八 前肆五五 鐵一九三

羅振玉曰御尊蓋有字吳大澂釋圃此作象田中有蔬乃圃之最初字後又加口形已複矣

前伍三八

說文解字因就也从口大

前肆一六 同上 後下三

羅振玉曰說文解字圂豕廁也从口象豕在口中也口乃象豕笠也或一豕或

二豕者笠中固不限豕數也其从囗者上有庇覆令人養豕或僅圍以短垣口象之或有庇覆囗象之一象其闌所以防豕逸出者

前肆三十　前伍十　同上

羅振玉曰象貝形作　者與盂鼎同作　者與貝父巳爵同

後下二二

商承祚曰桉呂大叔貣車之斧作　从戈與此同

前肆二二　前陸二一　後下一八　新三六六

羅振玉曰象內貝于宁中形或貝在宁下與許書作貯貝在宁旁意同又宁貯古為一字說文于宁訓辨積物貯訓積初亦非有二誼也

前弍一　同上七　同上九　同上一三　同上一九　同上四十　同上四二　前弍九

同上二五　同上　同上四五　前肆三十　同上四十　前捌二　後上四　同上七

後下十　同上一六　同上二四　同上三一　戩二　同上四　新六九　同上七二

同上七六　同上七九　同上八五　同上八六　同上九十　同上九一　新一一七　新一四一

新二五九

王國維曰按卜辭賓字多作□□或作□□作□作□䖒鐘作□邾公鐘作□其所从之宀宀與宀同意皆象屋形古文自有宀宀二部首□□□諸字皆从之又宀广二部首即宀宀之省亼部亦然（舍倉諸字从亼可證）□□上从屋下从人从止象人至屋下其義為賓各客二字从夊意皆如此金文及小篆易从止為从貝者乃後起之字古者賓客至必有物以贈之其贈之之事謂之賓故其字从貝其義即禮經之儐字也如大敦蓋史頌敦睘卣貿鼎諸器之賓字从貝者其義皆為儐也後世以賓為賓客字而別造儐字以代賓字實則□□乃賓之本字賓則儐之本字也賓之本字其省者从宀从丂其譌變也乃以宀中之一畫屬於人上如䖒鐘之賓作□若此字从宀从丂蓋已非其朔

說文云賓所敬也从貝㝊聲□古文此古文之形與金文形近金文大抵作□（王孫遺諸鐘用樂嘉賓）若□（史頌敦賓章馬四匹）亦或省貝如邾公鐘之用濼嘉賓作□䖒鐘之一之用樂好賓作□卜辭不从貝从止亦或省止變形頗多如□□省為□□□省為□□□省為□□□省為□余謂此後二者當係賓之最初字蓋从宀匕匕亦聲賓匕脂真陰陽對轉也从匕在宀下與宗同意或从

今者與宀同其或一之所以縣之近時鄉人猶有祀飯甗神者當即古代之孑

遺也（日本亦有此習凡社祠多以飯匙晉獻以縣于壁）甗鐘二器其用濼好竈語一作用濼好宗又二

編鐘亦一作竈一作宗是竈宗同義之證又卜辭稱所祭之祖若妣為王竈是

則竈本所敬之神其从止者即示人至其下頂禮也字或从女（疑是母字卜辭母女字每不別）

作□若□於形已複或省匕作□若□於卜辭為變例

□（前肆四）□（同上一十）□（同上一五）□（前柒二一）□（後下二四）

羅振玉曰說文解字邑从口从卩按凡許書所謂卩字考之卜辭及古金文皆

作□象人跽形邑為人所居故从口从人猶畐為倉廩所在故从口从㐭

葉玉森曰說文邑國也从口先王之制尊卑有大小从卩按卜辭邑作□

从口象疆域从□象人跽形乃人之變體即指人民有土有人斯成一邑許

君从卩說未塙

□（前肆一七）□（菁九）

王國維曰古封邦一字說文邦之古文作𡵨从之田與封字从㞢从土均不

合六書之恉㞢蓋丰之譌殷虛卜辭云貞勿求年于𡵨土（前編四卷十七葉）𡵨字从

丰从田即邦字邦土即邦社古社土同字詩冢土即冢社亦即祭法之國社漢人諱邦乃云

國社矣籀文社字从土丰聲與啚之从田邦之从邑同意本係一字

前肆一一同上前伍六前柒二一菁一

羅振玉曰此即都鄙之本字說文鄙字以為啚嗇字而以鄙為都鄙字考古金

文都鄙字亦不从邑从邑者後來所增也雖白㲋圖字作與此同卜辭啚

字或省口觀倉廩所在亦可知為啚矣

王襄曰古啚字

甲骨學文字編第六

醴陵朱芳圃編

文字編第七

文七十二　重三百三十五

⊡ 前弍五　⊞ 同上二十　□ 同上　⊟ 同上二九　⊙ 同上三二　⊕ 前弍一七　⊖ 同上一九　⊖ 同上二四

⊡ 前捌九　⊟ 同上一二　⊕ 新五三　⊖ 新一九五　⊖ 新二二五　⊟ 新三一六　日 新三五七

羅振玉曰說文解字日古文作㘇按日體正圓卜辭中諸形或為多角或正方形者非日象如此由刀筆能為方不能為圓故也

葉玉森曰按契文○⊙⊕等字並為圓形刀筆固優為之予疑先哲因口○並契文丁字初文或以為方圓契文亦假口為日但辭中罕見制造在前恐日作圓形與○相混故改作正方長方形又於形內注一小橫直之符號者乃求別於口厥後譌變為◇⬡⬯形亦遂注此分別符號至从日之字或變作ㅂㅂㅂ如[glyph][glyph][glyph]又省變作凵如㞢是也

又曰先哲同時所造之字其意義或相近或相反組織之法必大略相同如日之與月[glyph]之與[glyph]之與[glyph]之與[glyph]之與[glyph]之與[glyph]之與[glyph]之

與□之與□之與□□之與□是也

□ 鐵二四五 □ 前弍四三 □ 前伍二一 □ 前陸九 □ 同上 □ 同上 □ 後下二 □ 同上四三

□ 明二九零 □ 新口

王國維曰按上諸𢼸字从又持戶義當為启疑即啓之借字說文啓雨而晝姓也

葉玉森曰按王氏說甚碻殷虛卜辭有□字从日尤顯造字初誼蓋象推戶見日鴻範五卜其二曰霽卜辭未見霽字似啓霽為古今文𢼸其省也

董作賓曰□从日从啓蓋啓與𢼸與□為一字而霽與晴亦一語之轉

□ 鐵一一零 □ 前肆八 □ 同上九 □ 前柒四三 □ 菁四

羅振玉曰从日在人側象日厢之形即說文解字之厢徐鉉云今俗別作昃非是今以卜辭證之作昃者正是厢之古文矣

葉玉森曰按羅氏釋昃是也惟說仍未澈予謂昃之初文為□□□从□□□象人影側日昃則人影側也非日在人側之意變作□□古意失矣

□ 前弍一 □ 同上 □ 同上九 □ 同上二十 □ 同上四九 □ 前弍二三 □ 前弍一七 □ 同上二八

□ 前伍二九 □ 同上四 □ 同上四四 □ 前柒三 □ 同上五 □ 同上三二 □ 同上四四 □ 後上一

□ 同上四 □ 同上八 □ 同上一二 □ 同上一四 □ 同上二十 □ 同上 □ 同上三十 □ 後下二

□ 同上 □ 同上 □ 同上 □ 同上 □ 同上 □ 同上 □ 林弍二一 □ 新九四

□ 新一一二 □ 新二一二 □ 新二七五

羅振玉曰說文解字昱明日也从日立聲段玉裁曰昱字古多假借翌字爲之釋言曰翌明也是也凡經傳子史翌日字皆昱日之假借翌與昱同立聲故相假借其作翼者誤也諸字或从立或从日或省立與日石鼓文第九鼓日隹丙申下亦有□字與卜辭略同知亦當爲昱矣卜辭凡稱次日或再次日爲昱數日以後爲來數日以前爲昔

王國維曰殷虛卜辭屢見□□□□諸字又或从日作□或从立作□□諸體於卜辭中不下數百見初不知爲何字後讀小盂鼎見有□字與□□二字相似其文云粵若□乙亥與書召誥越若來三月漢書律歷志引逸武成粵若來二月文例正同而王莽傳載太保王舜奏云公

以八月載生魄庚子奉使朝用書越若翊辛丑諸生庶民大和會王舜此奏全摹仿康誥召誥則召誥之若翌日乙卯越翌日戊午今文尚書殆本作越若翌乙卯越若翌戊午故舜奏仿之然則小盂鼎之粵若乙亥當釋為粵若翌乙亥無疑也又其字从日从立與說文訓明日之昱正同因悟卜辭中上述諸體皆昱字也羅氏嘗以此說求之卜辭諸甲子中有此字者無弗不合惟卜辭諸昱字雖什九指斥明日亦有指第三日第四日者視說文明日之訓稍廣耳又按此字卜辭或作者殆其最初之假借字即巤之初字石鼓文君子員邋字作从說文囟部巤毛巤也象髮在囟上及毛髮巤巤之形則但象毛髮巤巤之形本一字也古音巤立同聲今立在緝韻巤在葉韻此二部本自相近故借巤為昱後乃加日作為形聲字或更如小盂鼎作為一形二聲之字或又省日作則去形而但存其二聲古固有一字二聲者說文竊字注云禼廿皆聲又𥂝字注云次朿皆聲按石鼓文自有欶字則𥂝字自以欶為聲而石鼓之欶即周禮巾車職之故書軟字而鼓文作欶其字朿次皆聲正與諸字之立巤皆聲同例也卜辭又有祭祀名曰昱

日殆與肜日同為祭之明日又祭之稱與

葉玉森曰桉王氏說良信惟昱翌均非本字諦督三形並象蟲翼上有綱膜當即古象形翼字書武成金縢翼日之翼乃本字昱翌並後起變作等形遂無从索解又變从日始當為翼日合文後漸沿譌為翼即昱之所由孳再變从立似象一人立於翼側其會意為輔翼即翌之所由孳呂覽本味篇注翼羽飛也是翼亦含飛越之意故契文之翼亦多用如書召誥越三日越五日越七日之越但卜辭例略去幾日惟言翼某某甲子耳前編七卷三葉有乙亥卜貞翼乙亥彫系易日乙亥彫允易日文所云翼乙亥彫者即越至下一乙亥日始舉行彫祭也宰椃甬翼作亦象蟲翼非甬字

 後下五  菁六

葉玉森曰說文昔乾肉也从殘肉日以晞之與俎同意籀文作桉籀文乃腊字古必先有昔乃孳乳腊契文昔作从乃象洪水即古巛字从日古人殆不忘洪水之巛故制昔字取誼於洪水之日留鼎作上亦从巛

集倜曰昔从巛日說至精揚子法言所云洪荒之世即古昔誼

後下三

羅振玉曰此朝暮之朝字日已出茻中而月猶未沒是朝也古金文从𠦝後世篆文从𠦝舟聲形失而誼晦矣古金文作　从　省从　象百川之接於海乃潮汐之專字引申為朝廟字

前伍五　同上　同上六

羅振玉曰說文解字㫃旌旗之游㫃蹇之皃从屮曲而垂下㫃相出入也　古文㫃字象旌旗之游及㫃之形其誼殊難通又所載古文與篆文無異段玉裁正之曰从屮曲而垂下㫃相出入也十一字當作从巾曲而下垂者游从入游相出入也語意略顯然謂㫃从入尚未得蓋㫃字全為象形卜辭作　與古金文同屮象杠與首之飾乁象游形段君以為从入非也蓋篆形既失初意乃全不可知矣卜辭又有　字象四游之形疑亦㫃字

鐵四七

說文解字旂旗有眾鈴以令眾也从㫃斤聲

前伍六　前柒三一

商承祚曰按此字从㫃从丹（冉字从此）疑即旃字丹月形相近殆傳寫失之

鐵一三二 前弍二六 同上二九 同上 同上四一 後上一三 同上一四

羅振玉曰說文解字游旌旗之流也从㫃汓聲古文作 按石鼓文作

與此同从子執旗全為象形从水者後來所加于是變象形為形聲矣

後下二六 同上三五

羅振玉曰旋許書从疋此从足增彳者殆亦旋字

鐵九十 前弍二 同上八 同上二二 前肆三一 同上三二 後下四 同上二五

羅振玉曰說文解字旅古文作 从止古金文皆从 从从亦有从止者（曾伯霥簠旅字作）與許書略近其卜辭从 从 許書从止者皆㫃之變形卜辭又作 象人執旂古者有事以旂致民故作執旂形亦得知旅誼矣（伯晨鼎旅作 亦从㫃从一人而借用為盧字）許書从 即从之譌

前肆三二 前伍七 同上 同上八 前柒三八 後下二六 同上三八 同上四二

菁一一 新一五一

羅振玉曰从㫃从从矢軍旅之下矢所集也

前伍六

从㫃从高說文所無

前伍七

从㫃从攴說文所無

鐵一五五　前弍六　同上二六　前弍三　同上四　同上一四　同上一五　同上二二

前弍一六　前肆九　同上　同上十　前伍一一　同上二七　前捌八　同上

羅振玉曰　以歲字例之當為歲月之月本字作月者日月之本字然卜辭中凡某月已借用日月之月而罕用本字之𣦼矣

葉玉森曰月之初文必為　象新月因日作正方長方或多角形乃亦變作　後又沿日注小直之譌變為　等形篆文作　更由　蛻化者也

古月夕字每混用然大抵以有點者為月無點者為夕

董作賓曰卜辭中月夕同文且與篆文恰反以　為夕以　為月

前肆四六

王襄曰疑古攏字

陳邦懷曰此字當即櫳之古文說文解字櫳兼有也从有龍聲讀若聾段注今牢籠字當作此籠行而櫳廢矣卜辭龓字从龍从又象人手牽龍頭形牢籠之誼昭然小篆从有殆以又有通用而然與

前肆十 前柒三二 後下一七 同上二十

羅振玉曰說文解字明古文作證以卜辭則明明皆古文

前陸一五 同上一六 前捌一 後下二

羅振玉曰說文解字夙古文作𠈖𠈖二形卜辭从夕丮與許書之夙正同篆文之丮卜辭及古金文皆作象執事形

葉玉森曰說文夙早敬也从丮夕持事雖夕不休早敬者也按許君訓早敬未碻契文諸夙字並象一人跽而捧月狀殊難索解惟契文無夜字金文夜作師寰敦叔夜鼎與篆略同予謂象人立形而月在肊下蓋因夜則月照下土俛而可見如在肊下也至夙乃嚮明之時殘月在天惟仰而可見夙興之人喜見殘月故兩手向空作捧月狀

□前弍四五 □同上四六 □前弍二五 □同上 □後下三

王國維曰多从二肉會意

□鐵一 □同上二六 □前伍三九 □後下三七 □林弍三 □同上二六

孫詒讓曰說文毌穿物持之也从一橫貫象寶貨之形依許說則以一貫□於象義不甚密切考龜甲文有□字當即毌之原始象形文又有作□者則□之省變也蓋□為寶貨有空好之形以丨貫之從橫小異而於貫穿寶貨之義則尤明碻又毛詩大雅皇矣串夷載路串亦即毌字之異文蓋因古文□本从兩口大小相函變之為兩口直列則成串字因其流變以推其原始本形亦可知初文之必从兩口也

葉玉森曰此並古毌字串乃後起即□之譌變說文毌穿物持之也篆文橫□作毌仍象穿物形無持意

□

□前弍三二 □後下二二 □同上

王國維曰此字象倒矢在函中（一作立矢形）小篆□字由此譌變殆即古文函字古者盛矢之器有二種皆倒載之射時所用者為箙矢括與笴之半皆露於外

以便於抽矢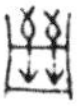諸字象之藏矢所用者為函則全矢皆藏其中字象之考工記函人為甲謂作矢函之人兼作甲盛矢之函欲其堅而不穿故與甲同工亦猶輪人為蓋瓬人為簋梓人為侯車人為耒數工相兼不必甲有函名後人因甲與函相類又為函人所作遂呼甲為函非其朔矣函本藏矢之器引申而為他容器之名周禮伊耆氏共其杖咸鄭注咸讀為函故函者含也緘也象函形ㄱ其緘處且所以持也矢在函中有臽義又與臽同音故古文假為臽字毛公鼎云勿以乃辟于艱吳氏式芬釋臽不𡢁敦字亦然逸周書祭公解我惟不以我辟險于難則又借險為臽函臽險三字皆同聲也周娟敦周娟匜之皇父其女嫁於周故稱周娟然則皇父即詩之皇父卿士周娟即詩之豔妻豔妻漢書谷永傳引作閻妻詩疏引中候擿洛戒作剡而彝器作豔閻函剡四字亦同聲也

前肆二六 同上四二 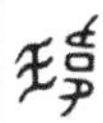前柒六

王國維曰此疑𩏂字說文𩏂束也从束韋聲

鐵一九三 前弍一八 前肆一 同上三五 前伍一七 同上三九 前陸四一 同上五八

同上 同上 四十 同上 六一 同上 七 後下 二二 同上 四二 同上 一 菁一

戩二五

王國維曰古文卣字作□盂鼎作□毛公鼎作□伯晨鼎作□彔伯敦及吳尊蓋及石鼓文逌字亦作□而殷虛卜辭戚鬯之卣則作□作□知□所从之□即□之省又知說文𠧪㿝二字一从由一从𥁕即□與□之變實一字而繁簡異也

前弍一九 同上 後下一六

羅振玉曰說文解字㮚古文作□从西石鼓文作□與此略同棲許書卣之籀文作□粟之籀文亦从□粟之古文从□者殆亦从□之譌矣

葉玉森曰第三文疑亦栗字象栗實外刺毛形其體物尤肖

後上一八

商承祚曰栗說文解字㮚嘉穀實也籀文作□此象手持黍之形當為粟之初字

前弍一五 同上 前柒一四 林弍二五

說文解字齊禾麥吐穗上平也象形

 前肆 四五 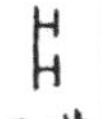 前柒 三

羅振玉曰許書無爿字而牀狀牆戕等字皆从之今卜辭有爿字是許君偶遺之耳

丁山曰按此字說文失紀蓋象斧扆之形斧扆之制魏書李謐傳引鄭氏禮圖云縱廣八尺畫斧文於其上今之屏風也漢之屏風皆有後版周禮天官掌次鄭注後版謂之邸周禮掌次疏大版亦謂之業詩有瞽毛傳業扆一聲之轉大版謂之業即謂之扆則斧扆之扆非大版即後版矣許君言版判也从片反聲牘書版也从片賣聲牖牀版也从片扁聲推而至於牖牒牖牏凡从片者皆版意而版片之音義俱近則判木為片即判木為版片版實古今字也

 前肆 一  同上 四 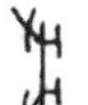 同上 五三  前陸 三一  同上 三四  林弍 二六

此即版字从片𠬜攀聲與版之从片反聲同

 前伍 三  後上 六  新二 九九

羅振玉曰象兩耳腹足之形與古金文同

王國維曰卜辭貞鼎二字有別然貞鼎同音故金文鼎字或从貞作

□前弌二二 □前伍三 □同上 □前陸三四 □同上 □菁十 □新二二六

羅振玉曰此字不見許書古金文有之有𩰫史頌敦 𩰫王作𩰫 𩰫日辛角 諸形从匕肉手鼎廾殆所以薦肉者也此或加小象有湆汁或省匕或省廾與肉或省肉與匕然皆為一字也

王國維曰古器物銘多云作𩰫鼎作𩰫彝亦有單言𩰫者如潘祖蔭所藏二器其一銘曰旂婦𩰫一曰魯內小臣床生作𩰫其器則皆鼎也是𩰫為鼎之異名

余按𩰫字於金文或从匕肉从廾从鼎克鼎史頌鼎史頌敦或从肉从廾从鼎及上魯內小臣鼎王作𩰫及上旂婦鼎或但从匕肉从廾日辛角殷虛卜辭則或从匕肉从鼎或从匕从鼎或从廾从鼎當即詩小雅或肆或將周頌我將我享之將字匕肉於鼎有進奉之義故引申而為進為奉應公鼎云用夙夕𩰫曆鼎云其用夙夕𩰫亯皆以𩰫亯並言與周頌同凡匕肉必於鼎故鼎亦得𩰫名非鼎之外別有一種名𩰫者也

□鐵一一 □前弎二七 □同上 □前捌五 □新二六零

羅振玉曰說文解字克肩也象屋下刻木之形古文作古金文作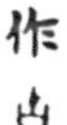太保敦克鼎與此略同象人戴胄形古金文胄作盂鼎及虘鐘作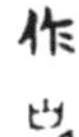伯晨鼎克本訓勝許訓肩殆引申之誼矣

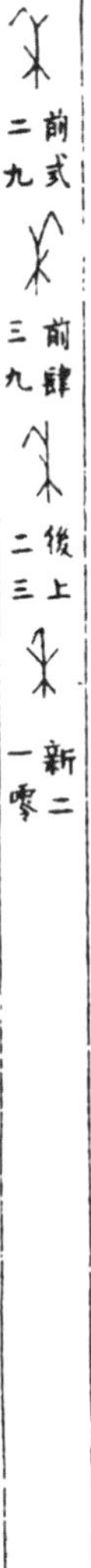
前弍二九 前肆三九 後上二三 新二一零

羅振玉曰上象穗與葉下象莖與根許君云从木从𠂹省誤以象形為會意矣

前弍三二

陳邦懷曰此字从禾从兄當是說文解字稷之古文卜辭祝字有作者其所从兄字雖為反文與此正合又父舟作兄癸簋兄字亦作也說文稷篆也五穀之長从禾畟聲古文作⿰禾兒段注兒蓋即古文畟字按⿰禾兒即卜辭之⿰禾兄後世傳寫致譌兄為兒段氏謂兒蓋即畟之古文未免附會許君說稷為五穀之長又說兄曰長也然則⿰禾兄从兄蓋取禾兄會意知古文稷字當从兄矣

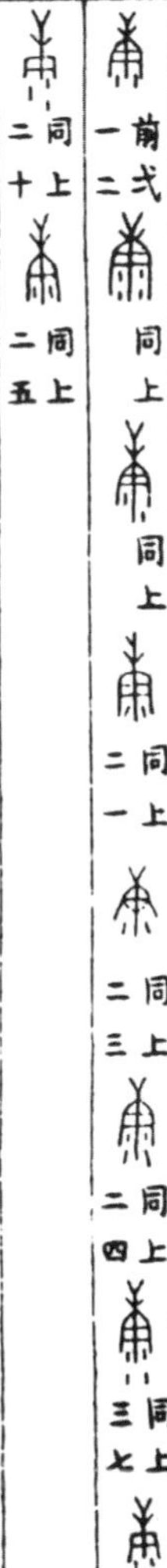
前弍一二 同上 同上 同上二一 同上二三 同上二四 同上三七 後上四 同上二十 同上二五

羅振玉曰說文解字穅穀皮也或省作康此字與許書或體略同穀皮非米从

文七

八

〼象其碎屑之形故或作〼或作〼或作〼無定形矣康鼎作〼伊𣪘作

〼同此今隸作康尚得古文遺意矣

康字小篆作穅从米云穅之省穅曰穀之皮然古金文康字不从米

卜辭之康祖丁或康丁（即史記漢書等之庚丁）作〼若〼金文亦同如䔲伯𣪕父𣪘

之康𣪘右作〼伊𣪘之王在周康宮作〼文既不从米意亦絕無穅義

然羅氏猶沿許書以為說以庚下之點作為象穀皮碎屑之形此恐未必然也

康字訓安樂訓和靜訓廣大訓空虛只空虛之義於穀皮稍可牽及其他均大

相逕庭無由引申余意此康字必以和樂為其本義故殷周帝王即以其字為

名號穅乃後起字盉从禾康聲古人同音通用不必康即是穅也大凡和樂字

古多借樂器以為表示如和本小笙樂本絃樂之象又如喜字从壴（古鼓字𩐁象形）

龤字从龠雅字亦本樂器之名然則康字蓋从庚庚亦聲也庚下之點撇蓋猶

彭之作〼若〼言之作〼若〼也

〼（前弍五十） 〼（同上） 〼（前弍二九） 〼（同上） 〼（同上三十） 〼（前陸四六）

〼（前肆七） 〼（同上） 〼（同上四十） 〼（前柒四三） 〼（後上三一） 〼（同上）

葉玉森曰說文秊穀孰也从禾千聲春秋傳曰大有年按契文秊字並不从千似狀禾下見根形禾孰則犂其根根見則一年盡即秊之初誼猶豳風於十月曰改歲蓋言農事畢以禾孰紀歲功之成也又疑从人戴禾初民首部力彊禾稼既刈則捆為大束以首戴之歸仍許書穀孰為秊之意迄今番苗民族及西方未開化諸島國猶沿古代戴物之習後制之秃殆緣字而譌認與

董作賓曰說文秊穀孰也从禾千聲按金文卜辭皆从人不从千金文有从壬者作齊侯壺知當為壬或人聲从千乃壬之省變

 前捌十  同上一一  同上一三  鐵三六

葉玉森曰藏龜之餘乙巳卜令月有事殷虛文字第三十六葉庚申缺令月缺事令下一字並从日在禾中依令春令夏例推之當即秋之初文卜辭以象春以象秋一狀枝條初生一狀禾穀成孰並繫以日為紀時慓識古人造字之始取義正同篆變从火許君謂𪏮省聲失其恉已

董作賓曰按說文𥤚字秋穀禾熟也从禾𪏮省聲𥤚籀文不省籀文所从之𪏮不見于說文廣韻𪏮音同焦謂灼龜卜兆而焦也疑𪏮𥤚為後起之形聲字籀文

文七 九

所从當是龜聲龜有丘鳩二音皆近於秋故增龜於秋以標其音秋之从火林義光云椘火為龜省不顯龜字形不古非秋字所宜取聲當作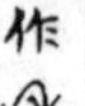象禾穗成實可收之形文源四卷十葉此說雖屬肊斷却很近理禾旁之字禾多在左此字篆文獨在右而穀穗又本左傾火字亦象穀穗且於秋訓禾穀孰之義尤切合如此說則火字不過禾穗之繁飾从火从禾仍是禾字了古印鉨文中有从禾从火从日之字作作作這很可以溝通了秋秉兩形的關係而使彼此互相聯合

 後下三七

商承祚曰椘午卜辭作故知此為秦字說文解字秦籒文作𥣬鄦子妝簠亦从秝皆與此同

徐中舒曰象抱杵舂禾之狀

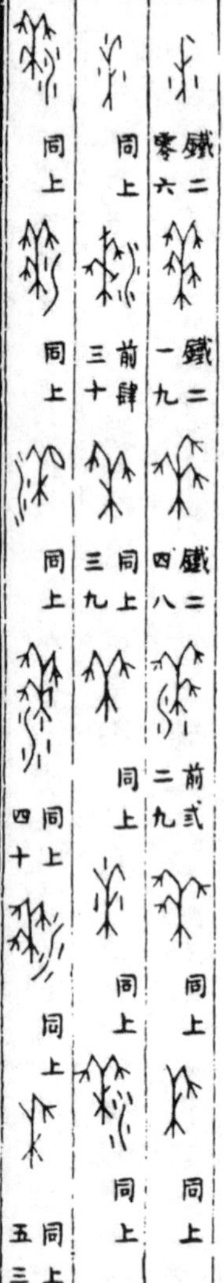

鐵二零六
鐵二一九
鐵二四八
前弍二九
同上
同上
同上
前肆三十
同上三九
同上
同上
同上
同上
同上
同上
同上四十
同上
同上五三

前伍五

前柒二六

後上一八

同上二十

同上三一

同上

同上

後下六

同上二八

同上四十

同上

同上

羅振玉曰說文解字引孔子曰黍可為酒故从禾入水也仲𠭯父盤亦作此或省水黍為散穗與稻不同故作之狀以象之

前肆四一

後下三

同上二三

羅振玉曰象米粒瑣碎縱橫之狀古金文从米之字皆如此作許書作米形稍失矣

後下二一

同上

葉玉森曰桉象杵象臼象米挹出臼旁跽者作雙手舉杵狀叔家父簋稻作象雙手舉杵而略去杵形象溢出之米象臼又滔嫖敨滔字偏旁作象杵象雙手象米與臼與卜辭尤合卜辭乃古文舀字詩生民或簸或舀說文舀抒臼也古亦假作稻故簋文以為稻

前肆四一

同上四二

同上

後下七

羅振玉曰說文解字耑物初生之題也上象生形下象根也卜辭耑字增象

水形水可養植物者也上从屮象植物初茁漸生歧葉之狀形似止字而稍異

許君止字注云象艸木出有址乃因形似致譌矣

 前弍三十  前肆一五  前柒三八  同上  後上二二  後上四二

羅振玉曰或从豕或从亥亥亦豕也古金文亦多作宀下豕形父庚卣及家爵說文解字家古文作

葉玉森曰椄豕為初民常畜許君訓豬曰叢居豵曰叢聚家字从豕當寓聚族而居之意又契文家字亦从亥羅氏謂亥亦豕形予疑亥即象形古豕字之變體假作支名耳

 前肆一四  同上一五

羅振玉曰晉邦盦作與此同說文解字宅古文作𡧜厇二形

 鐵五十  鐵一七六  前弍三三

說文解字室實也从宀至聲

 後上二四

羅振玉曰卜辭中洹與趄从亘故知此為宣矣

前弍二十同上同上前肆一九

羅振玉曰口象北出牖或从日乃由口而譌口日形近古文往往不別古人作書不如後世之嚴矣

後上九

商承祚曰校安父彝作與此同

前陸三一後下一八

羅振玉曰貝與玉在宀內寶之誼已明或从玨即朋字寶六寶四貨寶字作亦从朋貝古金文與篆文又增缶

葉玉森曰寶字从王即玉从玨即珏篆文从珏乃珏之譌

鐵一一六前陸六同上三十前柒九同上三五新九七同上

說文解字宰罪人在屋下執事形从宀从辛辛罪也此字正象一人在屋下執事之形其必為罪人則由辭意可以證之从辛作之宰字例當後起蓋由絕端之圖形文字已化為會意字也彝文之較古當是殷文者如宰椃角字作宰峀毁字作均从宀从辛則字之變遷似已在殷代矣

□ 鐵二二九 □ 後下二二 □ 同上 □ 同上一五

羅振玉曰說文解字宿止也从宀佰聲佰古文夙又㐬注古文作□□ 殷古金文及卜辭㐬字皆从夕从丮疑□□為古文宿字非夙也卜辭从人在□旁或人在□上皆示止意古之自外入者至席而止也𤇳姞敢作□與此同但卜辭省宀耳姑改隸宿下以俟考

葉玉森曰宿字从人从𠀠表就宿意

□ 前弍三十 □ 後下三 □ 後下二九

羅振玉曰說文解字寢籀文作□于帚下增又師遽方尊商方卣均作□與此同

王國維曰第三文从又持帚在厂下古宀厂通用疑此亦寢字

葉玉森曰說文寑卧也从宀侵聲籀文作□釋名寑權假卧之名也栔契文多假帚為歸□□並契文寑从宀从帚當為歸屋之誼古人日入而息歸屋以寑汔可小休即寑之初詁許書所出籀文从宀从𡚬已譌變矣

□ 鐵七八 □ 同上九六 □ 前肆三十 □ 同上 □ 同上

羅振玉曰說文解字客从各各即格之古文古金文多與許書同此从𠙵即各旁增人

者象客至而有迓之者客自外來故各从𠙵象足跡由外而內从口者自名也

或省口

 前弍三十  後上一五

陳邦懷曰此字从宀从石从卜辭辰字作𠂆所从之𠂆即許君說篆文辰字所謂从厂聲之厂可證卜辭宕字所从之𠂆即篆文厂

乃宕字也說文解字宕過也一曰洞屋从宀碭省聲汝南項有宕鄉

 前弍二二  前肆一六  同上一八  前捌一五  同上  後下三  同上五  同上二七

宗即祀生殖神象之地

 前陸二九

从宀从御說文所無

 前肆三一

从宀从及說文所無

 前柒三二

从宀从畀說文所無

□ 前弍三一 □ 後上一三 □ 同上 □ 同上一四

从宀从午說文所無

□ 前弍三 □ 同上二十 □ 同上四一 □ 前肆一五 □ 同上 □ 前陸二三 □ 菁十

羅振玉曰从吕从㗊象有數室之狀从㕣象此室達于彼室之狀皆象形也說文解字謂从躳省聲誤以象形為形聲矣謂躳从宮省則可耳

□ 前陸三二 □ 同上三五 □ 前捌五 □ 同上一三 □ 後上六 □ 後下三 □ 菁五 □ 菁六

丁山曰說文㝱寐而有覺也从宀从爿夢聲又曰夢不明也从夕瞢省聲瞢目不明也从苜从旬苜目不正也从丫从目蔑从苜从戍而金文或从□作□免卣或从□作□師遽尊或从□作□兔生敦卜辭或从□作□或从□作□或从□作□以蔑之偏旁變化測□右之□可斷其為莧之最初形其左爿可斷其為爿之最初形許君訓爿倚也人有疾病象倚著之形墨經言夢卧而以為然也倚著而卧神有所遇恍兮忽兮其見有物則㝱从爿从莧莧亦聲形誼已著奚用从宀戠夢从莧不明之誼亦足奚用从夕戠寐疑莧瞢古今字□即㝱之初形矣

前式五前陸二九同上

羅振玉曰此字从𥧓省木聲當即寐字

鐵二鐵二六鐵一二一前肆一八前伍一四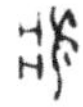前柒三三戩三四

葉玉森曰此當釋瘳乃古文牀字等形並象一病人新瘳就牀起立手足腰膂無力之狀

董作賓曰考从从象病人兩手無力而下垂輾轉於卧榻之狀當為疒之本字說文疒倚也人有疾病象倚著之形而小篆作倚著之形反晦矣

後下三五

羅振玉曰象矢著人肊下毛公鼎愍天疾畏之疾字作博古圖載齊侯鎛亦有字與此正同知此亦疾字也說文解字疾病也从疒矢聲籀文作古文作廿此从段注本他本古文與篆文無異段據集韻類篇改　按疾古訓急詩召旻箋左氏襄十一年傳注訓速國語周語及齊語注史記樂書正義最速者莫如矢故从人旁矢矢著人斯為疾患故引申而訓患淮南說山訓注及管子小問注訓苦荀子大略篇注其去大著疒殆為後起之字于初形已失矣

王國維曰毛公鼎文膺作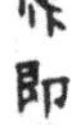即說文雁字其字从𠂆下隹𠂆从人从丨夾之

側視形也何以證之如昃字殷虛卜辭作□作□皆从日从矢日在人側日

昃之意也而鄂侯馭方鼎之□字則从□作□之本誼為朝宴从昃从女

會意是□□字亦作□篆文之□則由□而變匽與宴亦由□而變也又

此鼎□字即說文医字說文医从匸矢石鼓文汧殹之殹从医其直上出乃矢

之變形篆文之医則又由医而變猶匽之由□而變矣古象形之字或作正

視形或作側視形往往隨意且視字之結構而變知大大之可作□則無惑乎

夾之可作□矣□从亦下隹古人養雁常在臂亦間故从此會意且亦雁雙

聲字謂之亦亦聲亦可篆文作雁乃有瘖省聲人聲之說失之遠矣

又曰□古文医字說見上疑疾之本字象人亦下著矢形古多戰事人著矢則

疾矣

□前弍一二 □同上二五 □同上三七 □前肆四 □同上十 □同上一八 □同上三二 □前陸三八

□前捌六 □林弍六

董作賓曰从爿从介當為疥字象人臥牀上身旁有疥甲之形疥疾古多有之

禮月令仲冬行春令民多疥癘周禮天官疾醫夏時有痒疥之疾疏四月純陽

五月陰起帷水沴火爲甲疥有甲故有痒疥之疾是其例也

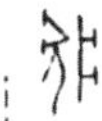 林弍二四 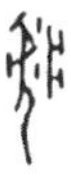 前伍三一

陳邦懷曰桉此字从爿蓋疒之省从夕蓋虍之省其文當釋作𤺺乃瘧之初字墨子經說下云智者若瘧病之之於𤺺也畢注曰𤺺即瘧省文敦煌石室唐寫本食療本草蕪荑條云和沙牛酪療一切𤺺𤺺即瘧字也墨子及唐寫食療本草瘧字皆从虎不从虐以卜辭互證知為初字而非省文矣

董作賓曰桉周禮天官秋時有瘧寒疾亦可為陳說之證

 後下十  菁十

說文解字同合會也从冃口

 前肆四四  前柒三一

丁山曰此象帷幕交覆中施皇邸之形周禮天官幕人掌帷幕幄帟綬之事凡朝覲會同軍旅田役祭祀共其帷幕幄帟綬鄭玄注王出宮則有是事在旁曰帷在上曰幕幕或在地展陳于上皆以布為之四合象宮室曰幄王所居之帷也又掌次掌王次之法以待張事王大旅上帝則張氈案設皇邸鄭衆注皇羽

覆上邸後版也鄭玄注張氈案以氈為牀于幄中後版屏風與古者天子有事
于外必設帷幄帷幄之中必施屏風冡中之冃正象後版屏風之形其外之
冃正象帷幄在地施展于上之形當即冡之初字許君說冡覆也从冃豕豕
字無義可說亥古文作丌卜辭一作下丂家从豖卜辭一从丂作冡丂之與
冃相去幾何竊疑冡本作冡或省其下為冃後世一誤為丂再誤為冡
于是後版屏風之意失矣冡幪古今字法言吾子震風淩雨然後知夏屋之為
帲幪也注云帲幪蓋覆也蓋覆者幪誼之引申帲幪者冡形之初誼許君以
覆訓冡得其最初引申誼究非冡之本訓也冡孳乳為蒙方言小爾雅廣詁
俱云蒙覆也

网 前陸三八 网 後下八

羅振玉曰說文解字网从冂下象网交文或从亡作罔或从糸作網古文作网
籀文作网此作网象張网形

 同上三七

羅振玉曰說文解字羅以絲罟鳥也从网从維卜辭从隹在畢中𠦒與网同篆書增維於誼轉晦又古羅離為一字離从隹从离聲古金文禽作⿱亼𠦒王代鄦侯鼎下从𠦒知⿱乂𠦒即𠦒而移𠦒中之隹於旁又於𠦒上加屮許君遂以為离聲方言離謂之羅始以羅離為二字後人遂以為黃倉庚之名及別離字而離之本誼晦矣

 前捌七

戴家祥曰此字从网从啚許書所無以聲類互易求之殆罯字也說文罯兔罟也从网否聲古匋文作罘古鉥文作罘丁氏說文古籀補補據吳氏古匋釋陳氏印攈古音否啚同部釋名釋言否鄙也釋州國鄙否也書堯典否德忝帝史記五帝本紀作鄙德論論雍也予所否者論衡問孔引作予所鄙者莊子大宗師不善少而否釋文本作鄙晉邦盦都鄙作者否是从啚即从否之證又說文罨覆車网也引王風兔爰篇雉離于罦爾雅釋器罬謂之罦罦覆車也禮記月令罝罘羅網畢翳淮南時則訓亦同呂覽愼人篇編蒲葦結罘網莊子胠篋篇削格羅落罝罘之知多

則獸亂於澤矣釋文罘又作罦又爾雅彘罟謂之羉郭注羉幕也釋文本或作

罠羉罠幕一聲之轉是罦罨罠羉罟罘罯即一字之聲類互易例也

 前弍 一一  前肆 五十  前伍 一四  同上  前陸 三五  後下 一七

王國維曰象兔在罟下即爾雅釋器兔罟謂之罝之罝

 鐵四 三  前陸 四八  同上  前柒 一二  同上 一六  後下 三四

王國維曰象豕在罟下即爾雅釋器彘罟謂之羉之羉

 前弍 四八  前肆 九  林弍 六

王國維曰此即爾雅釋器麋罟謂之罞之罞注冒其頭也此正作麋頭在网下

 前柒 五

說文解字巾佩巾也从冂丨象系也

 後下 一九

羅振玉曰象巾覆尊上乃禮注覆尊巾之冪之本字後世用冪則借字也今則

借字行而本字廢矣

王襄曰古幎字許說幔也从巾冥聲周禮有幎人今本作冪段玉裁云俗作冪

按禮記禮運疏布以羃作冪又禮器疏布鼏作冪儀禮公食禮鼏若束若編亦作冪疑幎之本字作幎或作冪譌作羃或冪此作象以巾覆尊之形冪人注以巾覆物曰冪所覆之物為尊則作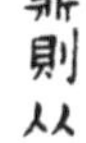鼎則从鼎作鼏說文鼏字殆則幎之異文

 前弍二五
 同上二八
 同上三十
 前伍一二
 前陸六
 前捌三
 同上一四

羅振玉曰說文解字帚从又持巾埽門內卜辭帚字从象帚形㐅其柄末所以卓立者與金文戈字之巾同意其从冂者象置帚之架埽畢而置帚於架上倒卓之也許君所謂从又乃彐之譌从巾乃㐅之譌謂冂為門內乃架形之譌亦因形失而致誤也凡卜辭中帚字多假為歸

卜辭帚字多假為婦羅於此字一律釋歸多不可通

 後下三六

羅振玉曰說文解字席从巾庶省古文作㕩从石省按从石省之說難通古但象形作囗耳卜辭作囗與囗同象席形 互見第三謝字注

 前貳一二

說文解字帛繒也从巾白聲

 前貳五  前柒二九

羅振玉曰說文解字白从入合二古文作古金文與此同亦作盂鼎但多借

爲伯仲字

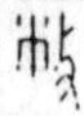 後上十  林貳二四

羅振玉曰說文解字敝帗也一曰敗衣从攴从㡀㡀亦聲此从㡀省

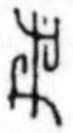 前肆三八

王國維曰此殆是黹字所謂兩己相背者形當如此師奎父鼎作頌敦器

作與此略同多與屯字連文謂黹純也

醴陵朱芳圃編

文字編第八

文四十二　重一百六十九

□ 前弍一八 □ 前弍一五 □ 前肆三二 □ 前伍一八 □ 同上三九 □ 前陸三八 □ 林弍七 □ 同上一一

羅振玉曰□亦人字象跽形命令等字从之許書之卪令隸作卩乃由□而譌

□ 鐵二九 □ 後下二九 □ 同上 □ 戩三六

丁山曰□之見于鼎彝者其形不一有作□旂鼎者有作□婦闆甗者此無所省變也若父癸爵作□父丁鼎作□則稍有所省矣若妣己爵作□父己爵作□則大有所省矣若父丁鼎作□觶文作□則大有所變矣若甗文作□則析為二字矣斷□為□不特甗文為然也殷之甲骨刻辭亦數見其當二字之用若□即□右之□亦即□上之□上之□也又□即□左之□亦即□下之□也徵諸卜辭知□上从□下从□雖曰一名實从二字令欲探□之真義必先知□為何字□為何字以□一作□其上之□一作□一省作□形皆近于許

書所謂古文保及金文保右疑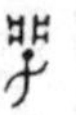即保之初形保上之即棐輔之正字彖斧扆形（互見冀字注）

 前伍二七  同上

羅振玉曰說文解字企舉踵也古文作从足卜辭與篆文同

葉玉森曰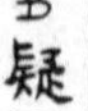疑後字彖足在人後

 前弍八  同上  同上  同上  同上

羅振玉曰此伯仲之仲古伯仲但作白中然與中正之中非一字（見第一中字注）後人加人以示別許書列之人部者非初形矣

 前伍四十  後上二二  同上  後下二一  菁一一

說文解字伊殷聖人阿衡也尹治天下者从人尹

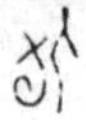 後下二一

說文解字佝疾也从人句聲

 前肆二一  同上三一  前伍三九  同上

羅振玉曰爾雅釋詁寮官也釋文字又作僚左氏傳（文七年）穀梁傳（莊十六年）國語魯

語注並云同官曰寮儀禮士冠禮注同官為僚是寮古通僚說文有僚無寮於
僚訓好皃而卜辭及毛公鼎番生敦皆有寮字今人每以文字不見許書者為
俗書是不然矣卜辭又省宀作尞漢祝睦碑尞屬歆熙魏元丕碑酬咨群尞是
漢魏間尚假尞為寮也

 前肆 三十

羅振玉曰貝五為朋故友朋字从之後世友朋字皆假朋貝字為之廢𠬤字而
不用幸許君尚存之于說文解字中存古之功可謂偉矣古金文中友倗字多
與卜辭合望敨作[illegible]鼎作

 鐵一 一五  鐵一 七二  前伍 一八  前陸 二八  前柒 四十  同上  前弍 四三

羅振玉曰說文解字侸立也从人豆聲此作者从人从壴此為後世僕豎之
豎字卜辭又有从女殆與从人之同

商承祚曰段玉裁曰侸玉篇作侸云今作樹廣韻曰侸同尌蓋樹行而侸尌豎
廢並侸亦廢矣今以卜辭觀之則侸又侸豎之初字也

 前柒 三七  後下 三六

羅振玉曰說文解字偁揚也从人爯聲此从爯省知者卜辭中爯亦省作冊矣

又此字疑與爯為一字舉父乙爵偁字作□亦省爪

陳邦懷曰偁字所从之□為古舉字（見第四爯字注）爾雅釋言偁舉也郭注引尚書偁爾戈偁有舉誼故其文从古舉字

□ 前弍二七 □ 後上三十 □ 後下三 □ 新二六零 □ 同上

作之作□若□余意乃□形之變□即風之初字說文云風持也象手有所風據也讀若戟戟音與作同部秦風無衣正以澤戟作三字為韻是□之與戟形音誼俱相若也作字𡬥侯敢作□正象人有所風據姞氏敢作□从攴此與後世通行之作字从人者同為形之複矣作或假為則

□ 後下七

羅振玉曰師田父尊作□與此同

□ 前弍一八 □ 前弍八 □ 前弍二九 □ 前肆三 □ 前伍一二 □ 前陸六 □ 同上

□ 同上一八 □ 同上 □ 同上二三 □ 後上二二 □ 同上 □ 同上二四

□ 同上 □ 同上 □ 新一五零 □ 新二二五 □ 後下一四 □ 同上二六

新二三七 新二五二 新三五八 林弍五 同上一五

羅振玉曰伐从人持戈或从戟與金文丁未角畢仲敦同或从大或从又或又象人倒持戊又卜辭祭祀常言伐殆以樂舞祭者也禮記樂記夾振之而駟伐注一擊一刺為一伐伐當是武舞卜辭言伐幾人猶左傳言萬者二人矣

菁六

羅振玉曰說文解字俘軍所獲也从人孚聲此从行省不从人古金文作貞敦師寰敦省彳吳大澂謂乃从爪从十中一象貝作兩手攫貝之形疑小篆从子非是今證以卜辭正是从子古金文从者亦子字吳說失之

新口

董作賓曰从人从京當是倞字倞音同涼可借為涼

前弍八 同上一九 前肆一一 前伍一三 同上 同上一六 後上一八 後下三十

葉玉森曰王襄釋為比為从實則同為从字

前肆四七 後下三四 新四

羅振玉曰說文解字并相从也从人幵聲一曰从持二為并徵之卜辭正與許書後說同

文八 三

□前弍八 □前肆七 □後下二四

說文解字北菲也从二人相背

□前陸二一 □同上 □前柒二 □遺一一

丁山曰□□上之□即保字見保字注其下之□作兩手端舉高與首齊形當即翼敬翼戴之本字論語鄉黨孔子在宗廟擯所與立左右手衣前後襜如也趨進翼如也集解引孔注及皇疏皆曰翼如端正也端正者敬也故詩文王有聲以燕翼子行葦以引以翼周書程典慎下必翼上周語翼其上也傳注皆曰翼敬也顧詩六月有嚴有翼共武之服傳翼敬也虢叔旅鐘嚴在上翼在下數數熊熊降旅多福翼敬字則作□亦作□春秋左氏昭九年傳翼戴天子而加之以共杜注翼佐也盂鼎天翼臨子法保先王翼佐字亦作□羌伯敦乃祖克未先王翼自它邦翼戴字亦作□□之與□不過頭上微異耳若以單父辛彝作□單伯鐘作□果卜辭作□篆文作□例之字之在商从■或口後世易之為田者多矣省□作□此何足異翼古亦通作翌昱爾雅釋地南方有比翼鳥焉釋文翼本作翌書金縢王翼日乃瘳爾雅釋

言注引作翌日武成越翼日癸巳召誥若翼日乙卯周公朝至于洛越翼日戊午乃社于新邑漢書律歷志王莽傳皆引作翌日凡今本尚書作翼者古文率以翌字代之凡古文尚書作翌者其在金文則从立作□（盂鼎）或省為□（宰椃角）其在卜辭則或从立作□或从日作□或省之作□□□諸形□之為字與□（愙齋二二卷六葉父乙爵）一下之□無異也□之為字與□（同上一八）（卷八葉父己卣）左之□亦無異也然則□□□亦□之省形□之別體已□王國維謂巤之初字象毛髮巤巤之形山謂即鳥翼之本字說文𩙣翄也从飛異聲籀文翼篆文𩙣从羽呂覽本味其狀若鯉而有翼注亦曰翼羽翼也羽翼也當是□之本義爲翼有左右故金文一作□自周末文蔽以□音近巤通假為髮巤復借□敬為羽翼字而□之本義失秦漢以還借□敬為異同字復从羽於異上以為鳥翄之專名假借之為翼敬輔翼而□之本義失昱日之昱卜辭作□从日□聲其本字也金文作□古文尚書作翌衞包改訂尚書作翼皆借字也以古文尚書之互用證卜辭金文之通假以□□之通假證□□之為一字謂□即翼敬翼戴之本字此非臆必之詞則卜

辭字亦可斷即異之初形上為保下為異合而觀之當是从保異聲

即冀之古文矣

又曰本輔翼之專名展轉省變譌非為北始有冀字冀非从北也保北聲

近北亦之省譌（翼冀古通用荀子修身行而供冀非漬淖也楊注云冀當為翼是）拼廷冀敢冀字作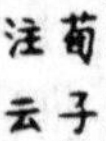

蓋又因為形以冀望為義冀者殷周間諸侯有國之名左傳僖二年晉將

伐虢使荀息假道于虞曰冀為不道入自顛軨伐鄍三門冀之既病則亦唯君

故杜注冀國名皮氏縣東北有冀亭水經注汾水又逕冀亭南下引京瑶說亦

曰今河東皮氏縣有冀亭古之冀國所都也冀之立國史無明文以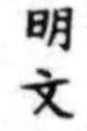

一字考之卜辭云貞異不其乎來貞異方異均似冀之省形又以冀幾

古常通用考之逸周書商誓言幾耿肅執皆殷之舊官人幾當為冀則冀實殷

時國名

 前弍一八  後上一六  後下二二  同上二七  同上三三  新一九六 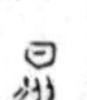 新二二零

商承祚曰按說文解字眾多也从㐺目眾意曶鼎作與此同古鉩亦然

 前陸五五  後下六  同上三九

商承祚曰按說文解字壬善也从人士士事也一曰象物出地挺生也此正象
土上生物之形與許書第二說相符則此字當从土不應从士
前弍一八 前陸八 同上 前柒四 後上一十
羅振玉曰說文解字朢月滿與日相朢以朝君也从月从臣从王古文省作
此與許書合
前弍一十 同上三二 前肆一十 前伍一十 同上一一 前陸二九 同上三四 前柒二
後上一一 同上二十 同上 同上 林弍六 新一二九
羅振玉曰說文解字衣象覆二人之形按衣無覆二人之理段玉裁謂覆二人
則貴賤皆覆其言亦紆回不可通此蓋象襟衽左右掩覆之形古金文正與此
同又有衣中著人者亦衣字
商承祚曰作 者疑是依字
前弍二三 前伍四十 前柒六 後上二 後下八 同上 同上二九 林弍一九
羅振玉曰說文解字裘古文省衣作 又卣作 此省又作 象裘形當
為裘之初字許君裘字注古者衣裘故以毛為表段玉裁曰古者衣裘謂未有

麻絲衣羽皮也衣皮時毛在外故裘之制毛在外今觀卜辭與叉卣裘字毛正在外可為許說左證

求乃裘之初字卜辭作諸形象死獸之皮其字大抵中畫象直而左右對稱與希之作有別

前弍二 前肆五二 前柒三五 後下三十 同上三五 同上

商承祚曰桉象老者倚杖之形第一五六三文乃考字古老考孝本通金文同

葉玉森曰契文之象一老人戴髮傴僂扶杖形乃老之初文形誼明白如繪變作从乃形之譌从卜與从卜同象古干梃以代杖者金文作季良父壺齊子仲姜鎛譌變从止又作齊太僕歸父盤从止即小篆从匕所由譌許君謂从人毛匕言須髮變白就篆立說似牆然非朔誼也

後下二十

商承祚曰桉說文解字耋年八十曰耋从老省至聲此从老从至不省

前弍二六 前伍六 前柒二一 同上二四

說文解字舟船也象形

彡前弍一　彡同上二　彡同上八　彡同上一九　彡同上二十　彡同上三十

羅振玉曰書肜日之肜不見許書段玉裁謂即彤字公羊宣八年傳注肜者彤彤不絕是肜之誼為不絕卜辭有彡日或作彡彡諸形正象相續不絕殆為肜日之本字彭字蓋从此得聲故卜辭中彭字或从彡其明證也

前弍二七  前肆四  同上三八  同上四六  前捌一四  後上二十  菁一一

羅振玉曰說文解字䑣我也闕予意朕當以訓兆為初誼故象兩手奉火形而从舟火所以作龜致兆舟所以承龜訓我者殆後起之誼矣

羅氏謂朕本訓兆為說甚韙然謂為象兩手奉火形則猶沿小篆字形以為說丨非火形也余以為象兩手奉斧形字與父之作同意見第三父字注象雙手奉斧殆兵之初字䑣字从此殆謂持斧以契龜金文有从八作者此郭造鼎文魯伯鬲齊侯毁胖侯匜胖侯盤均从八作八即示分剖之意小篆从火殆由此譌變者矣且以聲而言許書䙐羽獵韋䩞从䊷𢍏聲重文作䙐曰虞書曰鳥獸䙐毛从䑣从衣䙐讀而隴切聲在東部東陽二部古每通韻則𢍏自宜讀兵且許於䙐字不云从衣䑣聲於䑣下亦不云从舟𢍏聲正許不讀𢍏為䑣聲之明證

倂乃儹（季良父簠樊君鬲滕字如此作）之省乃艐聲或艐省聲栟搥之橫者即方言搥其橫關

西曰栟亦艐聲或艐省聲之字令書於倂下注云从人幷聲於栟下注云从木

幷聲皆淺人所改也又如迸送字許書雖不云幷聲然以辵部各字例之幷宜

為聲送之从幷聲猶[illegible]之从幷聲也其籀文作迸云倂不省者殆倂字之譌耶

許書兵字古文作从人廾干與倂字極近

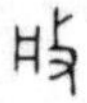前弍一五 同上 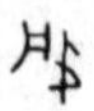同上 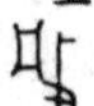同上一六 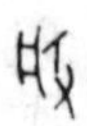同上四八 同上 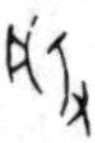同上四九 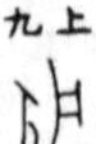前肆一六

後上一一 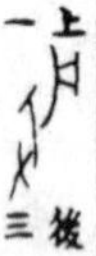後下三 同上二七

羅振玉曰說文解字般辟也象舟之旋从舟从殳殳令舟旋者也古文从支作

般此从攴許云从支乃攴之譌兮田盤亦作从攴

前伍一一 同上三八

羅振玉曰从舟从庚父乙甗作（薛氏款識）己酉方彝作（博古圖）與此同

前弍一五 同上一六 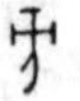前伍一一 同上一三 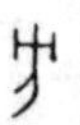同上二三 後下四一 新一零三 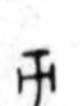新三四零

徐中舒曰桉方象耒之形製故當訓為一番土謂之坺之坺初無方圓之意（古匡）

（即方圓字）方之象耒上短橫象柄首橫木下長橫即足所蹈履處旁兩短畫或即飾

文小篆力作□即其遺形古者耒耒而耕刺土曰推起土曰方方或借伐發墢等字為之考工記車人直疵則利推（疵即耒下端歧出者）句疵則利發又匠人耜廣五寸二耜為耦一耦之伐廣尺深尺謂之𤰝國語周語王耕一墢班三之庶民終於千畝孫詒讓周禮正義云伐即坺之借字其文又通作發俗作墢蓋方坺伐發墢古皆讀重脣音故得互通詩甫田以社以方我田既臧雲漢祈年孔夙方社不莫方社當即農家祈年之祭社為后土方自為連類而及之事月令季冬天子乃祈來年於天宗大割祠於公社及門閭據此文則社即祠於公社方即祠於門閭詩楚茨祝祭於祊傳祊門內也說文引作鬃云門內祭正與此合祊社同為祈年之祭故字亦可互通左傳襄二十四年以守宗祊周語今將大泯其宗祊宗祊即宗社方社並稱祊社互稱故知方即坺之本字又詩大田既方既皁既堅既好生民茀厥豐草種之黃茂實方實苞實種實褎實發實秀實堅實好實穎實栗此兩方字次敘均在蒔藝之先亦當為坺土之事說文方併船也象兩舟總頭形从兩舟省今觀卜辭中方字全無象兩舟總頭形之意蓋方可訓併而不可訓併船爾雅釋水大夫方舟李注竝兩船曰方舟莊子山木篇方

舟而濟於河釋文司馬注方並也古者耦耕故方有並意又儀禮柄皆作枋耒為曲柄故聲得轉為柄

 前柒四十  後下四

說文解字兒孺子也从儿象小兒頭囟未合

 前弍二七  同上二八  前弍一七  前伍四三  前柒三一

羅振玉曰說文解字允信也从儿㠯聲卜辭允字象人回顧形殆言行相顧之意與

 後下九

說文解字兌說也从儿㕣聲

 前弍三八  同上三九  同上  同上四一  前弍二三  前肆二六  後上七  同上

說文解字兄長也从儿从口

 前弍一五  前肆二七  前伍二四  前柒三十  後上五  同上一八

孫詒讓曰疑古文先字本从止與歬从止在舟上意略同止皆謂人足趾所履不行而進則謂之歬歬進不已則謂之先

[glyph] 前弍二七 [glyph] 同上二九 [glyph] 同上 [glyph] 前肆八 [glyph] 同上三四 [glyph] 同上四五 [glyph] 前伍三一

[glyph] 前柒三二 [glyph] 同上三三 [glyph] 菁十

說文解字見視也从目儿

[glyph] 前弍七 [glyph] 前弍二三 [glyph] 後下四二

陳邦懷曰此古文視字也說文解字視之古文作眎卜辭之[glyph]即視之古文从示在目上猶卜辭及金文相字作[glyph]說文解字眎字或作𥄎也

葉玉森曰按仍[glyph]之變體當釋為省

[glyph] 前弍四四

羅振玉曰說文解字無𣢼字而有欬注屰气也又謦注欬也通俗文利喉謂之謦欬此二字亦見莊子徐無鬼篇知𣢼即謦欬之欬矣

[glyph] 前弍一八 [glyph] 後下七 [glyph] 菁一 [glyph] 同上

王國維曰[glyph]疑即匓字

余永梁曰[glyph]即飤字說文飤糧也从人食此字古金文甚多誼亦相同今又見於卜辭段玉裁以飤字不見於經典疑為俗製誤矣

又曰□从酓欠即歠字余義鐘歠字作□與此略同

葉玉森曰說文歠歠也从欠酓聲古文作□□按契文有□□二字从□□並象戴胄之人俯首向下形从酉即酒从氵乃別構小點象酒滴形當並為許書歠字篆文从今即□之譌从□即□之譌契文亦變作□與許書所出古文第二體略同釋名歠奄也以口奄引咽之也契文□肖口奄引咽之狀

□ 前肆三三 □ 前伍二五 □ 後下四

羅振玉曰說文解字飲食屰气不得息曰旡从反欠古文作□按石鼓文既字从□與卜辭略同許書之古文□乃由□傳寫之譌卜辭又有□字不知為无字之反書抑是許書之欠字矣

醴陵朱芳圃編

文字編第九

文二十九　重一百三十六

前陸七　同上一七　同上

說文解字首頭也象形

菁四　後下一五　新二四八

余永梁曰按此殆是面字隸釋錄石經尚書面字从目作面與此同漢碑面字作面則面之訛隸書多存古文此其一也又公伐郁鼎冕字从冃从面作亦面字从目之證篆文从百殆从目之誤

前弍一八　同上　同上　前肆三八　同上　同上　同上　同上

說文解字文錯畫也象交文

前弍四四　同上四九　前肆二七　前柒十　前捌一四　後上一七

羅振玉曰說文解字令發號也从亼卪按古文令从亼人集衆人而命令之故古令與命為一字一誼許書訓為瑞信不知古文卪字象人跽形即人字也凡

許書从卩之字解皆誤

前陸五　林弍二四　同上

羅振玉曰說文解字㚔二卩也巺（即巽）从此闕按易雜卦傳巽伏也又爲順漢書（王莽傳下集注）爲讓書堯典（馬注）爲恭論語子罕集解故从二人跽而相从之狀疑即古文巽字也

丁山曰說文卩瑞信也（中略）象相合之形說者因謂卩節古今字惟于曾職墨謂卩即厀字厀下云脛頭卩也脛頭之訓實當移訓此卩字｜象脛形㔾即象脛頭之形卷字云卷厀曲也从卩而訓厀曲即卩字之義可知又部𠬝治也从又从卩實即匍匐之匍字从又者手也从卩者厀也以手以厀即伏地之義此從文字偏傍訂許誤也羅振玉曰凡許書所稱卩字考之卜辭及古金文皆作㔾象人跽形邑爲人所居故从口从人令者集衆人而命令之故从亼人此以金石古文訂許誤也前修未密後出轉精微于君厀曲之訓無由知㔾本跽人之象微羅君跽人之解亦無由知尚書康誥惟厥正人越小臣諸節即大誓乃告司馬司徒司空諸節（今逸見史記周本紀及尚書大傳）大誓諸節即牧誓嗟我冢君御事司馬司徒司空亞旅師氏千夫長百夫長及庸蜀羌髳微盧彭濮人之人凡尚書

節字初皆作卪再變作卩為隸古定者乃以卪瑞字譯之衛包又據馬融注諸
卪諸受符有司之訓三易為節以尚書古文人譌為節考之卩之為人蓋無疑
義而卩卩諸形亦于以可說卩下云二卪也卩卩下云事之制也此就節瑞以
立言要非卩卩之本義卩卜辭作𠨍或𠨍从二人相隨跽伏搦謙不前狀
其本義當猶二人相從之為从从經典作從左傳定八年經從祀先公禮記樂
記率神而從天孔子閒居志氣既從注皆曰從順也公羊宣十二年傳告從不
赦不祥注從服從服也順也殆亦卩之本義卩孳乳為巽虞書女能庸命巽朕
位偽孔傳巽順也釋文引馬融注巽讓也而易彖傳順以巽也雜卦傳巽伏也
義尤近从則卩直巽之本字而已學記大學之法不陵節而施之謂孫節亦人
字隸變之譌孫即卩之借字卩之本義為服從為馴順可于不陵人三字盡之
人相從謂之卩不相從謂之北北者背也字从二人相背猶言面不相鄉也面
相鄉謂之鄉見卯卿二字注則許君謂卯為事之制卿為六卿之事字並失之矣
前肆四六　後下九　林弍二四
羅振玉曰說文解字抑按也从反印俗从手又印注執政所持信也从爪卪卜

文九

二一

辭字从爪从人跽形象以手抑人而使之跽其誼如許書之抑其字形則如許書之印抑訓按許書及禮記內則注淮南精神訓注並同訓屈史記劉敬叔孫通傳集解訓枉國語晉語注訓止楚辭招魂注與字形正合引申之則訓安方言十三及廣雅釋詁一訓治廣雅釋詁三訓慎密詩賓之初筵傳及凡謙抑之稱予意許書印抑二字古為一字後世之印信古者謂之璽節初無印之名而卜辭及古金文則已有此字曾伯霥簠云克狄淮夷印燮繁邑抑亦訓安訓治印燮猶言安和矣印之本訓既為按抑後世執政以印施治乃假按印之印字為之反印為抑殆出晚季所以別於印信字也古文每多反書而卜辭及金文印字皆正書無一反書如許書者則印與抑之非有二字二誼明矣

 餘二

羅振玉曰說文解字卯事之制也从卩卪卜辭字从二人相向鄉字从此亦从知即矣此為嚮背之嚮字卯象二人相嚮猶北象二人相背許君謂為事之制者非也

 新一九七  新二六零 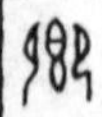 前弍二三  前肆二一  同上  同上  同上二二  同上

[glyph] 同上 [glyph] 同上 [glyph] 同上 [glyph] 同上 [glyph] 同上 [glyph] 後下三九

羅振玉曰古金文嚮背之嚮公卿之卿饗食之饗皆作[glyph]毫無分別曩以為疑嗣讀白虎通言卿之言嚮也為人所歸嚮始悟公卿之卿與饗食之饗古為一字而[glyph]則嚮背之嚮也卿與卿字作[glyph]象兩人相嚮就食之形蓋饗食之饗本字也[glyph]从兩人相嚮與[glyph]（卽背）之从兩人相背者誼正同嚮背之嚮當如此作或借饗食之[glyph]為之而公卿之卿誼取為人所歸嚮故亦借[glyph]字為之耳

又曰此字从[glyph]从[glyph]或从[glyph]从[glyph]皆象饗食時賓主相嚮之狀卽饗字也古公卿之卿鄉黨之鄉饗食之饗皆為一字後世析而為三許君遂以鄉入䢼部卿入卯部（許君訓卯為事之制亦誤未知其為向背字也）饗入食部而初形初誼不可見矣

[glyph] 前弍二三 [glyph] 前肆七 [glyph] 同上一五 [glyph] 後上一二

羅振玉曰說文辟字辟法也从卩辛節制其罪也从口用法者也按古文辟从辛人辟法也人有辛則加以法也古金文作[glyph]（盂鼎）增○乃璧之本字从○辟聲而借為訓法之辟許書从口乃由○而譌也

文九 三

□前弍七　□同上一九　□同上二五　□同上三八　□同上　□前肆七　□同上二九　□前伍一三

□同上一五　□同上一八　□同上三三　□前陸五　□同上六六　□前柒二六　□後上二二　□林弍一四

王國維曰桉使夷敢云金十□□敷敢蓋云金十□考說文鈞之古文作□是□□即鋆字□即旬字矣卜辭又有□㞢二日語藏龜六葉亦可證□□即旬矣余徧搜卜辭凡云貞旬亡𡆥者不下數百見皆以癸日卜殷人蓋以自甲至癸為一旬而於此旬之末卜下旬之吉凶云旬亡𡆥者猶易言旬无咎矣日自甲至癸而一徧故旬之義引申為徧釋詁云宣旬徧也說文訓裹之勹實即此字後世不識乃讀若包殊不知勹乃旬之初字匀字从勹从車亦會意兼形聲也

董作賓曰桉旬亘字皆象周匝循環之形故以十干一周為一旬商人每旬必卜卜必於旬之末日

□前肆一八　□同上　□同上　□後下三　□林弍一二　□明二一四二

羅振玉曰說文解字鬼古文从示作䰟與此合惟許書謂鬼字从厶卜辭及古金文皆無之

葉玉森曰按□从大與从□同□疑亦鬼字女鬼也契文从刀从□从大多屬之男从女則屬之女如佢之作□□□奚之作□□可證

□（鐵一四六）□（後下四三）□（菁一）□（餘一）

羅振玉曰說文解字畏惡也从甶虎省鬼頭而虎爪可畏也古文作□古金文作□□（盂鼎）从甶及手形或省手形从卜（當是攴省）此則从鬼手持卜鬼而持攴可畏孰甚古金文或作□（王孫鐘）既从卜又加攴初形已失矣

王國維曰畏字古金文作□（盂鼎）从鬼从戈或作□（梁伯戈）从鬼从攴二字不同然皆為古文畏字按大盂鼎畏天畏二畏字上作□下作□毛公鼎愍天疾畏敬念王畏二畏字皆作□皆从鬼从卜者尚盤畏字作㬰則从甶（說文甶鬼頭也）从攴卜與攴同音又攴字之所從當為攴之省字而或从卜在鬼字之右或从攴在鬼字之左或从攴在鬼頭之下此古文變化之通例不礙其為一字也从戈之䰥亦即魃字凡从攴从戈皆有聲意故古文往往相通如薄伐玁狁之薄今毛詩作薄薄者迫也而虢季子白盤之䜌伐从干不𡢁敦之𦎫戟从戈師寰敦之𨐌乃衆則又从卜書之外薄四海其義亦為迫而釋文引一本作敷

詩常武之鋪敦淮濆釋文引韓詩鋪作敷後漢書馮緄傳亦引作敷敦㮣敷敦

即戟𩫏則字亦从攴可知从卜从攴从戈皆可相通則𢦏字亦畏字也其中畀

𢦏二字見於周初之器爲字尤古其後从卜之字變而作𩴾从戈之字變而作

威古威字从戈从女邾公華邾公牼二鐘皆然虢叔鐘作亦戈形之變

而鬼女二字皆象人跪形形極相似故變而从女上虞羅氏所藏古鉨有𢧵亡

鉨亡即亡畏此𢦏威畏三字相關之證也𩴾字又變作王孫遣

諸鐘之畏𢦏（即畏忌）趩趩沇兒鐘之盤于畏義（即淑于威儀）皆如此作既从卜又从攴

則稍贅矣

前弍五十　同上　同上　同上　前肆三三　前陸二十　同上　同上四九

同上六七　後上二二　後下三九　林弍二十　同上　同上二一　同上

孫詒讓曰嶽說文古文作云象高形甲文岳字屢見作又作作

下即从古文山而上則象其高峻鐵陗與丘形相通蓋於山上更爲丘山

再成重絫之形正以形容其高許書古文亦即此字而變爲有類橫弓則

失其本形矣

羅振玉曰从羊从火殆即羔字

葉玉森曰按孫釋較碻上从丫疑古文𦫳字象羊角形變从羊仍取象其角又

變从丫乃古𦫳字象𦫳嶽並出下从之山山山並山字非火字篆文从丘丘子

禾子釜丘作丘其上亦肖𦫳形蓋造字之始以大山角峙謂之岳也

 前柒七

說文解字嶽山巖也从山品聲

 鐵一二  前伍一二  前柒三十  後上九

說文解字龐高屋也从广龍聲

 前貳四三  同上  同上  前肆十  前柒四二

羅振玉曰說文解字磬樂石也从石殸象縣虡之形籀文省作殸古文作硜

卜辭諸字从屮象虡飾厂象磬又持𠃌所以擊之形意已具其从石者乃後人

所加重複甚矣

王國維曰卜辭磬作與籀文殸略同𡵂即說文屵字許云屵岸上見也實

則屮象磬飾厂象縣磬碑經室集釋磬亦謂磬象物之虛縣文王世子曰公族

其有死罪則磬于甸人鄭注縣縊殺之曰磬即虛縣之義𠂆與厂形極相近𠂆

象縣磬厂蓋象縣崖二者或係一字

 前弍七  同上八 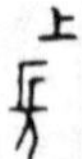 後上一九

余永梁曰桉此長字與說文古文及六國鉥文最近說文長久遠也从兀从匕

亡聲兀者高遠意也久者變化者到亡也古文長亦古文長鉥文

長字作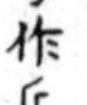與古文同長實象形象人髮長皃引申為長久之義長部肆或从

髟即長為髮長之明證許君所解皆望文生訓非朔誼也

 前弍二五  同上五一 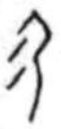 同上 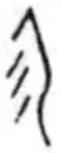 前伍二五  同上  新一三  同上九六

胡光煒曰或作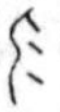余緣文義釋為勿菊勿伐之勿在卜辭與異字

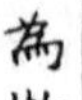為物之省其義為雜色牛

堇作賓曰勿與不弗亡等字略同皆有否定及禁止之義

 前肆三  後下一七

商承祚曰桉貉子卣作與此同

 前弍三七  後下九

說文解字冄毛冄冄也象形

鐵一四二 前伍五 同上 前陸四七 前柒一 同上三 同上四一

鐵六二 後上一九 後下三九 同上四十

羅振玉曰豕與犬之形象其或左或右卜辭中凡象形字弟肖其形使人一見可別不拘拘於筆畫間也有从彡者象剛鬣或腹下加丨未知何誼

前陸四七 後下三六 餘六

羅振玉曰說文解字豢以穀圈養豕也从豕𢍃聲此从从以穀飼豕故从豕腹有子象孕豕也樂記注以穀食犬豕曰豢月令注養犬豕曰豢故卜辭或从犬作此字殆即豢字初从豕乃會意字許云从豕𢍃聲則形聲字矣

商承祚曰卜辭有𢍃𢍃字象以手奉豕犬疑豢之初字篆文从釆殆後世所增牛羊曰芻犬豕曰豢故其字或从豕或从犬

前弍二九 前肆五十 前伍四十 前柒三七 林弍二 林弍二

孫詒讓曰為古文希字說文希脩豪獸一曰河内名豕也从彑下象毛足

讀若弟籀文作[glyph]古文作[glyph]此文簡畧耳
此字當讀為祟卜辭如貞甲[glyph]王（林二卷二葉）貞父乙不[glyph]（林一卷二葉）
即言人鬼為祟與貞祖辛壱我貞祖辛不壱我（前一卷一葉）貞寅尹壱我貞寅尹不
壱（同上五二葉）同例莊子天道篇所謂其鬼不祟者是也希祟同在脂部又希爾雅
作緣釋文本作肆肆祟均齒頭音許讀若弟者蓋音之變又說文殺部以[glyph]
為古殺字[glyph]與[glyph]亦畧有繁簡而已殺亦猶祟呂氏仲秋紀殺氣陰盛淮南
天文訓地氣不藏乃收其殺殺在祭部與脂部極近近出魏三體石經春秋殘
石以[glyph]為古文蔡尚書竄三苗于三危孟子引作殺三苗左氏昭元年定四
年傳兩言周公殺管叔而蔡蔡叔是又以蔡為竄釋文蔡說文作𢇛（自尚書以下三句採
自王國維魏石經考附錄）是蔡殺字古本通用蔡人以[glyph]為其族名者蓋以隸為圖騰也
竄于說文又作𥨍曰𥨍塞也从宀𣪠聲讀若虞書𥨍三苗之𥨍𣪠从祟聲是又
蔡殺祟希古本同音之證音同義近故希實為祟希之為祟者猶蛇之為它希
有害於田圖準古人艸居問蛇之例此則問希之有無化而為有祟不祟祟字
許書云从示出段注出亦聲又籀文作𥜸云从[glyph]省王國維以為𥜸即古禱

或祝字𩡧當从襪出聲（見史籀篇疏證）故𩡧為形聲字柴又𩡧之省耳形聲之字例當

後於象形故希正不失為𩡧柴之初字

 鐵二一零  前弍三一  前肆五一  同上  同上  同上

 同上  後上一八  菁一一

羅振玉曰从豕身箸矢乃彘字也彘殆野豕非射不可得亦猶雉之不可生得與其貫丶者亦矢形許君謂彘从彑矢聲从二匕是誤以象形為形聲矣

 前弍二三  同上三一  前肆四二  同上四六  前伍二  前陸四七

 後上二四  同上二五  後下一九  同上三一  鐵一四五

羅振玉曰說文解字从又持肉此从豕肉會意字也許書又載篆文从豕肉與此正合古金文有从又者許書作亦有所本矣

葉玉森曰說文小豕也从彖省象形从又持肉以給祠祀篆文从肉豕豚作父庚敦亦作棲契文作孫詒讓謂从D即肉字然豚為小豕从肉小誼不顯且牛羊虎鹿犬馬等畧亦無从肉表小誼者卜辭从D乃月字蓋小豕以月計不以歲計猶許書云生三月豚曰豯生六月豚曰豵析言之曰豯豵

渾言之曰豚而已許君謂从又持肉以給祠祀于小誼亦無關从又加繁古誼愈晦金文已傳譌矣卜辭亦變从A仍月字卜辭之月亦多作D也

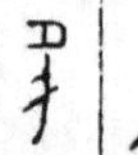前肆五三

說文解字豸獸長脊行豸豸然欲有所司殺形

前弍五十 同上五一 同上 後上二二 同上 後下二七

林弍二三

羅振玉曰說文解字兕如野牛青色象形古文作从儿此殆即許書之兕字

前弍四九 前柒一一 後上二一 林弍二八

羅振玉曰古金文錫字與此同

前貳三一 前肆四四 同上 同上 後下五

羅振玉曰說文解字象南越大獸長鼻牙三年一乳象耳牙四足尾之形今觀篆文但見長鼻及足尾不見耳牙之狀卜辭亦但象長鼻蓋象之尤異于他畜者其鼻矣又象為南越大獸此後世事古代則黃河南北亦有之為字从手牽

象（見第三為字注）則象為尋常服御之物今殷虛遺物有鑄象牙禮器又有象齒甚多

卜用之骨有絕大者殆亦象骨又卜辭卜田獵有獲象之語（三卷三十一葉）知古者中

原象至殷世尚盛也王國維曰呂氏春秋古樂篇商人服象為虐於東夷周公

乃以師逐之至於江南此殷代有象之確證矣（數甫跋）

醴陵朱芳圃編

文字編第十

文六十　重二百

鐵三十　前弍一九　前弍三一　前肆四五　同上四六　同上

同上　同上　同上四七　前柒五　後下五　同上

同上六　同上一八　同上四二　菁三　林弍一五　同上

徐中舒曰甲骨文凡關於禽獸的象形字多作側視形只能顯其一面因此四足的獸只畫其兩足說文中凡馬鹿羊豕象㲋諸字都解說為象四足形例如馬怒也武也象馬頭髦尾四足之形這些字在小篆裏也的確是象四足形漢書萬石君傳說書馬字與尾當五馬本有四足再加一尾為五這類的錯誤全是根據當時譌變的字體而來正當的解釋是尾三足二甲骨文及銅器中畫獸尾多作木形象尾毛分張之形試看銅器狩獵圖上所畫的獸形就更加明白了　鹿㲋譌為四足又與上面所說的不同甲骨文鹿足作从銅器从㲋字之㲋足作从乃象足旁懸蹏或爪形形與四足相似所以小篆就因以致誤

前肆四七

羅振玉曰从馬利聲殆是許書之驪字廣韻驁同鸝漢書西域傳西與犁靬條支接注犂讀與驪同古利麗利同音故稱字後亦从麗作與

 前肆四七  新四

羅振玉曰說文解字駁馬色不純从馬爻聲此殆即許書之駁

 前弍五  前肆四七  同上

羅振玉曰說文解字騽馬豪骭也卜辭有从習習古文友字疑許譌習為矣

 前弍八  同上四二 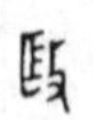 前伍四一

羅振玉曰說文解字驅驅馬也从馬區聲古文作敺按石鼓文作與許書古文合師寰𣪘作敺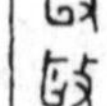與此略同

 前弍十  同上  同上  同上  同上一八

羅振玉曰說文解字無羊字角部觲用角低昂便也从牛羊角詩曰觲觲角弓土部垶赤剛土也从土觲省聲按觲觲角弓今毛詩作騂騂赤剛土之垶周禮草人亦作騂故書作𩣡形與羊近殆羊字之譌知羊即騂之本字矣許君不知騂有本字作羊

乃於觲注曰从牛羊角於墡注曰从觲省皆由未見犨字之故注經家兩周尚赤故用騂剛然卜辭中用犨者不止一二見知周亦因殷禮耳

 前肆四七

从馬从牢說文所無

 前弐五

从馬从駉說文所無

 後下一八

从馬从壬說文所無

 鐵九九  鐵一九三  前弐二七  同上三二  前弐三二  同上

 同上  同上  同上三三  前肆八 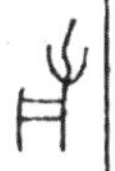 同上四七  同上

 同上四八  同上  同上  同上  餘一三  新三六五

羅振玉曰或立或寢或左或右或回顧或側視皆象鹿形

 前弐一九  同上  同上  同上  前弐三一  前肆四七

 同上  同上  前柒三四  同上四二  同上  後上三十

同上

菁三

新口

董作賓曰古人制作動物象形字的通例是略圖全形抽象特點大口修尾的是虎長鼻巨牙的是象猿猴同形別于口耳之間牛羊異角只看曲直之度兎體肥耳大尾厥後足特長故又作善坐的形態這是兼以動作表示特點的了鹿與廌都是岐角有兩角一角之別麑與鹿都是長頸在有角無角之分犬與豕形極相似然而尾的長短厥垂腹的細粗都顯然的不同至于馬和麟的易于相混身尾是不用說是完全相同的有時又可以把麟角當作沒有鬣的馬耳以致有指麟為馬之誤其實他們又何嘗外乎前面的通例我們只要認清馬的特點在項上多鬣麟的特點在頭頂一角就不致彼此誤認了

又曰說文訓麟是大牡鹿麐是牝鹿麒是麔身而麔是麞屬麠是大麃而麃也是麞屬　麃却又是麋史記五帝紀注楚人謂麋為麃麠的別名也叫麋這些可以說都是因形似而隨便命名的麒同麔同麐麋同麃都是雙聲麟同麔是疊韻麞同麠同麋完全是一音之轉因各地方言不同或語音稍異便別造新字曲為解說其實也說不出彼此的區別來又如因大如馬而形

似麒者叫做麒又叫做騏戶圭切或叫做騂其實麒騏騂只是疊韻的轉變解說者卻又強分為三騂是白身牛尾一角騏只䏝一角了麒又不角了

又曰由象形而變為諧聲的字大都有二難一是難寫一是難辨例如雞和鳳和鳥不易辨別麟和馬和象不易辨別然而寫的時候雞要畫出他的高冠長尾張口而鳴的形狀麟要畫出他的牛尾一角體如麢馬的形狀何如更進一步把雞來歸入鳥同隹類在一旁注出奚聲把麟來歸入鹿類在一旁注出吝或粦聲這樣不但減卻目治的困難而且添上了一半音符更得耳治的便利固然他們歸併的各類並不精密例如把猿猴从犬猿猴是人類的近支那能掄為犬族也同麒麟的本非鹿類而从鹿是一樣的僅取形似而已

 前肆四八  前柒二八  後下三五

羅振玉曰說文解字麇从鹿囷省聲籒文从囷不省今卜辭从不从鹿然則麇殆似鹿而無角者與

 鐵三八  前弍一一 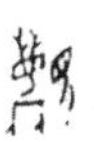 同上二三  前肆四七  同上四八  後上一二

羅振玉曰象鹿子隨母形殆即許書之麑字說文解字訓麑為狻麑而別有麛

字訓鹿子然麑之爲字明明从鹿會合鹿兒之誼正是鹿子矣卜辭以有角無角別鹿毋子故卜辭中之字似鹿無角緣是亦得知爲麑字矣

王襄曰許書麑訓狻麑麛訓鹿子論語素衣麑裘音義麑鹿子也麛从鹿从兒形誼均塙殆爲麑之本訓弭兒一聲之轉故麛借訓爲鹿子

 前伍四七  後上一四  後下二三  同上二五

徐中舒曰丽或麗甲骨文作上揭諸形古金文作  車飾  𠭯鼎 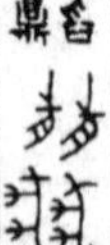 二父丁尊  盂龢鐘 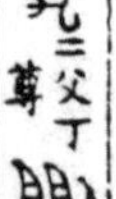 齊侯鎛鐘 丽从兩耒麗从兩耒兩犬金文从三犬齊侯鎛鐘又變从訞 其所从耒形與甲骨文金文耤字合小篆作𠦃古文作丽即耒形筆誤麗屬來母即从耒聲薛書盂龢鐘云麗龢萬民齊侯鎛鐘云龢麗而九事麗龢龢麗即堯典之協和借麗爲協與劦音轉爲協例同丽象兩耒並耕形古者耦耕故丽有耦意故儷得訓爲伉儷說文丽兩耦也象兩兩相附之形其誼則是其形則非 戾恐即盂龢鐘麗形之省从户保筆誤

 前捌一十  林式二六

葉玉森曰从二鹿疑古文麗字說文麗旅行也鹿之性見食急則必旅行旅即

侶卜辭正作二鹿侶行狀

又曰說文麗下出古文丽篆文𣈭孫詒讓謂丽从比从二入會意取兩兩相比與旅行誼合後人以鹿性喜旅行乃增鹿為麗並引陳𣫺戈取盧子盤字所从之為證按丽𣈭並二鹿形之譌變契文象形鹿字亦簡作與𠕋亓形近初文本象二鹿譌作丽𣈭僅象鹿腹與足而首角形失增鹿乃更譌矣

前弍三　同上四　同上一三　同上一四　同上　同上

王襄曰許書所無吳大澂云疑字古文許說獸名从𨛜吾聲讀若寫

前肆四七

董作賓曰說文所無从鹿从文當訓為文章文采之麇（鹿皮有斑紋故文章文采之麇从鹿）

前肆五二　前柒五

羅振玉曰長耳而厥尾象兔形

林弍二九　前弍二六　同上四五　同上四六　前弍二三　前肆五二

前陸四七　前柒一　同上二五　前捌四

王國維曰腹瘦尾拳者為犬腹肥尾垂者為豕

前肆五二

羅振玉曰象犬腹下脩毛垂狀當爲尨字今篆彡在背上犬非剛鬣若在背則彡狀不可見矣

藏一九六　前伍四七

說文解字臭禽走臭而知其迹者犬也从犬自

前貳一一　同上一七　同上三二　同上三四　同上　同上三五

前貳三一　同上三二　同上　同上　前肆三六　前陸二六

前伍四二　前捌四　同上七　同上一二　後上一二　同上

羅振玉曰說文解字獲獵所獲也从犬蒦聲此从隹从又象捕鳥在手之形與許書訓鳥一枚之隻字同形得鳥曰隻失鳥曰奞奪从大从隻謂鳥已隻而飛去隻象鳥初持在手形大象鳥逸後飛至空際之形非大小之大字許君云从又从奞失之矣茲因釋隻字而附及之

前陸一一　同上　同上

羅振玉曰卜辭文曰乙丑貞翌口卯王其　畢又曰貞口卯王其　畢又

曰乙丑貞翌丁卯其狩□弗畢以誼考之殆為周禮獸人弊田之弊矣

□後下一四

葉玉森曰說文狴犾犬也从犬㞷聲此字从犬从㞷乃狴字地名卜辭王一作

上故知□為㞷

□鐵八一　□同上八七　□前柒一二　□同上一八　□後上一五　□後下三六

□同上四二　□林式一五

羅振玉曰說文解字有猶無猷當為一字石鼓文毛公鼎均有猷石鼓文作

□毛公鼎作□此从犬从□象酒盈尊殆即許書之酋字卜辭中亦

有酋字作□與猷字所从同古金文猷字則从□與許書同矣

商承祚曰按其从由作□疑亦猶字之省

後人猷字自周以來均从犬作彝器之在周初者如毛公鼎克鼎宗

周鐘之猷字均已从犬而卜辭諸猷字之所从則決非犬形凡卜辭犬字及从

犬之字如獸臭等其作為犬之特徵者大抵均在尾之上拳幾決無例外而猷

字所从之獸形則尾均下垂亦決無例外

又曰猷為獸名古無定說爾雅釋獸猶如麂善登木又云麔大麠旄毛狗足麔即是麂（見說文）由麂之从鹿而有狗足旄毛則知其物似鹿而非鹿余以為當即鼬鼠之一種而有斑紋者學名稱為斑紋鼬鼠此物正狗足旄毛而與鹿相似也猶既善於登木其物當不甚大猶之如麂當如其有狗足旄毛不當如其大小或如其似鹿說文則云猶玃屬从犬酋聲一曰隴西謂犬子為猶玃乃猩猩之屬釋獸云玃父善顧郭注貑玃也似獼猴而大呂覽察傳犬似玃玃似母猴高注亦云玃猳玃母猴獼猴一音之譯玃似獼猴而大故說文亦云玃大母猴此與善登木之性雖相合而與如麂之形則迥異且許言玃而屬之已是不定之辭又並舉異說云為犬子則於猶之為物實未深識也余由卜辭之字形與爾雅之字訓以比驗之以為古之猶字其實即从鼠由聲之鼬卜辭之別體从由作者即是此字說文云鼬如鼦赤黃色尾大食鼠者今人稱為黃鼠狼此物正善登木而亦狗足旄毛與爾雅釋猶之形性均合其行動最審慎而多疑故古人有猶豫而狐疑之成語是則猶之為鼬殊可斷言矣

考下 三一 遺六

葉玉森曰象獶狙形

 前弍二七  同上二八  同上二九  同上三二  前陸四八  後下四一

羅振玉曰季良父盉良作卜辭作殆與同从犬从良即狼字或有从者殆之省許君謂良从亾聲故知亦狼字

王襄曰良亾一聲之轉故古狼字或从亾

葉玉森曰按卜辭之亾均讀若無如亡亡巛亡尤亡囚可證則从犬从亡疑即初文狐字狐祅獸也鬼所乘之有時而亡故古人謂之犿其音當為無後世始轉為狐乃循弧瓠之例制狐字易解九二田獲三狐古人田游固以獲狐為貴以其皮可制裘也

 前弍三二

葉玉森曰三象形文脩尾細腹並象犬乃古猋字

 鐵百四 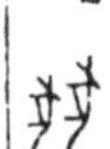 前伍四七

王國維曰楚辭九辯猛犬狺狺而迎吠之狺當即此字

 前弍三  前肆一五 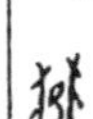 菁十

文十 六

說文解字㺇司也从㹜臣聲

前陸六三　同上

从㹜从乙說文所無

後上九

羅振玉曰古金文熊字有虢叔鐘戲狄鐘宗周鐘諸形與卜辭同

前伍一四　同上　同上　前捌三　林式一一　同上二一

羅振玉曰象火形古金文从火之字皆如此作

鐵二二二　前弍二　同上二四　前弍九　前肆二一　前陸六四　前柒三　後上二二

同上二四　同上　同上　同上　同上　同上二五　林式三十

羅振玉曰說文解字尞柴祭天也从昚昚古文慎字祭天所以慎也今此字實从木在火上木旁諸點象火燄上騰之狀卜辭又有大史尞卿事尞尞字一作一作毛公鼎大史尞卿事尞尞字作均从从火許君云从昚者非也漢韓勅碑陰遼作遼史晨後碑作遼並从木衡方魯峻兩碑尞字亦然是隸書尚存古文遺意矣卜辭或又省火作或更省作古金文中章伯𠭯敦有

□字與卜辭同

□ 鐵二三零 □ 前肆二十 □ 同上 □ 同上 □ 同上 □ 同上

□ 同上 □ 同上 □ 林弌八

羅振玉曰說文解字烝火氣上行也段玉裁曰此烝之本義今卜辭从禾从米在豆中廾以進之盂鼎與此同而省禾春秋繁露四祭冬曰烝烝者以十月進初稻也與卜辭从禾之旨正符此為烝之初義引申之而為進許君訓火氣上行亦引申之義段君以為本義殆失之矣

陳邦懷曰此字从禾从米从𢍏讀若登 羅氏云从禾从米在豆中廾以進之僅解字形而未知古烝字从𢍏得聲也盂鼎烝祀之烝作□从米从𢍏亦从𢍏得聲吳大澂以為从米在豆兩手持之以獻也亦僅說字形而已考陳侯因資敦烝嘗之烝作□即說文籀文彝 敦文假彝為烝蓋以音近亦可證古烝字从𢍏得聲卜辭又有□字羅氏謂即爾雅瓦豆謂之登之登字極是又謂由其文觀之乃用為烝祀字見第五登字注 卜辭假𢍏為烝更可證□字塙从𢍏得聲也而羅氏乃於說烝字失之

焛 後下四一 □ 同上

商承祚曰按説文解字閔火皃从火𠕀省聲今卜辭亦有閔字不知與許書同

誼否

□ 前伍三三 □ 同上 □ 前陸二十 □ 後上二一 □ 後下一五 □ 同上二二

羅振玉曰説文解字烄交木然也玉篇交木然之以尞柴天也此字从交下火

當即許書之烄字

□ 前伍八 □ 後下三七 □ 同上四一

商承祚曰按此从喜省聲灬象火上然作□者又疑□之省

□ 鐵五五 □ 後下二二

余永梁曰按此字从火葡聲當即𤎩字説文𤎩以火乾肉也从火稫聲方言作

㷶與此正合□後作葡故此字亦書作㷶𤎩備葡稫古音相同故篆文或从

稫作葡篆文作□毛公鼎作□番生敦作□形極相近説文葡具也从

用苟省又箙弩矢箙也周禮仲秋獻矢箙□字亦从用與葡形音義均同用

篆文作□古文作□金文及契文並有此字象器之形□卜辭作□

象插矢於用中說文用部庸用也从用庚按从兩手奉干於用中故用之本義當為用具之用盛物器也引申為一切資用及行施義然則葡古作〓用殆無可疑而此〓字作〓〓亦葡箙之雙聲箙乃形聲例當後起猶此字篆文作〓矣

 前伍 三三

羅振玉曰說文解字𤇾火之餘木也从火聿聲徐鉉曰聿非聲疑从𦘒省此从又持丨以撥餘火象形非形聲也

 前弍 三三  後下 四  同上 九  同上

羅振玉曰說文解字燓燒田也从火棥棥亦聲段氏改篆文燓為焚改注从棥棥亦聲為从火林謂玉篇廣韻有焚無燓焚符分切至集韻類篇乃合焚燓為一字而集韻二十二元固單出燓字符袁切竊謂棥聲在十四部焚聲在十三部份古文作彬解曰焚省聲是許書當有焚字況經傳焚字不可枚舉而未見有燓知火部之燓即焚之譌元應書引說文焚燒田也字从火燒林意也凡四見然則唐初本有焚無燓不獨篇韻可證也云云今證之卜辭亦从林不从棥

可為段說佐證或又从草於燒田之誼更明

後下八

余永梁曰按此烖字與說文古文同說文烖天火曰烖从火𢦏聲灾或从宀火

災籒文从巛𢦏古文从才般虛古文才與在為一字此是其證玉藻鄭注古文

緇字或从糸旁才又周禮媒氏注古緇以才為聲然則緇字古文當是紂字與

此災古文从才正同也許於緇下遺古文紂字

又曰依王氏指事之說（見第一天字注）𡿧當是指事字巛象水形一則指事也𡿧演變

為形聲時于水害曰巛故又作𡿦于兵害从戈曰𢦏于火害从火曰𤆎而火𤆎

之字後變為災烖諸體由象形而指事形聲六書發展之次第于此得一有力

之證矣

前肆四一 前伍三二 同上 後上九 林弍二一 同上

羅振玉曰說文解字光从火在人上光明意也古文作𤐫炗二形

新二四七

从火从妝說文所無

 前柒二一

从火从不說文所無

 後上一三  後下九

羅振玉曰卜辭中从火之字作古金文亦然亦有从者故知即炎矣

 前伍三三

羅振玉曰說文解字燮大熟也从又持辛辛者物之熟味也此字从又持炬从三火象炎炎之形殆即許書之燮字許从辛殆炬形之譌此字又疑為許書訓火華之焱字坿此俟考

 鐵十  後下一八

羅振玉曰从大火與許書同

 前弍三  同上  同上四  同上六  後上二六  後下一八

說文解字大天大地大人亦大焉象人形

 前弍一二  同上二  同上三  同上  同上八  同上  同上一七

□同上三一□同上三三□同上三四□同上三七□同上□同上□後上二□同上

葉玉森曰卜辭凡王賓之以妣配食者則二名必間以□字羅氏釋□為赫謂从大从二火即奭之古文誼近於妃按□之別體至夥如□□□□□□□其所从之□□□□□□□□□□若謂皆火之變態然卜辭中未見其他从火之字有一二變態若是者似釋赫仍未塙予疑即夾字一大人兩臂亦下無論所夾何物而夾誼自顯故夾物之象可任意書之作□□□□□可也作□□□□□□亦無不可倉頡篇夾輔也釋名挾夾也在旁也夾本古挾字曰輔曰在旁均有妃意篆从二人則義太狹矣

此字象人形而特大其二乳余謂此即母字之別構如祖丁之配曰妣己者他辭均言祖丁奭妣己 前一卷一七葉及三七葉各一見後上四葉一見 然有一例曰口辰貞其求㞢于祖丁母妣己 後上二六葉 又大乙之配曰妣丙他辭均言奭妣丙 前一卷三葉後上一葉又下四一葉 而新獲卜辭有一例云乙巳卜犬㞢大乙母妣丙一牝 三三六片 是奭與母為一之證也惟此母字限用于先公先王之配偶揆其初當係王母之意此字形與歐洲各地所出土之生殖女神象奶拏頗相類奶拏之象均特大其乳

頭或以兩手護其下以為生殖崇拜之表彰余意如奭字形之雕象將來必有

發見於中國之一日

說文解字夷東方之人也从大从弓

 新一五零

从大从豕說文所無

 藏一七九  前肆五  後下三五

說文解字亦人之臂亦也从大象兩亦之形

 前弍五二  前肆一六

羅振玉曰說文解字夨傾頭也此象傾頭形

 前弍四五  同上  同上四八  後下四

葉玉森曰此即夭字詩桃夭桃之夭夭傳夭夭少壯也又萇楚夭之沃沃傳沃

沃壯佼也知夭與沃古訓通夭即古文沃字

 後下四

羅振玉曰夭屈之夭許書作與古文傾頭之夨形頗相混此作石鼓文从

壺諸字皆作與此正同古金文亦然無作者

前伍五

羅振玉曰上有蓋旁有耳壺之象也古金文中而姬壺壺字作其蓋形與此略同

前貳四二 前陸一九 同上 後下三三 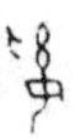前弍三

羅振玉曰說文解字奚大腹也予意罪隸為奚之本誼故从手持索以拘罪人其从女者與从人同周官有女奚猶奴之从女矣

陳邦懷曰說文解字㜎女隸也从女奚聲段注云周禮作奚假借字也按卜辭第五字从女奚省聲當是㜎之初字

前貳二十 前肆二五

說文解字夫丈夫也从大一一以象兂

前貳二二 前肆三七 前陸八

說文解字立侸也从大在一之上

前伍二五 前陸五十 後下三五

說文解字竝併也从二立

甲骨學文字編第十

醴陵朱芳圃編

文字編第十一

文六十三　重二百一十三

 前弍四　 前肆一二　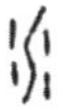 同上一三　 後上三

說文解字水準也北方之行象衆水並流中有微陽之氣也

 前肆一一　 前伍三五　 同上　 同上　 同上　 前柒四二

 同上　 後上九　 後下二八

葉玉森曰上揭諸字羅氏釋洗桉其字形固象洒足于槃契文槃作諸形並其變體予疑从止从舟即歬乃湔之本字篆文从勹即由匚ㄱ譌變廣雅釋詁湔洒也契文或从小象水點乃湔所由來或省水象置足于槃湔意仍顯

 前弍五一　 同上　 菁五　 後下三十

陳邦懷曰此字从水从當即溫字从𥁕作𥁊亦見于漢魯峻碑碑云內懷溫潤王念孫曰溫字作𥁊說文溫从水𥁕聲𥁕从皿从囚此碑溫字右邊作𥁊

文十一　一

其上半即人字也有人無口者隸省耳見漢隸拾遺考卜辭溫字不从皿知魯峻碑溫字从皿必有所本非隸省也羅氏釋為浴恐未塙

 新一零八

董作賓曰說文洛洛水出左馮翊歸德北夷界中東南入渭从水各聲卜辭中水旁多作乚如或从小象水滴如此兼从乚小

 前弍七  同上一六  同上二一  同上二四  同上三六

羅振玉曰从乚即水省卜辭从水之字多省作乚說文𣲙字攸行水也从亻从水省从攴是許君時乚為水省之誼尚未失矣

 前肆一三

羅振玉曰此即許書从水樂聲之濼𧯷鐘作與此略同而借用為喜樂字

 前陸三二 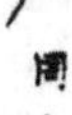 同上  同上六十  後下三

羅振玉曰齊侯壺洹字作此从亘與許書同但省下一耳殷代水名存于卜辭中今可確知其地者僅此而已

 前肆一二  前捌三  同上五  同上一四 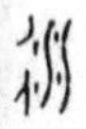 同上一五  後下四二

羅振玉曰說文解字衍水朝宗于海皃也从行从水此从川示百川之歸海誼彌顯矣或省行作彳或又省巛作巜或變巛作巛古金文朝字从此姞衍敦蓋有𠂢字與卜辭略同

前弍三二　林弍二六

商承祚曰按以寅字之作推之故知此為演字

後下三六

王襄曰古沖字从㳄許書流涉之古文籀文作亦从㳄與此同例

後下三二　菁一一

商承祚曰按此字从水从歺疑即洌字之省許書列字作𠛱从𡿧古隸中或作列𠛱𠛱意古者歺𡿧為一字至後世因歺而滋衍為𡿧遂別為二誼矣

陳邦懷曰此即說文解字㳅之古文許君說㳅字曰水流㳅㳅也从巛歺省聲卜辭㳅从水不从巛者猶卜辭从水之字或从巜也其从水在歺下不比㳅字从巛在月上者猶卜辭从水之字或左或右也㳅从歺不省其為㳅之古文審已 集韻玉篇有㳅字注云水流皃从歺

鐵九九  前弍一九 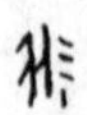 前弍九  前肆十 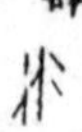 同上一一  同上一三  前伍一九  餘一六

羅振玉曰此當是水之流別之𠂢字从彳象川之中流有旁歧彳象幹流出旁枝……則水之象也或省……知𠂢派本一字許君分為二非也  字亦見大保敦

前弍四七  前肆三八  前伍二三  前陸二五  同上三六  後下三八  同上  林弍五

說文解字沚小渚曰沚从水止聲

前肆一三

說文解字汜水別復入水也从水巳聲

後上一一

陳邦懷曰卜辭寧字皆省心作 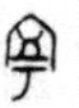 此从水从寧知是濘字說文解字濘滎濘也从水寧聲段注滎字曰李善注七命引說文濘絕小水也此字在卜辭中為地名今未由考實矣

前弍五  同上六

陳邦懷曰从巜即水省羅振玉說見淮字注按說文解字湀下出  許君曰奇字湀从日

乙段注乙蓋象滴下之形許君說攸从水省說奇字汓从乙未免於彼得之於此失之矣

前捌七 後上一四

說文解字湄水草交為湄从水眉聲

前弍一一 前伍三一 同上 同上

羅振玉曰从水从萬石鼓文澫有小魚殆即許書之砅字砅或作濿考勉勵之勵粗糲之糲蚌蠣之蠣許書皆从萬作勱糲蠣以此例之知澫即濿矣說文勱注讀與厲同段玉裁曰厲亦萬聲漢時如此讀亦其證也澫為淺水故有小魚許訓履石渡水亦謂淺水矣

鐵一六九 前弍三 前伍三六 同上 林弍一六

羅振玉曰說文解字濩雨流霤下皃从水蒦聲卜辭中為樂名即大濩也或从水隻聲或省又隻省聲

前弍六

葉玉森曰按契文之 前陸四三 鐵一六三 並龍之最簡象形文與 相似則 乃从水从龍即古瀧字

鐵四二 鐵一九二 前弍二四 前陸二三 後上二三 同上 同上 後下四

同上二十 同上三二 同上四一 林式一四 同上

羅振玉曰此象沈牛于水中殆即貍沈之沈字此為本字周禮作沈乃借字也

商承祚曰沈牛曰 沈羊曰 實一字也

前式三 後上一三 後下二七

商承祚曰桉說文解字溼幽溼也从㬎省聲此省土其从止者象足履溼與从

土之誼同散氏盤作 亦省土

葉玉森曰 从水从 即𢇁表水絕流處从止足所止也足止水絕流處溼

隰之義並顯故古文溼隰為一字史懋壺作 从水从𢇁从土其義為水絕

流處之土亦濕隰墧詁散盤作 則从水从𢇁尤為皦然卜辭亦作 蓋

地名也

前肆二五 前伍三一

陳邦懷曰此字从水从丑當即沑字說文解字沑水吏也又溫也从水丑聲原

本玉篇沑注引蒼頡篇主水者也 中之:亦象水又 字所从之 亦為丑

字非字又朋散丑字作 可證也

前陸 一一 後下 一三

沈兼士曰乃象桔槔之形○為汲水之具川為外溢之水滴當即漉之本字

說文浚也漉或从彔从水後人所加又借為福祿之祿

前弍 十 前陸 六 後上 一一

說文解字洒滌也从水西聲

後下 一二

羅振玉曰說文解字沬洗面也从水未聲古文作此象人散髮就皿洗面之狀魯伯愈父匜作亦象人就皿水擢髮形許書作沬乃後起之字今隸作類从廾與卜辭从同意尚存古文遺意矣吳大澂曰許書頁部有字注昧前也讀若昧疑亦沬之古文許云沬擢髮也疑古沬沬為一字

前弍 二八

羅振玉曰許書無濤字新附有之此从水聲今字从壽者猶[illegible]今字作疇也

前伍 二 前陸 二 後上 一五 後下 一九

羅振玉曰許書無滴字集韻有之云音商水名此云王其口舟于滴則滴之為

文十一 四

水名信矣但不知為今何水耳列子力命篇亦有滳字今人于文字不見許書者概斥為俗作徽之古文豈其然乎

葉玉森曰契文屢見滳字从水从商與集韻合亦見列子力命篇說文無之詩補傳曰殷以溵水得名古溵水縣今陳州之商水縣也契文未見溵字或古原名滳乃商水二字合文商即以滳得名

 前肆一三

王國維曰此疑油字廣雅釋訓油流也

 前陸二

王國維曰此字以意言之或方舟之方字說文方或體作汸从水可證

 後上二四  餘一二  同上

董作賓曰从水从北疑即邶字

 前弍四  後下二九  同上

从水从犬說文所無

 前弍四  同上

从水从梟說文所無

前弍一七

後上一五

从水从麥說文所無

鐵二一

前陸五九

前柒十

後下二四

同上

从水从冊說文所無

前弍二六

後上九

林弍二十

从水从乃說文所無

前陸三

从水从叓說文所無

餘一五

从水从又說文所無

前弍一八

从水从[illegible]說文所無

前弍三

从水从聿說文所無

前弍六

从水从豈說文所無

前弍五三 前肆一 前伍二九 前陸二六 新二三五

王襄曰象兩足跡在水旁有徒行厲水之誼

商承祚曰許書篆文从水步與此正同無从二水者

前肆一二

商承祚曰說文甽字く水小流也古文从田川作甽篆文从田犬聲作畎周禮考工記匠人廣尺深尺謂之甽前漢溝洫志一畮之甽後漢章帝紀或起甽畝其字皆从川（其从巛者亦川字卜辭巛作巛从川故知之巛亦巛之省）卜辭作甽與許書之古文及周禮漢書合故知甽乃く之初字而畎益後起字矣

前肆一三 前捌六 同上一二 後下一九 同上四二

羅振玉曰象有畔岸而水在中疑是川字

前弍二二 同上 同上 同上八 同上二三 同上二六 同上二七 同上二九

同上 同上三一 同上 同上三二 同上三四 同上三六 前貳二六 前肆一四

同上 同上 同上 同上 前陸四五 林弍八 同上 同上

新二一八

羅振玉曰象水壅之形川壅則為巛也其作巛巛等狀者象橫流汎濫也

葉玉森曰說文巛害也从一雝川按古代洪水為巛故契文巛象洪水巛巛

巛三形尤顯浩浩滔天之勢變作巛巛从十十乃十省並古文才與在通巛仍象

洪水在洪水中受巛之誼益著篆文與巛合所从之才即十之省變許君謂一

雝川非也

前肆一三

羅振玉曰說文解字州古文作州與此同散盤亦作州今許書作州者傳寫譌

也州為水中可居者故此字旁象川流中央象土地

鐵二零三 前肆一七 後下三九 菁一一 林弍二十

羅振玉曰說文解字泉水原也象水流出成川形此从泉象从石罅涓涓流出

之狀古金文原字从泉散盤與此略同新莽泉文曰大泉五十泉字作泉尚略存

谷 前弍八五 谷 前肆一二 谷 後下三

說文解字谷泉出通川為谷从水半見出於口

冬 鐵一三 冬 前肆五三 冬 前陸五一 冬 林弍十 冬 明一三七三

葉玉森曰古金文冬作冬邢人鐘冬頌鼎冬頌敦予謂象枝垂葉落或餘一二敗葉碩果之形望而知為冬象契文有冬字桉契文果作果冬正象枝折下垂墜二碩果填實之則成冬又契文亦變作冬並為金文冬所由譌蓋冬字也如卜辭云隹冬與他辭云隹甲隹丙隹丁隹庚例同與詩小雅四月維夏辭例亦合予既悟冬為冬因思春从木从日夏从楙从日秋从禾从日冬亦必有从某从日之字旋悟冬即冬之繁變从朩象木枝摧折墜二碩果从日與春夏秋字例並同如卜辭云貞冬酌翼酌翼並祭名猶他辭言春酌夏酌也又省作冬如云乙未卜貞黍在龍囿冬受㞢年二月曰冬受㞢年即言於冬受年也再省作冬如云貞亩令冬甲子賁令冬即令冬

董作賓曰說文冬四時盡也从仌从夂𣆐古文冬从日新出土三體石經

古文冬亦作□知□係□的譌變而□又是□的譌變了□即□為□

之省文是从□从日之□實自□省變而來了

□前弍八 □前弍一一 □同上三四 □前弍一六 □同上一七 □同上 □新二七九 □新三八一

□前弍一八 □同上一九 □同上二十 □前肆九 □同上 □前陸六四 □林弍十 □明四七六

葉玉森曰說文雨水从雲下也一象天冂象雲水霝其間也按契文雨字別構孔繁疑□為初文象雨霝形□□為準初文增从一象天｜狀之小直線或平列或參差上下兩層或三層當同狀一物厥後上半漸變為□□又變為□□□復譌變為□與篆文近許君乃認上一畫為天而以冂為雲誤矣

□後下三三 □同上三六 □菁五

葉玉森曰古雷字或从上下兩手持斧鉞形蓋古代神話謂雷能殺人乃天地之斧鉞故制字以象之迄今猶沿雷斧之說

□前弍二一 □前肆二九 □前陸一 □同上 □後下一 □同上 □林弍二十

葉玉森曰雪之初文疑為□象雪片凝華形變作□从雨為繁文復變作□从二又即羽之譌再變作□古意益晦許書霸字訓水音疑即誤認雪之古文以制篆者

□ 前柒二三 □ 後下二五

葉玉森曰按羽古雹字羽羽象水雪雜下乃古文靁爾雅釋天雨霓為霄雪

注水雪雜下是也霰霓並後起字

□ 前弍一九 □ 前肆十 □ 同上一一 □ 前柒二六 □ 同上 □ 同上 □ 後下一 □ 同上四二

葉玉森曰說文雹雨冰也古文从雨㗊象形近世天文家謂雹衝激雲氣入高

空冰雪綫界凝為冰點復旋轉團結為塊乃成雹是雹係電氣發生說文電会

易激燿也古人制雹字从□□即申象電燿屈折形乃初文電字許書虹

字下出籀文蚺謂申電也可證丨象冰點口日象冰塊釋雹似無可疑古人字

不妄作天文學復精碻乃爾可異也

□ 前肆二四 □ 同上 □ 同上

說文解字霝雨零也从雨㗊象零形

□ 前肆九

說文解字霖凡雨三日已往為霖从雨林聲

□ 林弍二 □ 同上十

葉玉森曰卜辭有雨朿字从雨从朿象木受霜剝落形或即古文霜

雩前伍三九雩後下八雩同上一三

王國維曰雩古文粤字雩之譌為粤猶霸之譌為覇矣說文分雩粤為二字失之

葉玉森曰說文雩夏祭樂於赤帝以祈甘雨也从雨于聲契文作雩雩變作雩（亐乃于之繁文）並从雨从于卜辭屢見雩示之文蓋祈雨之祭也金文盂鼎之雩靜敢之雩毛公鼎之雩並假雩為粤

魚前肆五五魚同上魚同上魚同上五六魚前伍三八魚前陸五十魚後下六

羅振玉曰說文解字魚象形魚尾與燕尾相似謂从火也卜辭魚與燕尾皆作𠁽形不从火然石鼓文魚字下已作火形知許君蓋有所受之矣卜辭中諸魚字皆假為捕魚之漁

王國維曰魚乃魚字之繁文周禮䱷人作𩺰人知魚可作𩺰矣古魚吾二字同音故假為吾子仲姜鎛保𩺰兄弟保𩺰子姓即保吾兄弟保吾子姓也沇兒鐘𩺰以宴以喜即吾以宴以喜也兮田盤王初各伐玁狁于𩫏𩺰𩫏𩺰即彭

衙之初字當卽魚字古文且作盧吳作虞皆从虍

 前陸五十  同上  前柒八  後下二一

葉玉森曰此字从魚身而前有二長足疑卽鰕字爾雅鰝大鰕楚辭從蝦兮遊渚注蝦小魚也古蓋認鰕為魚類字當从魚卜辭之象形尤肖又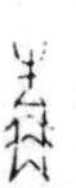

二文似並為鰕之變體

 鐵二三一  前弍二五  前伍四四  同上  同上  同上

 同上四五  同上  同上  同上  同上  前陸五十

 前柒一三  後上二八  同上三一  同上  後下三五  餘一一

 同上

羅振玉曰說文解字𩼈捕魚也从𩺰从水篆文从魚作漁此从魚从水者與許書篆文同或从水中四魚其文曰王漁知亦為漁字矣或又作魰从又持綫从魚象漁釣形石鼓文漁字作周禮漁人作䱷人均从又則魰為漁無疑許君以魰為篽之古文殆不然矣其作魯者文曰在圃漁故知亦為漁字或又作手持网或省水徑作魚

葉玉森曰疑凵象盤皿盞盛魚之器凵或魚之繁文藏龜之餘有凵受黍

文似詩無羊夢魚占年之意別一辭凵下有手字似又假借為漁矣

 前伍二
 同上二八
 前陸四三
 同上
 同上
 同上四四
 同上
 同上

 同上
 同上
 前柒一二

羅振玉曰象燕籋口布翄枝尾之狀篆書作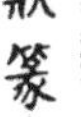形稍失矣卜辭借為燕享字

 鐵六二
 鐵百五
 鐵一六三
 前肆二九
 同上五三
 同上五四

 同上
 同上
 前伍三八
 同上
 前陸四三
 同上

 同上
 後上九
 同上三十
 後下六
 菁一

羅振玉曰說文解字龍从肉飛之形童省聲卜辭或从䇂即許君所謂童省从象龍形其首即許君誤以為从肉者其身矣或省䇂但為首角全身之形或又增足

葉玉森曰近世地質學者考覈化石乃決定龍為古代之爬行動物種類孔繁或一棲兩棲或有翼無翼或肢有鉤爪或頸有廣鰭其體長或至十二三丈此徵之實驗者當非若齊東野語也吾國古以龍為四靈之一其形雖不可考然

於契文諦察象形諸龍字可得十之七八如冂象首角ㄑ左象胡右象耳巛象甲紋𠆢象首角巜象甲紋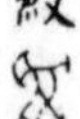ㄟ象首角ㄑ象二肢龍本有四肢側視乃見其二肢有掌似虎彡象甲紋ㄘ象龍頂肉冠ㄈ象濶口二象二肢⺀象斑紋ㄍ象肉冠及濶口⺾象二爪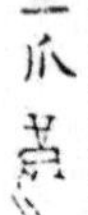平象肉冠口象首口ㄱ象一肢飛則見一肢也且象肉冠亦象首鬚冫象二肢據上各形乃斷定龍頂有肉冠有兩角兩耳口濶有鬚有胡有四肢有掌爪身有甲或斑紋無翼尾禿其形蜿蜒能飛能行與近儒學說略合

陳邦懷曰龍字从平即辛之省文（互見第四鳳字注）篆文龍字譌平為辛許君說童省聲恐不然也

醴陵朱芳圃編

文字編第十二

文七十七　重二百三十四

前弍八　同上二五　前弍一六　同上一七　同上一八　同上二四　同上三一　同上三二

同上三三　前肆二七　前伍三八　前捌一　同上二

羅振玉曰象花不形花不為不之本誼許君訓為鳥飛不下來失其旨矣

不者房也象子房猶帶餘蕊詳見第一帝字注

前弍二　同上　前弍二十　林弍一五　新一零三

羅振玉曰說文至鳥飛从高下至地也从一一猶地象形謂□為飛鳥形然考古金文如散氏盤及同敔至並作□从□實象矢形吿田敔侯字作□匽侯鼎同並从□𡍬侯敔及孟鼎作□从□乃□之變矢伯卣矢字作□以此例之知□乃矢之倒文一象地□象矢遠來降至地之形非象鳥形也

前弍三六　同上一一　同上四八　同上　前肆三六　同上　前伍一三　前陸四六

羅振玉曰說文解字西古文作□籀文作□且子鼎亦作□卜辭中有□□與

許書籀文及古金文同而卜辭上下斷缺不能知果為西否其作由由等形王氏謂即西字驗之諸文其說甚確許君謂日在西方而鳥棲象鳥在巢上形令諸文正象鳥巢形巢字篆文作巢从臼乃由傳寫之譌亦正是巢形也日既西落鳥已入巢故不復如篆文于巢上更作鳥形矣

王國維曰卜辭屢見由由諸字余謂此西字也說文西字注云日在西方而鳥棲象鳥在巢上由由二形正象鳥巢王復齋鐘鼎款識有箕單卣其文作□象鳥在巢下而以畢掩取之又箕單父丙爵有由字則省鳥存巢手執干鼎之□字則省巢存鳥可知由字實象鳥巢即巢之古文似當从由在木上而巛則象鳥形篆體失之若說文訓缶之由字則古作由與由字有別矣

丁山曰由王氏以為西字云象鳥巢說文注所謂日在西方而鳥棲象鳥在巢上者也夫由象巢形則鳥應棲其上今鳥形退居其下理不可解如云象鳥由巢中捕出之形捕鳥者固不必于巢也桉藏龜一八三葉□上所从之网作由前編七卷一六葉由字所从之网作由皆與由形相近知由亦象网形

(二) 林弍五 由 鐵二一零 由 前伍九 由 前陸四四 由 林弍二 由 後下四一

葉玉森曰上揭諸文象列屋參差衡接形

按宮字雝字有从此作者宮或作□雝作□宮雝同在東部

疑字乃从此得音字象連屋之形而音與東相近則必古之房字矣

□ 前肆一五 □ 同上 □ 同上一六

羅振玉曰象兩扉形次象加鍵三則上有楣也

□ 前弍一三 □ 同上二九 □ 同上 □ 前伍二十 □ 同上二一

卜辭有□字或作□余謂此乃挈之初字說文云挈懸持也此正象懸持形卜辭文曰貞令□□眾伐□方 後上一六 丁未卜□貞令□□□族□毌□友五月 前柒一 以上二例均闕師旅之事□為不完全之他動詞下必有動詞彷語以為補格與領飾之意同參以字形則非挈字莫屬矣字亦假作契文曰甲寅卜□貞尹□及子貞弗其□及子 前柒四二 此例之挈字則用為完全他動詞下祇□賓格故此當假為契滅之契爾雅云契滅殄絕也通假之例更有一事與挈契義全異如曰貞□牛五十 戩二五 王貞□其十牛 前伍四六 按此則當讀為騂牛之騂周禮地官草人凡糞種騂剛用牛鄭注云故書騂為挈杜子春挈讀為騂

文十二 二

挈之讀為辟陰陽對轉也卜辭別有莘字羅氏據說文解辥字之旁从定為辟之本字是矣然謂周禮草人騂字故書作挈與莘形近殆莘字之譌則未免出於臆斷今知卜辭字已可假作騂則周禮故書之挈字斷非譌字

鐵四三前弍一六前肆二前陸八前柒三後下二七前弍四六前肆五十

後上一三前弍二一

按臼象兩手持杵形其義與舂字所从之午同又舂亦可省作午如毛公鼎二舂字均作則午固舂之初字也臼與午之別在倒提杵末有作勢前進之意疑即撞之初字說文云撞丮擣也此正象丮擣之形从八作者當亦分破之意亦有从行作者殆即是衝撞衝古當為一字左氏文十一年傳富父終甥摏其喉杜注摏猶衝也余桉摏即是撞

前捌六後下二九

說文解字扔捆也从手乃聲

前陸五一後上一三同上二一

說文解字拕曳也从手它聲

 前弍二八  前伍二七  前陸一八  前柒二六  後上九

葉玉森曰說文掔固也从手臤聲按史記楚世家肉袒掔羊是掔與牽同契文从臣臣俘虜也从兩手兩手引臣即牽之本誼掔牽為古今文

 後上一五

商承祚曰疑抒字

 前陸一二  後下一五  同上  同上四二

羅振玉曰說文解字有𢍏無桒𢍏注兩手同械也从手从共共亦聲或从木作桒此作象兩手絜木形當是許書之桒字孟子拱把之桐梓拱字當如此作訓兩手同械者殆引申之義與

陳邦懷曰羅氏謂許君訓兩手同械為引申義其說至塙按尚書大傳湯之後武丁之前王道不振桑穀俱生於朝七日而大拱鄭注兩手搤之曰拱此當為拱之本義卜辭字正象兩手搤木形

 前肆二五  前捌九

說文解字女婦人也象形

前肆二五　同上　後上一四　後下十

說文解字妻婦與己齊者也从女从屮从又又持事妻職也屮聲

前肆二四　同上

羅振玉曰說文解字妃从戊己之己又有改字注女字也古金文中作妃作改者（均从己）皆為女姓（即己姓）許書以為女字固非金文家或釋為妃匹之妃則更誤矣此从ㄗ作殆妃匹之本字與

王國維曰古文己姓之己作妃妃匹字作妃區別甚嚴

容庚曰說文妃匹也改女字也二字皆己聲一在左一在右改當是攺之譌

前弍二八　同上　同上　同上　同上二九　同上　同上　同上

同上三十　同上　同上　同上　同上三一　同上　前肆一八　後上六

後下四二

羅振玉曰卜辭中母字亦通作女諸婦方尊作　與此同

胡光煒曰卜辭母皆借母為之

人稱育己者為母母字即生殖崇拜之象徵母中有二點廣韻引倉

頡篇云象人乳形許書亦云一曰象乳子也骨文及金文母字大抵作象人乳形之意明白如畫

前弍三　同上八　同上三十　同上三一　同上三二　同上　同上　同上

同上　同上　同上　同上　同上三六　同上三七　同上　同上三八

同上

羅振玉曰說文解字妣籀文作卜辭多作與古金文同多不从女（惟羲妣鬲召中鬲从女作妣與許書籀文合）與吳大澂說古妣字與父相比右為父左為子按考妣之匕引申而為匕箸字匕必有偶猶父之與母相匕矣

匕蓋匕柶字之引申（詳見第一王字祖字注）

前弍三九　同上四十　後上三二

羅振玉曰妹从女此从母者古文母與女通用卜辭中此字為地名殆即酒誥之妹邦矣又借為昧爽字

葉玉森曰妹从象木上有小枝乃木末形似為末之初文古末未音同當為一字後人以未專紀時或作語助乃別制末字訓女弟之妹應从女从末蓋末

有小誼呂覽精諭篇注妹固女之小者

前弍二五 前肆二六

說文解字姪女子謂兄弟之子也从女至聲

鐵二七一 前弍二四 前弍一一 前肆二六 同上四一

羅振玉曰說文解字奴古文作此从又與許書篆文合

前弍一一

商承祚曰桜甲卜辭作丨故知此為娍字

前肆五二 鐵二六四

羅振玉曰从女从幵幵古文我知即娥字矣

前弍二四

說文解字㛄女字也从女衣聲

餘

王襄曰古姃字从女从正許書有字从反正訓乏取左氏反正為乏之說疑即此文也

菁三

余永梁曰此媚字說文媚說也从女眉聲

前弍四三 前伍一二 前柒二七 同上三十 鐵七二

羅振玉曰石鼓文作與此第三文合

前肆八

說文解字姌弱長皃从女冄聲

前弍三三 前柒一七 後上六 同上一三

羅振玉曰从女从殆為果字象果實在樹之形許君云象果形在木上世固無此碩果矣卜辭或省女作與孟子二女果同說文解字婐婐㛂也一曰女侍曰婐孟子二女果趙注果侍也今卜辭曰貞帚（即歸之假字）婐㞢子（前弍三三）曰貞帚果（前肆四一）與許君一說及孟子趙注合與許君第一說異然可知孟子之果與許君之婐固為一字矣

前弍四五 前肆三二 前柒一二

羅振玉曰說文解字姘靜也从女井聲今卜辭中數見姘字其文皆曰帚姘殆

與帚嫘意相若矣

 前陸二八

陳邦懷曰說文解字嬶女有心嬶嬶也从女弇聲按集韻二十二覃收嬶字讀古南切

 鐵七二  鐵一六三  前伍三十  同上  前陸二七

說文解字如從隨也从女从口

 鐵二七零  前肆三一  前柒二十  同上二七  同上  同上三十

羅振玉曰說文解字嬪服也从女賓聲卜辭云貞嬪帚好 前編七卷二七葉 與堯典嬪于虞大雅曰嬪于京誼同又云王嬪畓 前編四卷三一葉 則又借嬪為賓矣

 後上二三

商承祚曰說文解字嬖便嬖愛也从女辟聲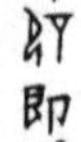即辟字 見第九辟字注 故知此為嬖

 林弍二一

孫詒讓曰夏桀后妹喜見國語晉語楚辭天問及呂氏春秋慎大篇漢書古今人表並作末嬉而說文女部無嬉字金文亦未見惟龜甲文有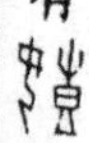字从女从壴

蓋即嬉之省文說文心部喜古文作歖又欠部歖字甲文作並省喜作壴可與嬉字互證據甲文則古固有此字可據以補說文之闕文選洞簫賦李善注引說文嬉樂也疑今本挩之

商承祚曰此字與集韻同又疑為姮之異體

鐵一八八前肆三一前伍十前柒二六後下二一同上三七餘三

羅振玉曰姳从女客猶嬪从女賓此字不見於許書蓋古有專字而今無矣或省宀或省口

後上一五

王國維曰此當是左傳任宿須句顓臾風姓也之風字

余永梁曰梵此字从女凡聲殷虛古文風鳳一字鳳从凡聲故凡風通用集韻帆颿同字杋楓同字皆其例也

林式二五

陳邦懷曰此字从女从司當即姛字諸姛角作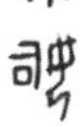與此同集韻嗣之重文作姛注云女字或从司

前陸二六

从女从徐說文所無

前陸二六

从女从戈說文所無

前捌四 菁四

从女从黽說文所無

前陸二七 同上

从女从牢說文所無

鐵二三二 前肆一

从女从食說文所無

後下二一

从女从門說文所無

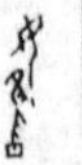後下二五

从女从雖說文所無

後下一七

从女从㞷說文所無

前陸二八

从女从豐說文所無

菁七

从女从斧說文所無

前伍三三

从女从在說文所無

前弍二 同上八 同上三七 前弍二七 前伍一八 前柒一 前捌一二

胡光煒曰卜辭言弗與言不同二字常相易

前陸三一 同上三八 前捌三 後上二二 後下八 同上四二

羅振玉曰說文解字戈平頭戟也从弋一橫之象形按戈全為象形丨象柲一象戈非从弋也古金文或作戋形已失矣許君於象形諸字多云从某者因字形失而誤會也

王襄曰戈或从木作與金文象形戈字之作者近阮元云戈之内末每作
三垂疑古制必有物下垂以為飾如旌旗之有斿

 前捌一一

羅振玉曰說文解字戎兵也从戈从甲卜辭與古金文从戈从十十古文甲字
今隸戎字尚从古文甲亦古文多存於今隸之一證矣

 前弍四八  前肆四九  前陸三七

 古戣字十干癸字作X即由此轉化

 前弍三一  前弍八  同上二十  前肆三七  前陸二六  前柒一六

羅振玉曰說文解字𢦔傷也从戈才聲此从丫从中乃古文在字博古圖所載
穆公鼎有𢦔字鼎文假為哉字从丫與此同
董作賓曰𢦔字从戈从中戈乃兵刃足以傷人又加中聲為之當為巛之後起
字

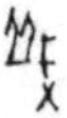 前弍三二 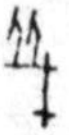 前肆十

說文解字𢦔絕也从从持戈

鐵六七　前弍一七　同上　同上　同上一八　同上　同上二一　同上

同上　同上　同上二二　前陸二三

余永梁曰按衜為武字初文从行从止从戈操戈行於道上趨趨武也甗文

敦文為旂字初文象人持㫃以行也下从止與此同例是踵武伐

武乃武之本誼後省行作武猶道字散盤从行作衜曾伯簠作衜从又與

从止通篆文省作䢔而說文古文遂省行作䢔矣宣十二年左傳楚子曰夫

止戈為武以象形為會意乃望文之訓非朔誼也

戠

前肆四　同上　後上二九

羅振玉曰說文解字戠闕从戈从音此从言古金文識幟諸字皆如此作趩尊

錫趩戠衣文作　格伯敦作　吳大澂以為識字一从音與許書同一从

言與卜辭同　从言从音殆通用不別

前肆三七　前陸三八

羅振玉曰說文解字戔賊也从二戈周書曰戔戔巧言按卜辭从二戈相向當

為戰爭之戰乃戰之初字兵刃相接戰之意昭然可見訓賊者乃由戰誼引申

之蹟武無厭斯爲戔矣

 後下九  同上一三  同上 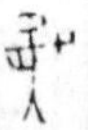 同上二二  同上

王襄曰伐戍二字許書皆訓从人持戈甚難辨別按伐字段注戍者守也故从人在戈下入戈部伐者外擊也故从人杖戈入人部此字从人在戈下即戍字

吾劍第說 又戍或象人荷戈形戍彝戍亦作與此相同

 前弍一六  前肆一三 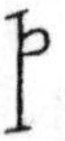 同上一五  同上三七  前柒一一

羅振玉曰說文解字戉斧也从戈乚聲按戉字象形非形聲古金文或作戉尊與此同

王國維曰我字疑象兵器形訓余爲借誼

 前弍一六  前弍三十  前肆三一  前伍二六  後上一三  同上一六  後下一二

說文解字義己之威義也从我从羊

 後下一三  同上

 菁二

从我从俎說文所無

前弍二　前弍二十　同上　前弍二六　同上　前肆二十　同上　同上三二

新二一八　新二二零

胡光煒曰亡不弗勿毋等皆用為否定及禁止之詞其讀皆為脣音且多冠于語端蓋以脣音發端于語為便故也

前肆九　前伍三一　前柒二十　後下二四

羅振玉曰說文解字匃气也亡人為匃逯安說古金文亦作師奎父鼎及師遽方尊等追敦與卜辭同與逯安說亦合

前弍二三　同上

羅振玉曰說文解字医盛弓弩矢器也从匸矢矢亦聲春秋國語曰兵不解医段君據廣韻改注文盛為藏謂此器可隱藏兵器也按齊語兵不解医作解翳韋注翳所以蔽兵也翳為医假借字蓋医乃蔽矢之器猶禦兵之盾然匕象其形韋注誼較明白段君以為隱藏兵器者尚未當也

前伍二　同上三

說文解字匸受物之器象形　籀文匸

文十二　九

匧 鐵一九九

王襄曰說文匩飯器筥也从匚㞷聲此从羊羊㞷同聲故相假頌敦𨗎字亦从羊作

 鐵二三五  前伍三  同上四  同上  同上  前柒五  後下七  同上

 同上八

羅振玉曰上形如鼎下形如鬲是甗也古金文加犬于旁已失其形許君从瓦益為晚出

 前弍三八  同上

余永梁曰按此疑即由字契文有字从由字从犬由聲可證說文即由字許云東楚名缶曰甾甾乃由形之譌（詳見王國維觀堂集林卷六釋由）魏石經迪字篆文作䌷亦其證說文甶之古文作出余謂即由字古文許君誤以由之古文為甶之古文蓋形相近也

 前伍七 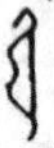 同上  同上八

羅振玉曰弓父庚卣作與此同

前弍二二前伍六同上一五同上同上

羅振玉曰說文解字弘弓聲也从弓厶聲厶古文肱字卜辭从弓从丿與毛公鼎同

前伍八同上同上同上同上九

羅振玉曰說文解字彈行丸也从弓單聲或从弓持丸作段君从佩觿集韻改弛為弓改注文作或說彈从弓持丸今卜辭字形正為弓持丸與許書或說同許君兼存衆說之功亦鉅矣

王襄曰此象丸在弦上將發之形與射字矢在弦上誼同

前肆四同上二七同上三一前伍一五同上一七

羅振玉曰說文解字弜弓彊也疑弜乃弼之古文許君云弓彊殆後起之誼矣

王國維曰毛公鼎番生敦均有簟𢐀魚服語𢐀字二器皆作弻余謂此𢐀之本字也說文弜彊也从二弓又弼輔也重也从弜西聲按說文說此二字皆誤弜者柲之本字既夕禮有柲注柲弓檠弛則縛之於弓裏備損傷詩云竹柲緄縢今文柲作柴按今毛詩作閉柲所以輔弓形略如弓故从二弓其音當讀如弼

或作柲作柴作閉皆同音假借也弜之本義為弓檠引申之則為輔為重又引申之則為彊許君以弜之第三義系於弜下又以其第二義系於弼下胥失之矣弻乃茀之本字當如毛公鼎及番生敦作弻从㐁弜聲㐁者古文席字說文席之古文作㕑豐姞敦𥂝字作从人在𠂆下㐁上人在席上其義為𥂝是㐁即席也廣雅釋器㐁席也意謂㐁席古今字說文㐁一曰竹上皮蓋席以竹皮為之因謂竹上皮為㐁亦其引申之一義矣㐁象席形自是席字由㐁而譌為㐁又省為西𥂝弻二字同也弻與席皆以簟為之故弻字从㐁詩衛風齊風小雅作茀周禮巾車既夕禮作蔽亦同音假借也弻既从㐁則弜當是聲上所說弜字之義亦於此得其證矣

丁山曰桉王君之說甚精則弜為柲檠初字可無復疑何以故弜之作其變形也其初當如亞父癸敦作父丁斝作或反之為（曾文）更離析之為（戊辰彝）輔弓之義不可見篆文更整齊之為弜則从二弓矣二弓比併本弓內有弓之形誤弓內之弓非柲檠而何詩竹柲緄縢鄭云今文柲作柴卪部卹輔信也玉篇云卹今作弼虞書卹成五服今本卹亦作弼弼諧弜聲柴

𠨍倶諧比聲考比金文作□（鬲攸比鼎）卜辭作□弜金文一作□卜辭一作□若律
以古文形體不拘向背則□□二形有何顯別由古籀而篆隸形變不慎弜即
誤比比柒古今字（柒下之木漢人所加）柒上之比疑即弜之隸誤是柲槧之柲周時尚有
作弜者也

□ 鐵二 □ 前伍三六 □ 前柒四 □ 同上七 □ 林弍一二 □ 同上

□ 後上八

羅振玉曰說文解字系繫也从糸丿聲籀文作□卜辭作手持絲形與許書
籀文合

王國維曰說文䜌古文作□形與此近

□ 後下一四

王襄曰畢仲斂孫作□古鉢文公孫之孫作□均與此同

□ 鐵五 □ 同上 □ 同上 □ 同上一三 □ 同上一八 □ 同上二九 □ 同上四六 □ 後下一四

王國維曰卜辭中屢見王田曰之文田即占之奇文亦即乩之初字

桉此乃繇兆之繇之本字象契骨呈兆之形上端之作凵若口者示

文十二 十一

骨之端而與卢同意卢說文以為剮骨之殘也从半冎然冎骨字於卜辭及金文均未見即其旁从亦未有見例當後起故卢不得从半冎按乃从卜象形古人卜以骨故从卜此與囚之别在一為會意一為象形

⿰卢犬 鐵一一 ⿰卢犬 同上 ⿰卢犬 前弍二 ⿰卢犬 前弍四 ⿰卢犬 前弍二七 ⿰卢犬 同上二八 ⿰卢犬 前肆一 ⿰卢犬 後上二十

胡光煒曰卜辭有亡⿰卢犬亡囚之成語亡⿰卢犬即亡戾囚蓋⿰卢犬之省文

此與囚為一字惟由字形可得二解其一如字為象形囚聲之字以聲類求之則當為猷字之别構卜辭屢見亡⿰卢犬之成語乃出於假借歷來古籍每多假猷作繇如馬本尚書大誥王若曰大誥繇爾多方鄭王本繇作猷詩小雅巧言秩秩大猷漢書叙傳第七十上顏師古注引作繇又小旻之我龜既厭不我告猶孔廣森云蓋言不告我以卜之繇（見經學巵言爾雅都繇於也下注）實先得我心之所同然是⿰卢犬猷疑係一字卜辭亦有猷字（見第十葉五）按乃國名雖或有从由作然無从囚作之例而亡⿰卢犬字無慮千數百見均从囚作而不从酋若由作是則⿰卢犬猷殆非一字也

醴陵朱芳圃編

文字編第十三

文四十二　重一百零七

羅振玉曰說文解字糸古文作此與許書篆文合象束餘之緒或在上端或在下端無定形

 前伍 一一  同上

葉玉森曰說文𢇍古文絕象不連體絕二絲上揭二文並疑為𢇍从即二絲八象絲系一或三象斷絕形

 後下 二一

羅振玉曰說文解字續古文作从庚貝按爾雅釋詁賡續也詩大東西有長庚傳庚續也庚訓更亦訓續猶亂亦訓治矣庚賡同誼賡與續殆非一字也

 前伍 一九  菁十

羅振玉曰古綏字作妥古金文與卜辭並同說文解字有綏無妥而今隸反有

之雖古今殊釋然可見古文之存於今隸者為不少也

□ 新口 □ 新三二五

董作賓曰疑為編字之古文从𠂆象人形第二文人从乀省一臂象皮韋所以編聯龜版使之成冊也編為後起之形聲字从糸已失古者韋編之義

□ 後下二六

羅振玉曰此字象以二繳聯一矢一矢不須二繳但取象繳形二之與一無殊猶□之或从一矢或从二矢矣此疑即繳之古文至古匋器有□字从糸从叔蓋亦繳字吳氏釋為紼殆不然矣

王襄曰疑弋字象以絲繫矢之形

□ 鐵九五 □ 鐵二五三 □ 前弍一六 □ 前陸三三 □ 林弍五 □ 同上

葉玉森曰上揭奇字象子女繫首反縛其手臨以斧鉞之形疑即繫之古文許書系之或體□當為繫之或體从叀即□之譌从□即□之譌復易□□為□

□ 前弍六 □ 前伍一 □ 後上十 □ 後下七

羅振玉曰說文解字彝宗廟常器也从糸糸綦也廾持之米器中實也彑聲古文作二形卜辭中彝字象兩手持雞與古金文同其誼則不可知矣

雞在六畜中應是最先為人所畜用之物故祭器通用的彝字竟為雞所專用也就是最初用的犧牲是雞的表現

 鐵一九零  前肆四四  前陸五八  後上三一  後下二十  同上三五

从糸从尹說文所無

 後下八

羅振玉曰象束絲形兩端則束餘之緒也

 前陸三三  同上  前弍四二

羅振玉曰說文解字率捕鳥畢也象絲网上下其竿柄也段君曰象絲网謂

按盂鼎率作師寰敨達从均與卜辭同但象絲网形卜辭或从象絲网之餘緒

 鐵四六  前弍二四

羅振玉曰說文解字虫一名蝮博三寸首大如擘指象其臥形卜辭諸字皆象

文十三　二

博首而夗身之狀按許言蜎狀本爾雅釋魚疑有誤字郭注言今蝮蛇細頸大頭正虫字所象也

鐵二一七 前捌三 後上九 後下二七

商承祚曰按說文解字蜀葵中蠶也从虫上目象蜀頭形中象其身蜎蜎此字正象之篆文之勹已是蟲形後又增虫形誼皆複

葉玉森曰古文蜀本作罒上象葵蠶之目下象身之蜎蜎从虫乃後起字許書引詩蜎蜎者蜀今本作蠋更譌變矣

後下二五

葉玉森曰此字象飛鳥翼上有鉤爪蓋古文象形蝠字子蝠爵之蝠作作作作並象翼上有鉤爪形西清古鑑所錄蝠盃各器釋福蓋誤假蝠為福猶假羊為祥羅振玉般文存直釋為蝠是也先哲造字體物尤異近心於蝠之鉤爪可見

前肆五二 同上五五 同上 後上九

說文解字蚰蟲之總名也从二虫

鐵一八五 前陸六六 後上二八

葉玉森曰此字疑象蠶形即蠶之初文

 鐵一二  前陸四二

商承祚曰說文解字蠱腹中蟲也从蟲从皿此省从二虫文曰貞不隹蠱其亦

不它之意與

 鐵五

商承祚曰疑亦蜀字

葉玉森曰疑蠶之別構

 前陸六七

葉玉森曰从蚰从王乃省疑蠶之變體古殆以蠶為蟲王

 鐵一二零  林式三十  林式四

王襄曰古凡字

葉玉森曰疑為之省文似應釋風

 前式一一  同上一三  同上四七  同上五二  同上  前式二四

 前式二八  前肆一五  同上五  前伍三  前柒九  前捌一一

同上 後上二 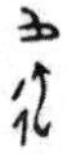同上二十 同上 同上二二 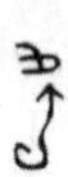同上

羅振玉曰說文解字它虫也上古艸居患它故相問無它乎或从虫作蛇卜辭
中从止下它或增彳其文皆曰亡壱或曰不壱殆即它字上古相問以無它故
卜辭中凡貞祭于先祖尚用不它亡它之遺言殆相沿以為無事故之通稱矣
卜辭中有單稱它則當是有故不可以祭矣 又按它與虫殆為一字後人誤析為二又並二字而為
蛇尤重複無理許君於虫部外別立它部不免沿其誤矣

前肆五四 同上 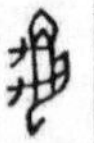同上 同上 同上 同上五五 前陸五十 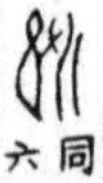同上六五

前柒二 前捌八 後上一九 同上 餘一七 新三八一

羅振玉曰說文解字龜古文作卜辭諸龜字皆象昂首被甲短尾之形或
僅見其前足者後足隱甲中也其增水者殆亦龜字

前肆五六

王國維曰說文解字黽鼃黽也从它象形籀文作與此略近即今之蛙也

後下三三

商承祚曰說文解字鼉水蟲似蜥易長丈所皮可為鼓从黽單聲鼉字古金文

作單與此形近部鐘作黽與此略同

葉玉森曰鼄鼈鼉鼂並非水中小虫若鼄鼅鼆鼁疑古文或亦从黽上揭奇字

似从黽从單省或即鼉字

二 前弍一

葉玉森曰紀數之字亦有書一二為一||者如甲骨文字一卷二三葉一六版

之一||是也

 鐵一九九  前柒一一  後上九

王國維曰亙即恒字說文解字恆常也从心从舟在二之間上下心以舟

施恒也亙古文恒从月詩曰如月之恒按許君既云古文恆从月復引詩以釋

从月之意而今本古文乃作亙从二从外蓋傳寫之譌字當作亙又木部極竟

也从木恆聲亙古文極按古从月之字後或變而从舟卜辭朝莫之朝作

从日月在茻間與莫字从日在茻間同意而篆文作𦨻不从月而从舟以此例

之亙本當作亙智鼎作亙从心从亙與篆文之恆从亙者同即恆之初字可知

亙亘為一字卜辭亘字从月（卜辭月字或作月或作月）其為亙亙二字或恒字之省無疑

文十三 四

其作者詩小雅如月之恆毛傳恆弦也弦本弓上物故字又从弓然則亙

二字確為恆字矣

前弍二四　同上二六　前陸六十　前柒一二　前肆一三

說文解字亘求回也从二从回回古文回象亘回之形上下所求物也

前伍十　前陸六一　前柒一二　林弍一二

羅振玉曰古金文土作此作者契刻不能作粗筆故為匡郭也

王國維曰土字作者下一象地上象土壤也（土社古為一字說詳第六邦字注）

土且實同為牡器之象形土字古金文作卜辭作與且字形近由音而言土且復同在魚部而土為古社字祀於內者為祖祀於外者為社祖與社二而一者也

前伍一二　同上

此字从土其聲殆基之初字

前弍九　前弍四　同上　同上六　前肆三一　前柒三三

羅振玉曰說文解字在存也从土才聲古金文作十與此同

王國維曰卜辭借中古才字為在古金文同

後上二同上一八

說文對爵諸侯之土也从之土从寸寸者守其制度也中略𡉚籀文對从丰土圭古文對省按此於字形已失字義自非其朔王國維謂古封邦一字見第六邦字注其說是也封乃古人之經界周官大司徒之職制其畿疆而溝封之鄭注溝穿地為阻固也封起土界也此較許書爵諸侯之土為近古矣然余謂起土築界猶是後起之事地官封人掌詔王之社壝為畿封而樹之凡封國設其社稷之壝封其四疆造都邑之封域者亦如之是則古之畿封實以樹為之也此習於今猶存然其事之起乃遠在太古太古之民多利用自然林木以為族與族間之畛域西方學者所稱為境界林者是也封之初字即丰周金有康侯乍寶鼎即武王之弟之康叔封亦即許書訓草盛豐豐之丰與古文對省之圭如毛公鼎嗣余小子弗彶邦將害曷吉與辥我邦我家二邦字作圓我邦我家字作即為一之證即以林木為界之象形乃形聲字从土丰聲从土即起土界之意矣

前陸四後下四同上四二

从土从侮說文所無

前弍三七

从土从廾說文所無

後下一八同上二四

羅振玉曰說文解字堇黏土也从土从黃省古文作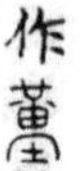臨鼎作下从火毛公鼎作頌敦作吳大澂云八∧皆火之省毛公鼎囏字亦从許云从火誤也頌敦墓為覲見字卜辭誼同

前弍二四前肆四六前伍四十同上同上四一同上

後上三十同上

羅振玉曰說文解字艱土難治也从堇艮聲籀文从喜作囏此从喜省或又省喜又古金文囏字从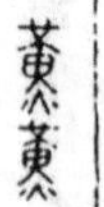从黃从火此又省火或借用墓

前肆三三後下三

羅振玉曰說文解字野从里予聲古文作壄从里省从林則許書之古文亦當

十五 五

作埜不从予聲許于古文下並不言予聲今增予者殆後人傳寫之失許書字本不誤而為後人寫失者多矣玉篇埜（林部）壄（土部）並注古文野殆埜為顧氏原文所見許書尚不誤壄則宋重脩時所增也

田 前弍二六　田 同上四三　田 同上四四　田 前肆五　田 同上一四

說文解字田陳也樹穀曰田象形

疇 前肆一二　疇 前柒三八

羅振玉曰說文解字疇从田象耕屈之形或省作𠷎此與許書或體同知許書之或體中每有古文矣

畯 前肆二八　畯 同上　畯 後下四

羅振玉曰說文解字畯田官也从田夋聲古金文皆从允（盂鼎頌敦及追敦蓋同）與卜辭合

畕 後下二

羅振玉曰說文解字畕比田也畫界也从畕三其界畫也或从彊土作疆按此从弓从畕吳大澂曰儀禮鄉射禮侯道五十弓疏云六尺為步弓之古制六尺

與步相應此古者以弓紀步之證古金文亦均从弓知許書从彊土之或作非
也又此从畕象二田相比界畫之誼已明知畕與畺為一字矣
葉玉森曰桉金文作彊盂鼎彊頌敦彊師遽方尊彊虢季子白盤彊師父敦从一或
二三三並象界畫篆文或體从三契文作彊从畕不作界畫蓋兩田相比已
自有界从弓知古代本用弓紀步且不止起於殷代也
丁山曰彊當以彊為正字繁演為彊盂鼎彊散氏盤彊師遽尊彊封仲敦彊
右有三畫者為後起字省弓為畺畺之形又起於畺形之後畺非古於彊也
至于畕若不見于壁中古文則必許君因畺為首猶屾之因嵞為字比田也者
望文生誼也經傳及金石古文皆不見畕字是可徵也

 鐵一三二 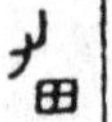 前捌七  林弍二二

商承祚曰桉力在田上與在田下之意同古金文加字多如此作

徐中舒曰男从力田力字即象耒形惟省去下端歧出形力耒古同來母於聲亦通

 鐵六二  前弍一  同上五  同上七  同上一四  同上一七  前肆二  同上三一

 前陸六一  後上三  同上一九 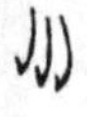 後下三六

葉玉森曰卜辭屢見⿱劦日日金文亦數見桉⿱劦日似从劦从日說文無之惟劦部有

協字古文作叶旪卜辭⿱劦口亦作⿱劦日从三十从日疑即叶旪所由譌變篆以劦

為劦又誤加一十字於左協之本字固當作𣉻說文協衆之同和也方言協合

也又說文祫大合祭先祖親疏遠近也詩雝箋祫合也是協祫古文聲誼並通

殷祭之𣉻當即周之祫祭

徐中舒曰此字从三力或从口从劦聲當讀為荔荔屬來母金文亦从口作

⿱劦口己酉方彝 ⿱劦口丁子卣 ⿱劦口戊辰彝 此為殷代祭名其義當與協同蓋即大合祭之

祫協有合力之意古本與合相通如詩江漢洽此四國禮記孔子閒居引作協

此四國詩正月洽比其鄰左襄廿九年傳引作協比其鄰書堯典協和萬邦協

時月正日史記五帝本紀引作合和萬國合時月正日皆其明證

甲骨學文字編第十三

醴陵朱芳圃編

文字編第十四

文七十七　重四百八十二

 前陸四五  同上  後下一四  同上三一

羅振玉曰說文解字鑊鑴也从金蒦聲段君注少牢饋食禮有羊鑊有豕鑊所以煮也此从鬲隻聲殆即許書之鑊或加八象水形所以煮也隻即獲字或省隻作隹

 前肆二八  前捌三

羅振玉曰說文解字鍰注鋝也从金爰聲又出鋝字注十一銖二十五分銖之十三也从金寽聲周禮曰重三鋝北方以二十兩為三鋝鄭注考工記曰許叔重說文解字云鋝鍰也是許書鍰鋝二字互注今卜辭有鍰字殆即从金之鍰鍰為重量之名誼亦為罰金古者貨貝而寶龜至周而有錢至秦廢貝行泉故从目从金一也又篆文从寽之字古文皆作寸知鍰鋝本一字後世誤析為二矣

前弍三九前伍三七前陸三七前柒二十同上後上二十

同上二二菁三後上二四新一二四

羅振玉曰說文解字俎禮俎也从半肉在且上半肉謂仌也然在且旁不在且上卜辭作則正象置肉于且上之形古金文亦有俎字作貉子卣俎女彝前人皆釋為宜誤矣

王國維曰案說文俎禮俎也从半肉在且上詩魯頌籩豆大房毛傳云大房半體之俎也鄭箋則云大房玉飾俎也其制足間有橫下有跗似乎堂後有房少牢饋食禮腸三胃三長皆及俎拒鄭注拒讀為介距之距俎距脛中當橫節也明堂位俎有虞氏以梡夏后氏以嶡殷以椇周以房俎鄭注梡斷木為四足而已嶡之言蹷也謂中足為橫距之象周禮謂之距椇之言枳椇也謂曲橈之也房謂足下跗也上下兩間有似於堂房總鄭君詩禮三注則俎之為物下有四足足間有木以相距所謂橫說文橫闌木也也橫或中足或在足脛其足當橫以下謂之跗同柎說文柎闌足也亦謂之房與毛說大異然有不可通者周語禘郊之事則有全烝王公立飫則有房烝親戚饗宴則有餚烝韋注全烝全其牲體而升之房大

俎也謂半解其體升之房也饙烝升體解節折之俎也則房烝者對全烝言之蓋升半體之俎當有兩房半體各置其一合兩房而牲體全故謂之房俎毛公云大房半體之俎許君云俎从半肉在且上意正如此也既有兩房則中必有以隔之者少牢饋食禮之俎拒即謂此隔之之物蓋腸胃皆升於俎其長短當以俎之大小為節不容取俎足以為節也更由文字上證之則俎字篆文作俎象半肉在且旁而殷虛卜文及貉子卣則作作具見兩房一拒兩肉之形由是言之則有虞氏之梡梡者完也殷以椇椇者具也皆全烝之俎周用半體之俎以其似宮室之有左右房故謂之房俎若足跗則不具房形鄭君堂房之說殊為迂遠矣

鐵六二 前弍九 前肆二六 前伍七 同上一三 同上三四 前陸六 後下一六

葉玉森曰疑為斧形釋名父甫也始生己也又斧甫也甫始也凡將制器始用斧伐木已乃制之也父斧二字之誼古通為手持斧形卜辭於人名多用之

前伍五 後下七 同上

羅振玉曰說文解字斝从吅从斗冂象形與爵同意按斝从吅不見與爵同之狀从冂亦不能象斝形今卜辭斝字从廾上象柱下象足从爵而腹加碩甚得斝狀知許書从吅作者乃由廾而譌卜辭从ㄆ象手持之許書所从之斗殆又由此轉譌者也又古彝文（金文家稱雙矢彝）有𠂤字與此正同但省ㄆ耳其形亦象二柱三足一耳而無流與尾與傳世古斝形狀脗合可為卜辭廾ㄆ字之證又古散字作𣪊與𣪠字形頗相似故後人誤認斝為散韓詩說諸飲器有散無斝今傳世古飲器有斝無散大于角者惟斝而已故諸經中散字疑皆斝字之譌

王國維曰按羅說是也浭陽端氏（方）所藏古斯禁上備列諸酒器其飲器中有爵一觚一觶二角一斝一與特牲饋食禮之實二爵二觚四觶一角一散數雖不同而器則相若其證一也禮言飲器之大者皆散角或斝角連文禮器禮有以小為貴者宗廟之祭尊者獻以爵卑者獻以散尊者舉觶卑者舉角明堂位加以璧散璧角而郊特牲則云舉斝角詔妥尸皆與角連文言散則不言斝言斝則不言散明二者同物其證二也斝為爵之大者故名曰斝斝者假也大也古人不獨以為飲器又以為灌尊周禮司尊彝秋嘗冬蒸祼用斝彝黃彝明堂

位灌尊夏后氏以雞夷殷以斝周以黃目左氏昭十七年傳若我用瓘斝玉瓚案瓘當作灌灌斝即灌尊斝所以盛鬯瓚所用以灌也是古之灌尊亦以斝為之而周禮鬯人職則云凡祼事用散散既為飲器又為灌尊明係斝字之譌其證三也詩邶風赫如渥赭公言錫爵毛傳云祭有畀煇胞翟閽者惠下之道見惠不過一散經言爵而傳言散雖以禮詁詩為毛傳通例然疑經文爵字本作斝轉訛為散後人因散字不得其韻故改為爵實則散乃斝之譌字赭斝為韻不與上文籥翟為韻其證四也禮有散爵乃雜爵之意燕禮與大射儀公與諸臣異尊公尊謂之膳尊諸臣之尊謂之散酌於公尊謂之酌膳酌於諸臣之尊謂之酌散公爵謂之膳爵諸臣之爵謂之散爵是散者對膳言之祭統以散爵獻士亦對獻卿之玉爵獻大夫之瑤爵言之散爵猶言雜爵也是散本非器名其證五也比而書之知小學上之所得有證之古制而悉合者蓋如斯也

 前陸二二  同上二七  同上二八  前柒二五  後下一三

王襄曰古矛字說文矛酋矛也建於兵車長二丈象形

又曰古茅字周禮甸師祭祀共蕭茅按周世祭時用茅以縮酒疑商世已行之

葉玉森曰此與 後上一五 為一字並象茅生形

鐵六三 同上九一 前伍六 同上 前柒五 菁三 同上

孫詒讓曰 半象車雙輪半象輈持衡及兩軛形

羅振玉曰說文解字車籀文作𨏥 毛公鼎作 象側視形 篆文車字亦然 許書从戔乃由 而譌卜辭諸車字皆象從前後視形或有箱或有轅或僅見兩輪亦得知為車矣

前伍六

羅振玉曰說文解字輿車輿也从車舁聲桉考工記輿人為車此象衆手造車之形軾較軫軹轛皆輿事而獨象輪者車之所以載者在輪且可象他皆不可象舉輪則造車之事可概見矣

前肆二七 後下四 菁十

羅振玉曰說文解字官从宀从𠂤𠂤猶衆也此與師同其言至明晰古師字作𠂤而許君於部首之𠂤乃云小𨸏得之于此而失之于彼何也

前弍十 同上一五 同上 同上 同上 同上一六 同上 同上一七

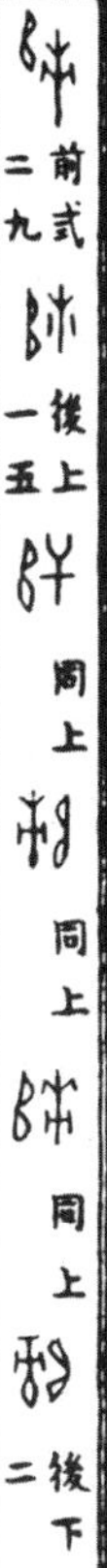

前式二九　後上一五　同上　同上　同上　後下二

羅振玉曰从𠂤朿聲師所止也後世假次字為之此其初字矣兮田盤毋敢不即𠂤朿謂不敢不至師次其字正與此同亦見魯文旁尊及師寰父鼎前人釋師非也

葉玉森曰桉羅氏說至塙但曰朿聲似未盡𣿆字象予疑所从之並古兵器形象架植兵於架表師止暫不用兵也

菁三

葉玉森曰說文𠂤大陸也山無石者象形釋名土山曰𠂤桉契文作其阤降諸字之偏旁作从丨象土山高陗从象阪級故阤降諸字从之

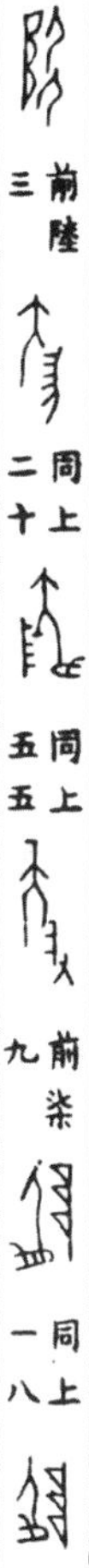

前陸三　同上二十　同上五五　前柒九　同上一八　菁三

羅振玉曰說文解字陵大𨸏也从𨸏夌聲桉陵訓棄廣雅釋詁四訓上漢書司馬相如傳集注訓升文選西京賦薛注故此字象人梯而升高一足在地一足已陷而升

王國維曰說文夌越也从夊兴又陵大阜也从阜夌聲桉陵者夌也廣雅釋詁陵乘也意同其字卜文作或作或作羅氏以為象人梯而升高一足在地一足已升之形而諸形即梯形與古文𨸏字之形相似故金文或變而从

阜如散氏盤作[glyph]从阜陳猷釜戰國時物作[glyph]則又从阜从土不𡢁敦蓋銘作

[glyph]从阜从二人各在土上相參者亦升高之意一人在上土一人在下土亦

猶[glyph]字之一足在上一足在下矣古者陵夌本一字大阜之須陵越者謂之

陵猶高地之須踰越者謂之隃矣

[glyph] 前伍四二

商承祚曰按其从[glyph]者與揚之从[glyph]同

[glyph] 後下二二 [glyph] 同上二六

說文解字陮陮隗高也从𨸏隹聲

[glyph] 前伍三十 [glyph] 前柒三二 [glyph] 後下一一 [glyph] 同上

羅振玉曰說文解字陟登也从𨸏从步古文作[glyph]按从𨸏示山陵形从步象

二足由下而上此字之意但示二足上行不復別左右足散盤作[glyph]與此同

[glyph] 前伍二一 [glyph] 菁三

葉玉森曰說文隊从高隊也从𨸏㒸聲按契文之[glyph]象人由𨸏顛下隊又

[glyph]象子由𨸏顛下隊疑並隊之古文

降 鐵一九　降 前貳二四　降 同上二七　降 前肆三九　降 同上　降 前伍三十

降 前柒三八　降 後上三十　降 後下一一

羅振玉曰說文解字降下也从𨸏夅聲又夅从夊㐄相承不敢竝也桉从𨸏示山陵形夅象兩足由上而下此字之意亦但示二足下行故左右足亦或别或否虢叔鐘亦作降

王襄曰古降字許說下也从𨸏夅聲此从夅夅象二足跡向下有下降之誼篆文夅即夅之變體

陴 前貳八　陴 同上

羅振玉曰說文解字陴籀文作𩫖與此同史頌敦作𩫖借為俾其所从之畀亦卑字乃从甴 即甲从ナ 即又 吳大澂以為鬼从禺非也

葉玉森曰說文陴城上女牆俾倪也从𨸏卑聲籀文作𩫖史頌敦亦作𩫖契文作陴陴从𩫖象城𩫖之重兩亭相對从甲又甲又象手持一物大若鬼頭 契文鬼作畏 蓋椎類古兵器持之以守𩫖者 契文畢一作畢為手持甲形畏亦象手持甲形造字之例正同 後乃沿譌為卑

後上一四同上

从𠂤从粤說文所無

前弍二四

从𠂤从求說文所無

前肆四六後下二

从𠂤从矢說文所無

新一四六

从𠂤从心說文所無

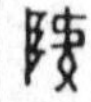前陸三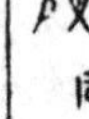同上前柒三二同上二一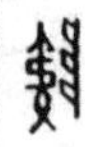後下三十

从𠂤从夷說文所無

亖前弍一亖同上

孫詒讓曰說文四字古文作𦉼籀文作亖考金文甲文皆作亖要以積畫為近古未必皆出史籀後遂疑亖當為古文本字𦉼為籀文許書傳寫多誤容互易耳

羅振玉曰說文解字四古文作𠔁籀文作亖金文中四字皆作亖無作𠔁者𠔁

亦晚周文字錢大昕所謂古文之別字矣凡許書所載古文與卜辭及古金文

不合者皆晚周別字也

丁山曰竊疑積畫為亖者數名之本字後之作四者皆借呬為之四从口象口形或作四囧者兼口舌气象之也其中之八蓋猶只下从八兮上从八象气越于部鐘八下之一蓋猶曰音之从一以象舌形气蘊舌上而不能出諸口非呬而何說文口部呬東夷謂息曰呬从口四聲詩曰犬夷呬矣今左傳引作喙矣廣雅喙息也國語余病喙矣韋注云喙短气皃以呬義證四形冥然若合符節則四呬一字可以斷言文字孳乳有因借義習用已久後人不復知其本義乃妄加偏傍以見之者若朱加一木中以指其為株後人習用赤色意而增木其傍以為株叜本象又持火室內有所搜尋也後人習用尊老意而增手其傍以為搜雖無損本義終病其繁複無理四本从口而復从口作呬繩之六書不又病衍複乎自造字原則言之四即呬之本字尤信而有徵蓋自周秦之際借气息之四為數名之亖別增口四傍以為气息字漢儒習而不察以為四即

數名本字于是正俗別為異字通假輥于一文矣

古人本以三為衆即現存未開化民族其數字觀念猶有僅能數至七者故表數之文字自三四以上則不免將發生變例蓋造字之時期異也如羅馬數字之四作IV示一掌減一六作VI示一掌加一七八準此九作IX示二掌減一凡此則當於數理觀念大有進展以後始能規定矣中國亦猶是中國數字之一二三今古無別四則頗有出入許書小篆作四古文作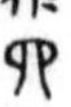以三為籀文然卜辭及彝銘均無作者邵鐘之其寵四鍺作梁司寇鼎作轉與小篆形近石鼓文作四與小篆同明刀背文始有作諸形者然均晚周文字矣故數字系統大抵即以四字為界由四之異體以至于九則別為一系統

前肆三  同上三三

羅振玉曰象形上下及兩旁有楮柱中空可貯物

前弍八  前肆一八  前伍二  後上二七

羅振玉曰說文解字亞醜也象人局背之形賈侍中說以為次第也此作與古金文同與許訓象人局背之形不合許因訓醜乃為局背之說然醜古亦

訓比訓類與賈侍中次第之說固無殊爾雅兩堵相謂曰亞正謂相類次也

㐅（前肆五）㐅（同上五十）

丁山曰㐅之本義當為收繩器引申之則曰交午儀禮大射儀若丹若墨度尺而午鄭注一縱一橫曰午謂畫物也史記項羽本紀楚蠭起之將集解引如湻云衆蠭飛起交橫若午索隱亦曰凡物交橫曰午按午古或作十或作丨（契文）或作个（農卣）或作个（鄦侯敦）皆象斷木為杵所以擣舂也之杵不見一縱一橫相交之意象縱橫相交者惟古文五字然則子華子曰五居中宮數之所由生一縱一橫數之所由成周禮故書云壺涿氏若欲殺其神則以牡橭五貫象齒而沈之皆五之舊義矣交橫謂之五交合亦謂之互周禮蠶人以參互考曰成釋文引干寶注互對也漢書劉向傳宗族磐互注互或作牙謂若犬牙相交入之意也又谷永傳百官盤互注盤結而交互也慧琳一切經音義亦三引考聲切韻曰互交互也是五互古義通也五古韻隸魚模部互亦隸魚模韻若以聲紐言五屬喉音疑紐互屬牙音匣紐古音牙喉常相互轉亙聲為桓我聲為義午聲為許則五聲亦可為互是五互古音全同也說文以互為笠省云象形中象人手

所推握也段氏謂丩象人手推之持之悉則謂象糾繚形文選鵬鳥賦何異糾纆注引字林糾兩合繩長笛賦注亦引張晏漢書注曰二股謂之糾然則互之从丩蓋取兩繩相交意兩繩相交謂之互縱橫相交謂之五其所以相別者而意終無別然則謂五互形近音同義通毋寧謂㐅古文互之為近矣互說文云可以收繩故並繩與器而象之㐅則象器之尚未收繩也故見其交橫之輻周禮牛人凡祭祀共其牛牲之互鄭大司農曰互謂楅衡之屬正㐅之形謂

 前弍一八  同上  前弍一  同上二  同上二三  前弍八  前柒八  後下四三

 林弍九

丁山曰古借入為六六之聲紐今同來入之聲紐今同日釋名釋言語入內也內使還也是入內古音同隸泥紐泥來同為舌音依章太炎雙聲旁紐新方言十一音表解之六入古雙聲也大戴記易本命六主律國語周語夫六中之色也韋注云六者天地之中山海中山經嶽在其中以六月祭之郭注亦曰六月亦歲之中而詩十月之交聚子內史箋內史中大夫也亦以中訓內內即入也自音訓言六入之誼既通則借入為六不待繁徵而信矣蓋六之與入殷以前無別也

自周人尚文因八之下㕯而變其形為介以別于出入之入于是鼎彝銘識中
無由見入借為六之跡矣

十 前貳二十 十 前貳一 十 前肆五 十 後下三五 十 戳二八

丁山曰七古通作十者刌物為二自中切斷之象也考其初形七即切字說文
刀部㓛刌也从刀七聲凡說文所載形聲各字古或但有其聲而無偏旁刑罰
字从刀也而兮甲盤敢不用命則即刑厭伐孟鼎令我隹即刑亩于玟王刑並
作井刑劓之劓从刀也而書多方爾罔不克劓（釋文引馬本）則作臬是令之作㓛者
古或可省刀傍為七矣廣雅釋詁切斷也割也而史記言七月也曰律中夷則
夷則言陰气之賊萬物也其于十二月為申申者言陰气用事申賊萬物（律書）
令言七月也亦曰孟秋之月戮有罪嚴斷刑天地始肅不可以贏周禮秋官司
寇疏引鄭氏目錄亦曰象秋所立之官寇害也秋者遒也如秋義殺害收聚藏
斂于萬物也是七月之名與秋同誼秋之為言愁也害也則七自有賊害割斷
誼十本象當中切斷形自借為七數專名不得不加刀于七以為切斷專字

九

前貳六 九 同上二二 九 同上二三 九 前三一 九 同上一六 九 同上二七 九 前肆六 九 同上

同上 同上三七 同上四十 前陸四二 後上二十 同上二四

丁山曰九本肘字象臂節形臂節可屈可伸故有糾屈意守紂从肘省製者字皆九製之誤

前弐三十 後下一九 林弐二

羅振玉曰說文解字萬蟲也从厹象形不言何蟲而卜辭及古金文中等形均象蝎不从厹金文中或作石鼓文始作失初狀矣段玉裁云从厹蓋其蟲四足象獸依後來字形為說失之彌遠

前弐二九 同上四四 同上 前肆八 同上四七 前陸二六

同上 同上四九 同上 後下一二 鐵三四 同上三八

同上三九 餘五

羅振玉曰說文解字獸守備者从嘼从犬又狩犬田也从犬守聲案古獸狩實一字左氏襄四年傳獸臣司原注獸臣虞人周禮獸人之職所掌皆王田之事詩車攻搏獸于敖後漢書安帝紀注引作薄狩于敖漢張遷碑帝遊上林問禽狩所有石門頌惡蟲蔽狩皆獸狩通用其文先獸鼎作員鼎作此从

Y从Y竝與从單同古者以田狩習戰陣故字从戰省以犬助田狩故字从

犬禽與獸初誼皆訓田獵此獸狩一字之證引申之而二足而羽為禽四足而

毛為獸許君訓獸為守備者非初誼矣

葉玉森曰卜辭之獸即古狩字从犬从Y乃象捕獸器其形似叉有幹○○象叉

上附着之銛鋒似鏃口在叉下蓋以繫捕獲之物者从Y Y乃省變金文

譌作單 邵鐘 單單 散氏盤 單 師寰敦 單 王母鬲 篆文復譌作嘼獸則形

誼並晦已

丁山曰獸本从單時或省而从干蓋單干古本不別

十 前弍五 十 同上 十 同上二十 丨 同上 田 同上三八 田 前弍二四 田 前弍二二 田 同上

田 同上二八 田 同上二九

羅振玉曰田即小篆之甲所從出卜辭於十外加口所以示別與𠃑冂司之

加匚同例而小篆以甲代十者蓋因古文甲作十與數名之十相混也小篆之

甲初作甲从口从十觀秦陽陵新郪兩虎符甲兵之符字作甲吳天發神讖刻

石作甲可知許書作甲乃寫失也然以田代十周代已然不始於小篆兮田盤

之兮田即兮甲也小篆變田為甲者蓋作田又與田疇之田相混故申其直畫出口外以別於田疇字蓋小篆變口為冂而缺其下口今隸作甲尚不失古文初形惟直畫申長與古文略異耳此字初以嫌於數名之十而以田弋十既又嫌於田疇之田而申長其直畫以示別既又變口為冂更由冂譌宀由十譌丁而初形遂晦矣反不如今隸作甲尚存古文面目也

王國維曰兮甲盤有田字其名為田其字為伯吉父吉有始義古人謂月朔為吉月謂月之上旬八日為初吉是也甲為十日之首故名甲字吉父魏三體石經無逸祖甲字古文作說文木部柙之古文作而汗簡及古文四聲韻皆引說文作亦田之譌今說文甲字作不从古文甲然秦新郪陽陵二虎符及三字石經篆文之甲均作甲即此田字之變形隸書甲字尤為近之

說詳丁字注

 前弍三 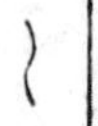 同上  同上四 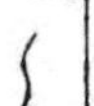 同上十 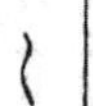 同上 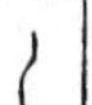 同上一六  同上  前陸二七

 後上八 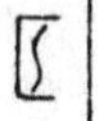 同上  同上  後下二一 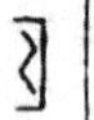 林弍十 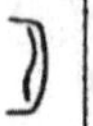 同上 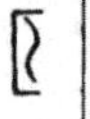 同上  新二四二

 前弍一  同上  同上五  新三一  新三五

胡光煒曰卜辭屢言亾尤 余釋亡尤呂氏春秋孔子始用于魯魯人謗之曰麛裘而韠投之無戾韠而麛裘投之無郵無戾即亡□ 無郵即亾尤 說文尤从乙又聲又尤郵古通

丁山曰尤象手欲上伸而礙于一猶巛之从一雝川㳄之从㳄而橫止以一也

按此當即□之省文蓋獸形文省其後體而存其前體者也足之則為□形此由形音義三合以求之當為後之尤字尤字小篆作尤猶存其形似許書謂从乙又聲者於从乙之義無說尤音雖在之部然之幽二部音極相近正無妨為□音之變

□ 前弍五 □ 同上 □ 同上 □ 前弍八 □ 同上一三 □ 前肆一 □ 後上八 □ 後下二五

□ 同上 □ 同上二六 □ 同上四一 □ 同上一一 □ 林弍一 □ 林弍十

說詳丁字注

□ 前弍四 □ 同上三三 □ 同上五三 □ 前弍八 □ 前肆一九 □ 前捌一四 □ 後上七 □ 同上八

□ 同上

王國維曰甲在口中乙丙丁在冂中實不可解意壇墠及郊宗石室之制殷人已有行之者與

桉甲乙丙丁四字為一系統此最古之象形文字爾雅釋魚曰魚枕謂之丁魚腸謂之乙魚尾謂之丙乙之象魚腸丙之象魚尾可無庸說魚枕者郭注云枕在魚頭骨中形似篆書丁字可作印此以篆文為說自非其朔余桉枕或係字之訛而丁則當係睛之古字睛字古籍中罕見許書亦不載惟淮南主術訓有達視不能見其睛借明於鑑以照之則分寸可得而察注曰睛目瞳子也丁之古文既象目瞳子丁睛古音同在耕部後世猶有目不識丁之成語則當是達視不能見睛之古語也知丁之為睛為瞳子則魚枕亦勉強有說蓋以魚睛大而又在頭之兩旁也要之乙丙丁均為魚身之物此必為其最初義蓋字既象形而義又已廢棄正其為古字古訓之證甲亦魚身之物也魚鱗謂之甲此義於今猶活爾雅之舉乙丙丁而不舉甲者亦正以甲義猶存無須釋及耳魚鱗之象形何以作十此殆示其四鱗合一之處也骨文魚字作若均以十為魚鱗之象形現行隸書作魚亦猶存其遺意又甲之別義如草

木之孚甲戎器之甲胄皆得由魚鱗引伸故知魚鱗為甲亦必甲之最古義

前弌七 同上 同上 同上 同上 同上 同上四十 同上

前弍四 同上 同上五 同上八 同上一二 前肆一六 前伍十 林弌一

新二五七 新二八八

戊象斧戉之形蓋即戚之古文許書戚戉也从戉尗聲段注云大雅曰干戈戚揚（按出公劉首章）傳云戚斧也揚鉞也依毛傳戚小於戉揚乃得戉名左傳戚鉞秬鬯文公受之（按左昭十五年）戚鉞亦分二物許則渾言之耳按戚小於戉之說是也古音戉戚同在幽部故知戊即是戚十二支之戊則戊也金文骨文均作

較之戊形實有大小之別

前伍十 後上二

羅振玉曰說文解字成就也从戊丁聲古文作 从午按成古金文皆从戊从丨（師田父尊史頌敦等皆然）與此同

前弍二三 同上三四 同上 同上 前弍五 後上九

己者雉之繳也此由篛字作 雉字作 叔字作 若 可

文十四 十一

以知之

□前弍二　□前弍一八

說文解字㠱長居也从己其聲

□前弍六　□同上　□同上　□同上　□同上一三　□同上一四　□同上一五　□同上

□同上一六　□同上　□同上一七　□同上一九　□前弍三　□前弍七　□同上八　□同上十

□同上　□前肆二　□同上三　□後上一二　□同上二一　□後下一　□同上三二　□林弍一六

□新二三九

庚字小篆作兩手奉干之形然於骨文金文均不相類金文更有作□者如□父庚鼎作□者如豚卣之豚匕父庚宗彝此二庚字與般彝中之一圖形文字極相似如宰椃角盉內二銘文之□冊𢾅作父辛彝尊之□冊冊又女歸卣父辛𣪘均有此文亦有單以此文銘鼎者前人釋為庚丙二字吳大澂以為从庚从丙當係古禮器象形字臣受冊命時所陳設余按此即古庚字也文既象形不能言其所从其下之丙字形蓋器之鐏耳觀其形制當是有耳可搖之樂器疑本革鼓之類今世小兒玩物猶有作此形者

□前弍一一　□同上　□同上一二　□前肆四一　□前伍四七　□前弍五　□同上一九　□後下一

□新三二二　□新三七五

辛字頗有異議說文有辛辛二部辛云从一辛辛辠也而以辠辜辥辟辭五字隸之辛云辠也从干二二古文上字讀若愆而以童妾二字屬之王國維謂辛考一字（詳見辥字注）羅振玉謂辛辛一字（詳見第三辛字注）余桉羅王二家均各有所發明足補許書之鈌而以王氏辛考為一之說尤屬創見然而羅氏辛辛為一之說似亦未可以遽改據余所見辛辛考實係一字今在證明此說之前請先剔出疑似者數字於此範圍之外其一為言音二字其二為龍鳳二字言音二字古不从辛其與辛類似之形構古本作□作□或作□殆象簫管之形（詳見第二龢字注）因之可知言音實非一字龍鳳於卜辭有从辛作者如龍作□鳳作□是也桉此乃象龍鳳頭上之冠字當為說文部首丵字之省說文云丵叢生艸也象丵嶽相並出也讀若浞卜辭鳳字亦多从丵作者如□□□□□□諸形即其證矣故言音龍鳳均非从辛若辛之字其義亦判然有別此於論字之先自當釐而析之於事方不至混淆至辛辛二字王

氏分之以為不在橫畫之多寡而在縱畫之曲直其所引證於宰辟辥辭章諸字則特筆書之於童妾言豪諸字（言當除外）則以為辛字在上其左折之跡不可見而屏諸例外此事正宜加以推究如辛辛果為二字則童妾諸字何不準啇字之例以示其重要之曲筆而必冠於字上使與他字混淆此其可疑者一王謂辟章諸字所从之辛皆作曲筆然事亦不盡然卜辭有□字文曰其□于之若（前伍卷三十葉）金文有□簋□鼎凡此皆从辟之字也而作直筆又如章字如頌敦史頌敦公伐郘鐘諸字誠如王氏所說中作曲筆然如乙亥敦之作□師遽方尊之作□大敦器蓋六章字器文作□作□若作□蓋文三字與第三形同凡此則均直筆作與王氏之說有異此其可疑者二也又如僕字史僕壺器蓋四字蓋二字作□此依王說則確係从䇂之字也而器文二字則作□此䇂之中畫已直筆作者然猶未見其顯著公伐郘鐘作□靜敦作□皆無絲毫曲意此其可疑者三也然此三疑正辛䇂辛為一之三證且辛字二氏謂無一曲筆作者然羅氏所編殷文存中有□父辛爵辛字作□正是曲筆此品未見原器不能斷言其真偽然由字體觀之似非偽器是則辛

字之結構橫畫固可多可少而直畫亦可曲可直更積極而言之則辛辛實本一字辛辛同字而異音此亦有說字乃象形由其形象以判之當係古之剞劂說文云剞劂曲刀也一作剞𠛮王逸注哀時命云剞𠛮刻鏤刀也剞劂剞𠛮實古之複音字猶茨為蒺藜壺為胡盧瓠為瓠蘆椎為終葵筆為不聿之類也應劭注甘泉賦分為二物云剞曲刀劂曲鑿蓋同是刻鏤之器則曲鑿曲刀是一非二高誘注淮南子則別立異說其於俶真訓云剞巧工鉤刀劂規度刺墨邊箋也所以刻鏤之具而於本經訓又云剞巧剌畫盡頭墨邊箋也劂𠟭尺一人之說而前後互異此其出於臆度之明證矣剞劂為刻鏤之曲刀然其為用旨不限於刻鏤古之簡篇亦用鍥刻故剞劂當即考工記築氏為削之削削之制長尺博寸合六而成規鄭注云今之書刃是所謂曲刀者其形殆如今之圓鑿而鋒其末刀身作六十度之弧形（六六三百六十度故言合六而成規）辛字金文之作（父辛卣）若（父辛卣加一乃表示上下意）即其正面之圖形作若者則縱斷之側面也知此則知辛考辛何以為一字之故且三字何以字同而音異辛許書云讀若愆古音在元部此殆剞之音轉剞在歌部歌元陰陽對轉故剞可變為愆音辛或

䇂當如啇讀讀若櫱者則從劚或㓹讀櫱與㓹同在祭部劚在脂部脂祭二部音最相近脂真陰陽對轉則劚㓹均可轉為真部之辛音矣由形而言既如彼由音而言復如此則䇂辛之為剞劂或剞㓹審矣因剞劂一名而二音故䇂辛終遂判而為二字更益之以䇂字之異形如古物學中之化石此不細心以考察之固難覩其會通矣（淮南本經公輸王爾無所錯其剞劂削鋸高注剞劂已如上述其注削云兩刃句刀按此削字與剞劂並舉與築氏為削之削當有別削有刀義在此當係泛指斧斤之類又高之剞畫墨邊箋之說施之於此亦覺相宜）䇂辛本為剞劂其所以轉為愆辠之意者殆亦有說蓋古人於異族之俘虜或同族中之有罪而不至於死者每黥其額而奴使之易睽之六二曰見輿曳其牛掣其人天且劓釋文引馬云剠鑿其額曰天此服牛引重之人當即臧獲而剠其額截其鼻此古代虐待奴隸之真相也其留存於文字中者則為从辛之童妾僕等字妾字骨文作[illegible]金文作[illegible]（伊敦）若[illegible]（克鼎）辛字均在頭上此與叔向父敦之女字[illegible]姒作[illegible]若[illegible]者有別童字小篆作[illegible]此已形變許書引籀文作[illegible]云从廿廿以為古文疾字按此實象人之頭形非疾字也毛公鼎金踵金豪之踵字作[illegible]童旁與籀文同番生敦之金踵金豪假用童字作[illegible]从𠬝當係頁

之省毛公鼎以童為動字作从目當係首之省此外如从童之鐘字於金文習見大抵均从首省或頁省是知籀文从廿者實係首形之變而童字所从之辛與妾字同意實在人首之上也僕字古亦从辛此由上舉數例之金文已可知其大概卜辭有此字其形作羅氏據此與金文諸僕字比較並糾正許書菐僕析為二字之錯誤與小篆从丵之變言之詳矣惟言此字从則又不免因金文僕字有類似从言作者而略誤余按此辛下之ㄩ形實乃有尾人形之頭部父辛盤亦有此字作有尾戴辛之人形與此全同惟惜手中所奉之物略有損蝕耳周金大抵均省去人形改从人作或臣作然亦有於从人之外猶留存人形之頭部者如趞鼎之諆田鼎之按亦是僕字也旂鼎則於人形之外更从人作上平為辛下平為子子即人形之變此鼎銘文上言唯八月初吉辰在乙卯下言旂用乍文父日乙寶尊彝初吉乃周制日乙則猶殷習而中言公錫旂僕此為周初宋人之器無疑制度習慣既呈一交替之現象乃於文字亦然此亦饒有趣味之事也統凡上舉諸僕字均係於人頭之上从辛此與童妾二字既同意而於辛之上復荷甾缶此可知辛

形絕非頭上所插之妝飾乃於頭上或額上所固有之附屬物矣余謂此即黥形之會意也有罪之意無法表示故借黥刑以表示之黥刑亦無法表現於簡單之字形中故借施黥之刑具剞劂以表現之剞劂即辛辛是辛辛字可有黥義易睽之天當即辛之假借矣辛既得黥義故引申而為辠愆引申而為辛酸引申而為辛辣殘刻漢人稱司直者為刀筆吏揆其初意當即濫觴於此僕字誤从華作者金文亦有之召伯虎毀之土田僕臺是也視此可知字之譌變不始于小篆矣

 前陸四

王國維曰彝器多見辥字毛公鼎云辥厥辟又云辥我邦我家克鼎云辥王家又云保辥周邦宗婦敦云保辥鄭國晉邦盦云保辥王國其字或作辥或作辥余謂此經典中乂艾之本字也釋詁乂治也艾相也養也說文𡰪治也从辟乂聲虞書曰有能俾𡰪是經典乂字壁中古文作𡰪此𡰪字蓋辥字之譌初以形近譌為辟後人因辟讀與辥讀不同故又加乂以為聲經典作乂作艾亦辥之假借書君奭之用乂厥辟即毛公鼎之辥厥辟也康誥之用保乂民多士君奭之保乂有殷康王之誥之保乂王家詩小雅之保艾爾後即克鼎宗

婦敦晉邦盦之保辥也辥厥辟之辥用相義保辥之辥兼相養二義皆由治義

引申其本義當訓為治卜辭有𢆉字其字从𠂤从𢆉即說文辛字與辟字从人从

䇂同意古文辟字皆从人从䇂凡篆文从尸之字古文亦皆从人𠂤者衆也金文或加从止蓋謂人有䇂𠂤

以止之故訓為治或變止為屮與小篆同屮者止之譌猶𢍏字盂鼎作𢍏从三

止克鼎及石鼓文均變而从三屮矣說文不知𡮂為辥之譌字以辥之本義系

於𡮂下復訓辥為辠則又誤以䇂之本義為辥之本義矣又說文辥字在辛部

从辛然古文皆从𢆉或从𢆉𢆉𢆉皆說文䇂之初字也說文䇂辛分為二部䇂

部云䇂辠也从干二二古文上字又辛部辛从一䇂䇂辠也羅振玉殷虛書契

考釋云說文分䇂辛為二部卜辭只有䇂字凡十干之辛皆作䇂古金文始有

作辛者其實本一字許君以童妾二字隸䇂部而辛部諸字若辠辜以下無一

不含䇂誼不當分為二部明矣桉羅氏謂辛部辠辜以下諸字皆當入䇂部其

說甚確惟謂䇂辛一字則頗不然余謂十干之辛自為一字其字古文作𢆉作

𢆉或作𢆉訓辠之䇂又自為一字其字古作𢆉作𢆉作𢆉作𢆉此二字之分不

在橫畫之多寡而在縱畫之曲直何以證之凡古文宰辟辥𨐨章諸字其義與

辛字相關者皆从𢆉或𨐌其中直皆折而左無一从𢆉若辛作者惟童妾言䇂諸字辛字在上其左折之跡不可見又卜辭有𤔲字即說文𧥤字說文𧥤語相訶歫也从口辛是篆文之辛亦或作𢆉蓋辛𢆉一字卜辭辥字作𢆉𠂤亦其一證兮田盤王命田政𤔲成周四方責即委積之積𤔲从𤔔𠯑即篆文从𤔔辛之辭政辭乃政𤔲之假借知𤔲乃𢆉之緐文𢆉𠯑又一字矣𢆉字當从說文𠯑字讀讀如櫱即天作孼之孼之本字故訓為辠辥字从𠂤止𢆉會意亦以為聲凡辠辟辭諸字皆从此字會意至說文所說辛辛辥諸字皆从後起之篆文立說故動輒齟齬矣

工 前弍九 工 同上

壬字余以為乃卜辭及銘彝中習見之𡈼若𡈼字之轉變卜辭用為工若攻字蓋工作之事為工工作之器為壬形上之事以形下之器表之故工壬同源而異音以聲類求之當是鑱謂石針之鑱互見第五工字注

✕ 前弍二 ✕ 同上八 ✕ 前陸六十

癸乃𣎴之變形字於古金中習見羅振玉曰顧命鄭注戣瞿蓋今三鋒矛今𣎴字上正象三鋒下象著地之柄與鄭誼合𣎴為戣之本字後

人加戈耳（見金文編朿字下引）按此說無可移易知□之即戠則知□□亦必即戠之變矣

又曰甲乙丙丁四字為一系（屬於漁獵時代之文字）戊以後又為一系（屬於金石併用時代之文字）與數字之一二三亖為一系五以下又別為一系者其文化發展之過程皆同故疑甲乙丙丁者實古人與一二三亖相應之次數猶言第一第二第三第亖第五之戊以下則於五以下之數字觀念發生以後始由一時所創制故六字均取同性質之器物以為比類也

□ 前弍六 □ 前弍二 □ 同上三 □ 同上 □ 同上四 □ 同上 □ 同上七 □ 同上

□ 同上九 □ 同上十 □ 前肆一四 □ 前伍三八 □ 前陸六一 □ 前柒一五 □ 前捌一 □ 同上七

□ 後上一九 □ 同上二十 □ 後下一 □ 同上 □ 同上 □ 同上五 □ 同上二四 □ 林弍一五

□ 同上一六 □ 同上

羅振玉曰說文解字子古文作□籀文作□卜辭中子丑之字皆作□或變作□以下諸形從𠔿作子者□與許書所載籀文子字頗近但無兩臂及几耳召伯虎𣪘作□（有臂而象几）與卜辭亦略同惟□□等形則亦不見

於古金文蓋字之省略急就者秦省篆書緐縟而為隸書子謂古人書體已有緐簡二者試觀書契卷三第四五諸葉可知其概矣

桉傳卣作字形與許書籀文極相近惟下从者非几仍為兩脛蓋於辟脛之外有衣形也疑許之籀文乃由此譌變

 前伍四十  同上  前柒四一  後上九

容庚曰凡从早之字皆當改隸巳部互見巳字注

 前伍二四  前陸二一

羅振玉曰許書無此字殆即疑字象人仰首旁顧形疑之象也伯疑父敦作正从此字許君云疑从子止上矢聲語殊難解

 前弍三十  同弍二四 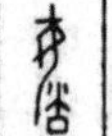 同上二五 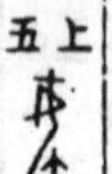 同上  同上 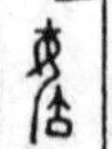 同上  前肆二六  同上二八

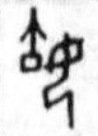 前陸二六  後上二十  同上  後下一八  同上二二  同上二七  同上三一  林弍二一

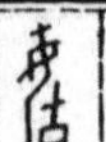 同上 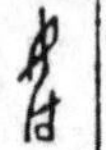 同上  同上  新二四二

王國維曰此字變體甚多从女从𠫓倒子形即說文之㐬字或从母从𠫓象產子之形其从者則象產子時之有水液也从人與从母从女之意同以字形言此

字即說文育字之或體毓字毓从每（即母字）从㐬（即倒子）與此正同其作□□者
从肉从子即育之初字而□□字所从之□即說文訓女陰之也字其意當亦
為育字也故產子為此字之本誼又□□□諸形皆象倒子在人後故引申
為先後之後又引申為繼體君之后說文后繼體君也象人之形施令以告四
方故厂之从口是后字本象人形厂當即尸之譌變口則倒子形之譌變也后
字之誼本从毓誼引申其後產子之字專用毓育二形繼體君之字專用□
形遂成二字又譌□為后而先後之後又別用一字說文遂分入三部其實
毓后後三字本一字卜辭後祖乙作□祖乙即武乙之異稱又曰乙卯卜貞
王賓□祖乙父丁歲亡尤后祖乙與父丁連文考殷諸帝中父名乙子名丁
者般庚以後（卜辭審般遷殷後物）庚惟小乙武丁及武乙文丁而小乙卜辭稱小祖乙則
后祖乙必武乙矣殷諸帝名中名乙者六除帝乙未見卜辭外皆有祖乙之稱
而各加字以別之是故高祖乙者謂太乙也中宗祖乙者謂河亶甲子祖乙也
小祖乙者謂小乙也武祖乙后祖乙者謂武乙也武乙在諸名乙者之後乃稱
后祖乙則用為先後之後者也卜辭此字又用為繼體君之后屢云自上甲至

于多毓衣又云丁丑㞢于五毓 桉書般庚云古我前后又云女曷不念我古后之聞又云予念我先神后之勞爾先又云高后丕乃崇降罪疾又云先后丕降與女罪疾詩商頌云商之先后是商人稱其先人為后是多后者猶書言多子多士多方也五后者猶書云三后成功詩云三后在天也二者皆毓育二字引申之誼故備論之

王氏立說均甚精到惟採許書后為繼體君之說則事有不盡然者考古人之用后字並無繼體君之意如書般庚曰古我前后曰我古后曰我先神后曰高后曰先后及商頌之商之先后凡此等稱述之中即創業垂統之成湯亦被含括且為主要之中心人物此非繼體君之謂也又詩下武以太王王季文王為三后書呂刑以伯夷禹稷為三后此亦非繼體君之謂也卜辭屢稱自上甲至于多毓則自上甲以後之先公先王均在其中成湯亦在其中此亦不得為繼體君又典籍中用后之例均限于先公先王其存世者則稱王而不稱后卜辭亦如是是則后若毓必王者之稱謂之至古者故其字已早為古語而入後終至意義轉變也準此余謂后乃母權時代女性酋長之稱謂母權時

代族中最高之主宰為母而母氏最高之屬德為毓故以毓為王母之稱其用

為先後字者蓋出於假借矣

前貳二 同上三 同上 同上四 同上 同上 前伍三九 前柒一八

同上一九 同上二三

骨文作若金文大抵相同而鄀公敨作庚嬴敨作

桉此實象爪之形當即古爪字

前弍三六 前弍一一 前肆三四 同上

羅振玉曰从又持羊進獻之象或从亦羊字側視狀也說文解字从丑丑

亦聲誤又為丑又誤會意為形聲矣古金文與卜辭同

前弍一二 同上五一 同上 同上五二 前弍五 同上八 同上十 同上一一

同上 同上二二 前弍二 同上三 同上 同上四 同上 同上

同上 同上五 同上 同上七 同上 同上八 同上 同上二五

前肆一 前捌一 同上六 後上四 同上二一 林弍一六

骨文作若均象矢若弓矢形有作者象兩手奉矢僅一

文十四 十八

見古金中其為般器者則作二手奉矢之形如戊寅父丁鼎作□甲寅父癸
角作□是也入周以後字形頓變如師奎父鼎之庚寅作□師趛鼎之庚
寅作□無㠱敔之壬寅作□蓋燕之象形也矢形譌變而為燕身兩手譌
變而為燕翼篆文作□亦由此而變蓋將燕首離析而為宀燕翼譌變而為
臼耳古文作□亦燕形之變晚周文如陳猷釜之戊寅作□形極相近下
从之土字疑當在字中如羌伯敔之□寰盤之□蓋象燕之身疑後人本
去黃泉欲上出之語見說文寅字注而改移於下要之寅字最古者為矢形弓矢形若
雙手奉矢形當即古之引字寅引音相近漢書律歷志謂引達於寅字與射同
意故其引申有急進義有虔敬義小雅六月元戎十乘以先啓行傳云夏后氏
曰鉤車先正也殷曰寅車先疾也周曰元戎先良也箋云寅進也爾雅釋詁下
亦云寅進也又寅敬也尚書寅字史記多引作敬如帝典寅賓出日五帝紀作
敬道日出又夙夜惟寅作夙夜惟敬無逸嚴恭寅畏魯周公世家作嚴恭敬畏
蓋矢乃急進之物而射則古人以之觀德者也

□前弍二八 □前弍十 □前弍一八 □前伍三九

王國維曰卜辭屢言卯幾牛卯義未詳與𡏳瘞沈等同為用牲之名以音言之則古音卯劉同部柳留等字篆文从丣者（按此即骨文卯字乃卯之或體許書誤以為古文酉）古文皆从卯疑卯即劉之假借字釋詁劉殺也漢時以孟秋行貙劉之禮亦謂秋至始殺也

王氏於此用牲之名言之頗詳然於義終不可確知此乃出於假借

□ 前弍五 □ 同上二一 □ 前弍二 □ 同上三 □ 同上 □ 同上五 □ 同上七 □ 同上十

□ 同上一二 □ 同上一三 □ 同上 □ 前肄二 □ 同上四 □ 同上 □ 同上二一 □ 同上

□ 後上六 □ 同上一一 □ 同上一八 □ 同上三十 □ 後下二二 □ 同上四十 □ 林弍一五 □ 遺四

骨文變形頗多然其習見者大抵可以分為二類其一上呈貝殼形作□若□又其一呈磬折形作□若□金文亦約略可分為此二種如盂鼎之□有大服屬於前者散盤之□在乙卯屬於後者也其變例則於骨文有作□者或則附加手形如伯仲父敨之辰在壬寅作□卜辭有（林□）字散盤有□字羅氏均釋為農下从辰字亦皆有手形又有於字下从止（足形）作者如旂鼎之辰在乙卯作□別有敨文作□（見金文編卅叅）者容庚疑辰字卜

文十四

十九

辭亦有此字如曰貞𢆶邑其㞢□（遺四）此當讀為辰即我辰安在之辰又如曰令月師不□（前弍一三）或令月師其□（同上）則當讀為辱此外如農卣三農字均作□師農鼎農字亦作□皆从止作者也準此三變以覆核二常余以為辰實古之耕器其作貝殼形者蓋蜃器也淮南氾論訓曰古者剡耜而耕摩蜃而耨其作磬折形者則為石器本草綱目言南方藤州墾田以石為刀此事古人習用之世界各民族之古代均如是近年於直隸北部亦已有石鋤出土矣於貝殼石片之下附以提手字蓋象形其更加以手形若足形者則示操作之意足形而附有點滴者蓋象耕脚之拖泥帶水也故辱字在古實辰之別構惟字有兩讀其為耕作之器者則為辰後變而為耨字變音亦與之俱變其為耕作之事則為辱辱者蓐與農之初字也蓐乃象形字與卜辭農之作□者全同由音而言則辱蓐與農乃侯東陰陽對轉故辱蓐農古為一字許釋蓐為陳艸復生者非其朔矣要之辰本耕器故農辱蓐耨諸字均从辰星之名辰者蓋星象於農事大有攸關古人多以耕器表彰之故大火為大辰北極亦為大辰（公羊昭十七年）更進則舉凡星象皆稱為辰辰又轉為時日之通稱於是而耕器之本

義遂全晦又辰與蜃在古當係一字蜃字从虫例當後起蓋制器在造字之前辰既以蜃為之故蜃亦即以辰為字說文祳社肉盛之㠯蜃故謂之祳字於經典通作脤是雖辰聲之字實亦从辰即蜃字以會意也祳亦逕或作蜃如周禮地官掌蜃祭祀掌供蜃器之蜃注春秋定十四年秋天王使石尚來歸蜃今作脤許書引作祳又大雅緜箋春秋傳曰蜃宜社之肉故辰之義其次於耕器者則當為蜃

前弍一二 同上一三 前陸二五 同上 後上十

說詳辰字注

前弍二五 同上 同上二七 同上三十 同上三八 前弍三 同上四 同上二一

同上二五 前肆二 同上三 前伍二三 同上二七 前捌一 同上五 後下一

同上 鐵七二

羅振玉曰卜辭中凡十二支之巳皆作子與古金文同宋以來說古金中乙子癸子諸文者異說甚多殆無一當今得干支諸表前編三卷一葉至十二葉乃決是疑然觀卜辭中非無㠯字又汜妃祀改諸字並从㠯而所書甲子則無一作㠯者此疑終不能明也

容庚曰殷虛卜辭中有連書干支列如表式者如己巳辛巳巳皆作子遂得確定為巳字後人假辰子之子為𢀈丑之𢀈巳然之巳為辰子之子金文子丑作𢀈辰巳作子巳然作□秩然不亂足正二千年來混淆之失而子孫之子乃辰子之子而非𢀈丑之𢀈廣雅釋言子巳似也二字同訓亦可為相混之一證

　　骨文巳字實象人形其可斷言者如祀字作□若□殆象人於神前跪禱如改字作□若□殆象樸作教刑之意子跪而執鞭以懲戒之也

□前弍三一 □前肆四 □後下一 □同上四

說詳巳字注

□前陸六一 □後上二五 □新一五七 □新二二零 □同上

徐中舒曰耜異體甚多小篆作相或作枱鈶籀文作辝或作耛經傳作耜廣雅作鉺从耒从木从金即表示三種意義一耜之形式與用途近於耒二木製之耜三金屬製之耜从目即耜之本字目為用具故古文借為以字以用也目骨文作上揭諸形金文作□散盤 □仲盤 □公伐郘鼎 □沇兒鐘 當為耜之象形字金文目或以台為之如□陳侯因資敦 □歸父盤 始姓之始或以始為之如□叔向父敦 □頌鼎 故耜

亦得从台說文或作梩者東齊謂之梩見方言里耒古同來母里吕古同之部當為耒耜二字的合音中略耜為農具個人日常使用的物件得認為己有故耜所从之台得訓為我厶與私亦當為耜引申之字耜私厶古同在心母古韻耜在之部私厶在脂部之脂古不通用或由聲近相通厶小篆作ㄙ形與金文中吕字絕相似私从禾即耜之別體耜為個人所有故得引申為公私厶或作之私韓非子五蠹篇云古者倉頡之作書也自環者謂之私背私謂之公公私之相背也乃倉頡固以知之矣亦見說文引此說與古代社會情況不合金文中公作㕣與小篆公作公不同全無相背之形可證其為臆說

 前弍二十  前弍三 同上四  同上九  前伍三八  同上  前柒三五

葉玉森曰契文中午作當肖鞭形故御字从之

骨文作若御字从此作諸形疑象索形殆御馬之轡也午有交橫之義亦一索形之證

 前弍九  前弍五  同上一二  前伍三八  後上八  同上十  後下一  同上

 林弍一五  同上一七  同上一八

未字本誼說文每以滋味釋之於此本字之外如刀部之刺（制）字注曰刺裁从刀未未物成有滋味可裁斷又攴部之𢾅字曰𢾅坼也从攴从厂厂之性坼果熟有味亦坼故从未然未乃象形字滋味必猶其引申之義許謂象木重枝葉然於味則不相屬余謂未者采穗也古音未采本同部此外於古金中則由𢾅字及从𢾅之字之各種異形可證如𢾅字師寰敔蓋有之作𢾅而同敔器同字則从貝作𧶜此从貝者於辛鼎作𢿏於克鼎作𧶜或从朩或从朩或从𥝌朩者由卜辭桉之亦當係未字𥝌則穗之象形也又如釐字秦公敔作釐从未與小篆同𡿺編鐘作釐从朩亦當係未之別體而善夫克鼎作釐師兌敔作釐師酉敔作釐彔伯敔作釐無𠊿敔作釐皆从𥝌穴鼎作釐从𠂇朩𠂇均𥝌之省古文孷嫠字从此本義當為穗（疑小篆采字即此形之訛變）孳乳為穟穟穗雖異部然古音歌脂每相為韻音近故可通轉也由音而言未采既同部由字之旁从而言未采復通用不别是未采古實為一字特未用為十二辰符號之一故遂分離耳知未為采則知未之所以為味矣

前弍五 前弍二七 前弍三 同上 同上 同上四 同上六 同上

同上二四 前肆二 同上八 前柒四十 後上一三 同上

葉玉森曰此象電燿屈折形乃初文電字許書虹字下出籀文蚺謂申電也可

證

此字骨文作若金文大抵如是惟反書者甚少如不䫏敦之實為僅見其特異者如楚子簠之庚申作蹇兒鼎之壬申作考申字在古有直用為神者如克鼎之顯孝于杜伯簋之亯孝于皇且考均係神字殆假借也又申有重義爾雅釋詁有束義淮南原道訓約車申轅注有伸義廣雅釋詁此於古文字形均未有說重義尤古詩書中多用之皋陶謨之天其申命用休史記夏本紀遝作重命用休此即非申之本義相去必不遠矣要之申字乃象以一線聯結二物之形而古有重義

前弍三七 前弍二 同上二三 同上二四 前弍二 同上 同上三 同上

同上 同上 同上四 同上五 前肆三五 前陸三九 後上一一 同上一三

同上一八 同上二六 同上三二 後下一七 同上 林弍一五 新三六三

王國維曰酉象尊形

此字篆形與古文尚無大別骨文變體頗多然大體作若乃壺尊之象也金文作酉父辛爵師遽尊丁酉師遽敦蓋辛酉更有特長其頸作者師酉敦之一器其从卯作丣之古文則從未有見小篆从丣作之劉畱桺諸字古文均从卯作而卯於骨文有作者見前則丣字實古卯字耳要之古十二辰之酉字實象瓶尊之形古金文及卜辭每多假以為酒字

前弍五同上二二同上同上三五前弍九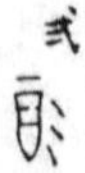同上二四前肆三四同上

前伍一七同上二五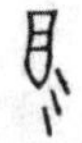同上四七後上八同上二十同上同上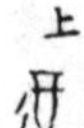同上

同上同上同上二三新二一九新二七五

羅振玉曰从酉从氵象酒由尊中挹出之狀即許書之酒字也卜辭所載諸酒字為祭名考古者酒熟而薦祖廟然後天子與群臣飲之于朝說文解字酎注三重醖酒也从酉肘省聲明堂月令曰孟秋天子飲酎又桉左氏傳見于嘗酎襄二十二年意商之酒祭即後世之嘗酎酒殆酎之本字說文解字酉與酒訓略同本為一字故古金文酒字皆作酉惟戊寅父丁鼎有酒字作亦祭名與卜辭

正同段玉裁曰凡从酒之字當別爲酒部解曰从酒省是未知酒酉之本爲一字矣

葉玉森曰桉酉即古文酒字从彡疑卜辭彡彤日之彡酌蓋彤日酒祭之專名前編卷三第二十七葉癸未王卜貞酌彡日自上甲至于多后衣卷五第一葉貞其酌彡勿鼓後編卷上第二十葉貞酌彡衣貞翌缺酌彡缺于后俎亡巷又第二十一葉乙卯貞酌彡于缺丁缺藏龜第二百四十九葉辛卯卜亘貞彡酌于缺亡巷甲骨文字卷一第十三葉彡酒于咸玩此數辭酌祭與彡祭並舉可知酌祭之日即彡祭之日故酌从彡古當有此字戊寅父丁鼎酎父乙尊並有酌字阮氏元已誤釋酎矣

前陸一六

同上五七

後下八

同上二二

王國維曰此字从酉从廾束殆即無以莤酒之莤文曰貞醻豐即醴字後編下第八葉說文解字莤禮祭束茅加于裸圭而灌鬯酒是爲莤像神歆之也从酉艸此象手奉束于酉即酒旁殆莤之初字矣

後下二六

林式一一

餘九

說文解字酋繹酒也从酉水半見於上禮有大酋掌酒官也

□ 前肆三五 □ 前伍四 □ 同上 □ 同上 □ 後上二七 □ 同上

□ 後七下

羅振玉曰說文解字尊酒器也从酋廾以奉之或从寸作尊卜辭象兩手奉尊形或从𠂤與古金文同又古金文或从酉或从酋从酋者是許君所本矣

□ 鐵五七 □ 前弍三八 □ 同上 □ 同上五二 □ 前弍三 □ 同上四 □ 同上 □ 同上五

□ 前肆三 □ 餘二 □ 林弍一五 □ 同上

羅振玉曰卜辭中戌字象戉形與戉殆是一字古金文戌字亦多作□仍未失戉形說文解字作□云从戊含一于是與戉乃離為二矣

骨文作□若□金文作□頌鼎若□無叀鼎均象鉞形頌敦之甲戌作□吳大澂以為成字假借按此實古文歲字也互見第二歲字注古文歲戌本通用戌者歲之轉與陰陽對轉之聲相近也

□ 前弍三四 □ 同上四四 □ 同上 □ 同上 □ 林弍二八

从戌从声从亥說文所無

□鐵一三一　□前弍二　□同上三　□同上　□同上五　□同上九　□同上十　□同上一四

□同上　□同上二一　□前捌一　□後上一五　□同上二三　□菁十　□林弍一五

說文亥荄也十月微昜起接盛侌从二二古文上字也一人男一人女也从乚象褱子咳咳之形也春秋傳曰亥有二首六身（中略）□古文亥亥為豕與豕同亥而生子復从一起按字於骨文作□若□其形之簡者則為□與□金文其器之古者大抵如骨文稍晚則字形詭變如陳侯鼎作□鄀公華鐘作□此則小篆之所由本矣最奇詭者為陳肪敵之丁亥作□準上有可通論者數事一古文亥不从二从二者東周以後之文字也二亥有二首六身之傳說前人往往欲由字形以解釋之如段注云左傳襄三十年文孔氏左傳正義曰二畫為首六畫為身按今篆法身祇有五畫蓋周時首二畫下作六畫與今篆法不同也段固疑之而出以蓋然之辭然今所見之周代古文愈古者亥之筆畫愈簡不僅下無六身且亦上無二首用知二首六身之說不能依字畫以說明三古文亥字與豕雖近似而非即是豕（骨文則全不相近骨文豕為圖形文字）古有豕亥傳訛之逸事（見呂覽慎行論）子夏亦正謂己與三相近豕與亥相似而已故

文十四　二四

亥之非豕猶己之非三也要之亥象異獸之形但不知爲何物而有二首六身

醴陵朱芳圃編

文字編坿錄上

合書

 前弍一九  前弍二八  前陸四

 前弍三五  後上二三

 前弍二七  前肆八

十之倍數古文多合書如二十作若三十作四十作骨文金文均如是廿與卅今人猶用卌則廢矣

 前肆八  前弍二三

實殷文五十之合書羅氏釋為十五非是五十而作者猶五千之作然終因易於混淆故周人之五十改作至於字前弍二三非不足十之數之合書蓋偶爾變竪行為橫行而已

 後下一

之為六十亦猶之為五十然終因如之易與十五混

清故周人亦改為矣

前弍三十　前肆四

前弍三一

明一五一七

前柒九

後下四三

明八三二

後下四三

前陸三四　同上三八　前柒二　後上一七

鐵二五八

前柒一五　後下一

前肆三十　新三零七

新九六　同上九八

新三二零

[illegible] 新二零八 [illegible] 新三一五

[illegible] 戩六 [illegible] 新一六二

[illegible] 新三三

[illegible] 新二零二 [illegible] 新三七三

[illegible] 新三二一 [illegible] 新三七六

[illegible] 前弍二 [illegible] 前弍二五

[illegible] 前弍一 [illegible] 同上三五 [illegible] 前柒三四

[illegible] 前弍九 [illegible] 前肆七 [illegible] 同上一一 [illegible] 同上二二

[illegible] 前弍二五 [illegible] 前肆七

右數名

[illegible] 前弍三 [illegible] 同上四 [illegible] 後上二二

[illegible] 前弍四 [illegible] 同上

[illegible] 前弍五 [illegible] 同上 [illegible] 同上

[illegible] 前弍五 [illegible] 同上

□前弍六 □同上 □同上五 □同上三七

□前弍六

□前弍七 □同上 □同上 □同上 □同上

□前弍八 □同上 □同上 □同上

□前弍九 □同上 □同上

□前弍一一 □同上 □同上 □後上二 □同上四

□前弍一一 □同上一二 □同上二七

□前弍一四 □同上 □同上 □同上 □同上一五 □同上

□前弍四二 □同上 □同上四三 □同上

□前弍一五 □同上一六 □同上 □同上 □同上

□前弍一六 □同上

□前弍一六 □同上 □同上 □後上一九

□前弍一七 □同上一八 □同上

□前弍一八 □同上一九 □同上 □同上

前弍一九 同上二十 同上 同上

前弍二一 同上二三 同上二四 後上二十 同上二五

前弍二一 同上 同上二二 同上 同上十 同上

前弍一八 同上

前弍五三 後上八 同上

後上一 菁九

前伍八

後上八 同上 同上

後上八

前弍一 同上 同上 同上 同上二

前弍二 同上 同上 同上

前弍三一 同上三二 後上四

前弍三二 同上 同上

前弍三 後上一 後下四一

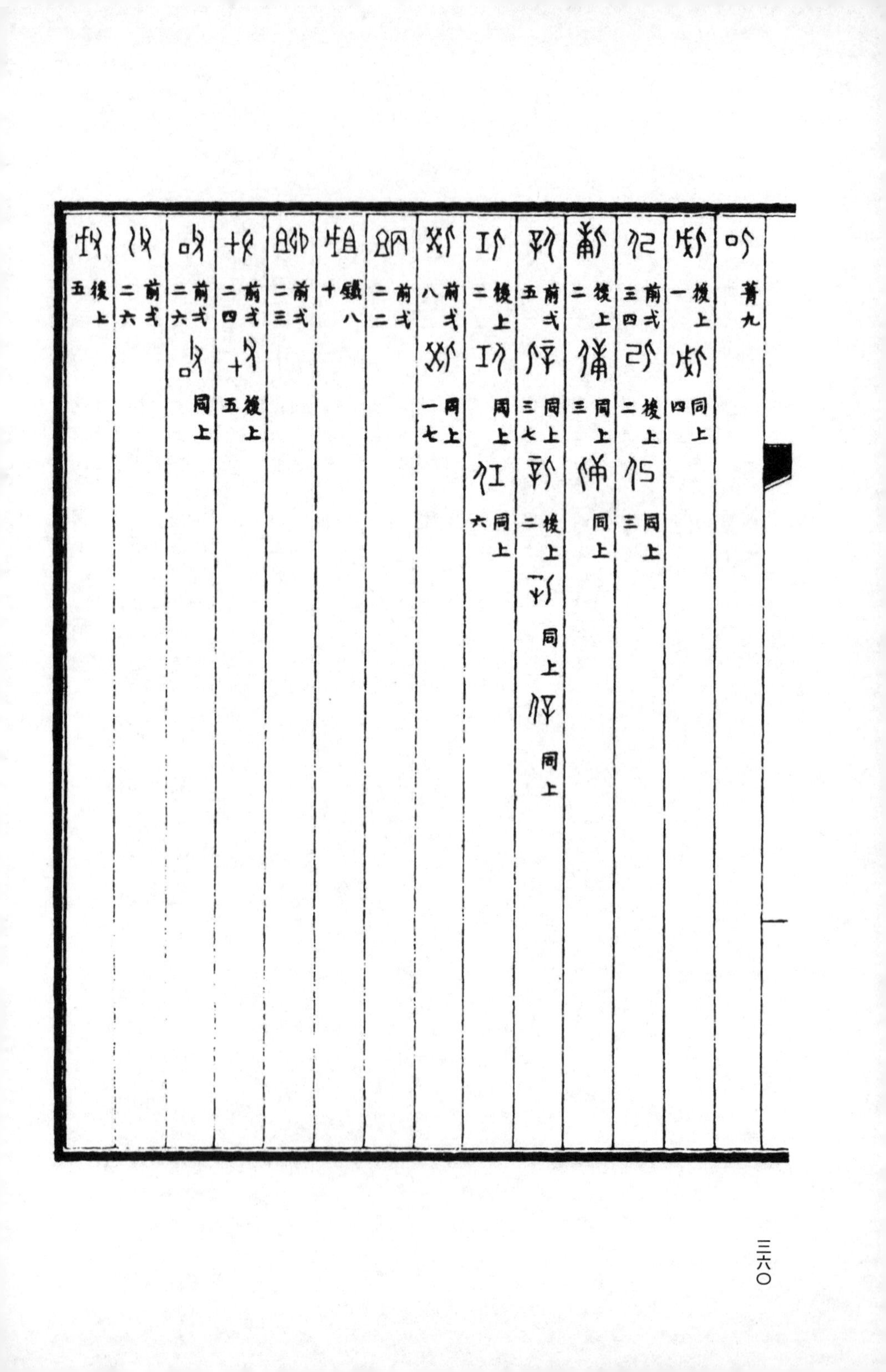

菁九

後上一 同上四

前弍三四 後上二 同上三

後上二 同上三 同上

前弍五 同上三七 後上二 同上 同上

後上二 同上 同上六

前弍八 同上一七

前弍二二

鐵八十

前弍二三

前弍二四 後上五

前弍二六 同上

前弍二六

後上五

前弍二七 後上五

前弍二七

鐵一一一 前弍二八

後上七

前弍三八 同上

前弍二八

前弍二八

前弍二八

前上三十 同上

前弍三十 同上 同上二八 後上七

前弍三十 後上七 同上

前弍三一 同上

前弍四十 同上四一 後上七

前弍四一 同上 後上七 同上

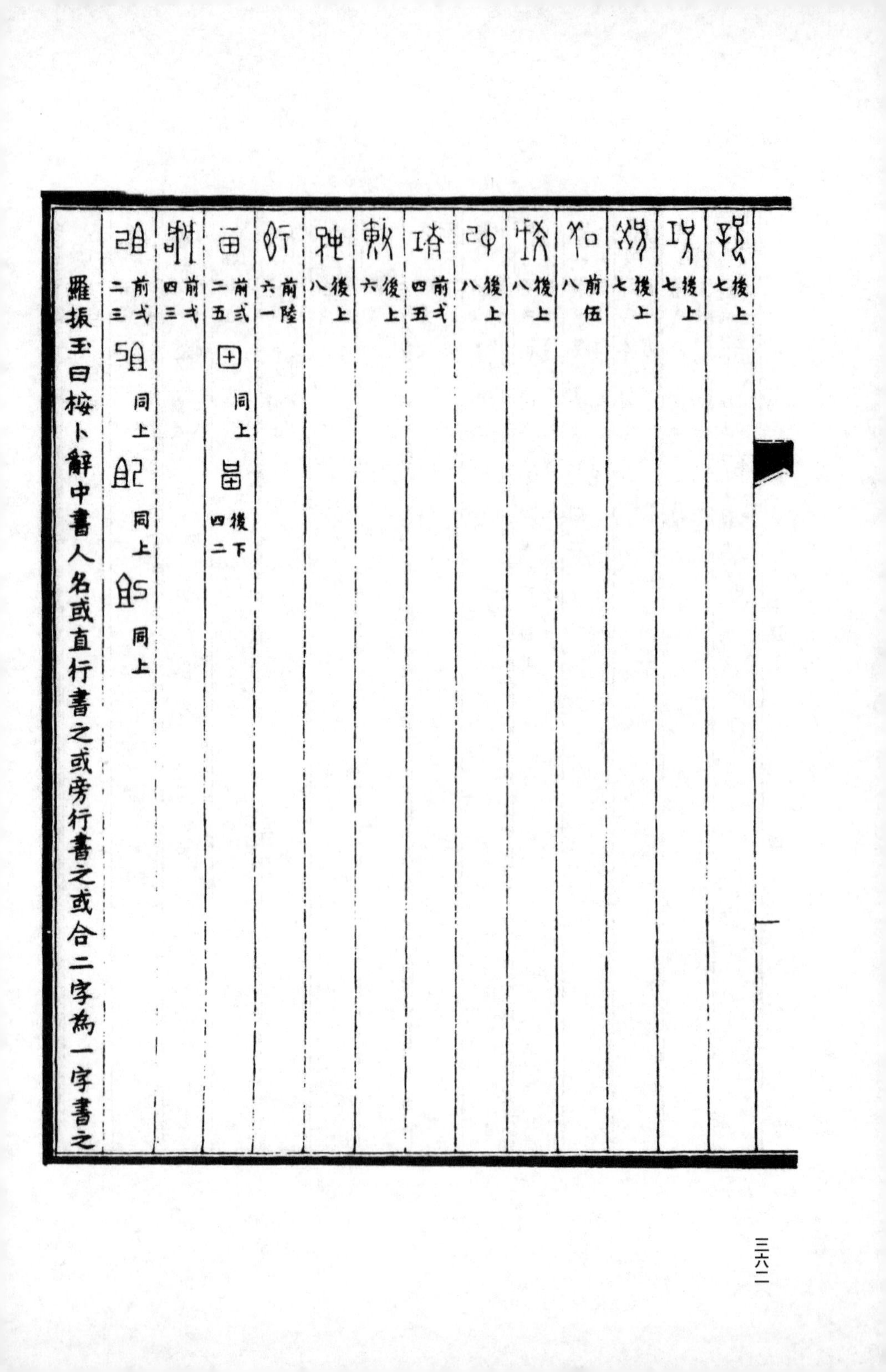

後上七

後上七

後上七

前伍八

後上八

後上八

前弍四五

後上六

後上八

前陸六一

前弍二五　同上　後下四二

前弍四三

前弍二三　同上　同上　同上

羅振玉曰按卜辭中書人名或直行書之或旁行書之或合二字為一字書之

又或正書或反書其旁行書者或左讀或右讀書法至不一

右人名

 前弍 三 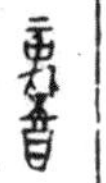 同上 一四

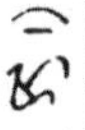 後上 一八

 前弍 九  前陸 三五

葉玉森曰疑又鬲二字合文路史國名紀謂有鬲氏夏諸侯卜辭之鬲或即其國

右地名

 新二 二五

 新三 四

 新六

 前伍 一六

 前伍 一五

 前弍

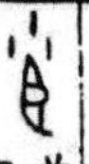
前肆三十

鐵七二

新二六一

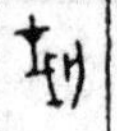
新一四六

後上一三

葉玉森曰疑又𢀛二字合文

前柒四三

疑阱鹿二字合文

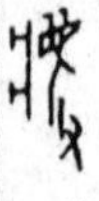
菁五

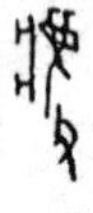
菁六

前陸二

同上

羅振玉曰从義京

此義京二字之合書

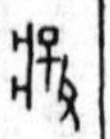
鐵二九

後下二九

前陸一

葉玉森曰疑弘京二字合文

前弍三八同上同上

葉玉森曰疑啚京二字合文

前弍二十

有祐二字合文互見文一祐字注

右常語𢉖字當入人名類

鐵二四四

林弍三十

前弍三三

羅振玉曰牝牡二字合書

右偶語

分書

前肆一

葉玉森曰疑彭之分文

前弍一一

葉玉森曰疑之分文

 林弍 十

葉玉森曰疑之分文

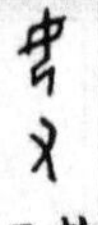 林弍 二三

葉玉森曰疑之分文

倒書

 後上 二六

葉玉森曰帝字倒文

 前弍 一六

羅振玉曰般庚二字般字倒書

 前陸 二七

羅振玉曰匕乙二字皆倒書

 後下 一

葉玉森曰疑兇字倒文

林式一六

葉玉森曰酉字倒文

甲骨學文字編坿錄上

醴陵朱芳圃編

文字編坿錄下

羅振玉殷虛書契考釋序

宣統壬子冬予既編印殷虛書契欲繼是而為考釋人事乖午因循不克就者歲將再周感莊生吾生有涯之言乃發憤鍵戶者四十餘日遂成考釋六萬餘言既竟爰書其端曰予讀詩書及周秦之閒諸子太史公書其記述殷事者蓋寥寥焉孔子學二代之禮而曰杞宋不足徵殷商文獻之無徵二千餘年前則已然矣吾儕生三千年後乃欲根據遺文補苴往籍譬若觀海茫無津涯予從事稍久乃知茲事實有三難史公最錄商事本諸詩書旁攬系本顧考父所校僅存五篇書序所錄亡者逾半系本一書今又久佚欲稽前古津逮莫由其難一也卜辭文至簡質篇恆十餘言短者半之又字多假借誼益難知其難二也古文因物賦形繁簡任意一字異文每至數十書寫之法時有淩獵或數語之中倒寫者一二兩字之名合書者七八體例未明易生炫惑其難三也今欲祛此三難勉希一得乃先考索文字以為之階由許書以溯金文由金文以窺書契窮其蕃變漸得指歸可識之文遂幾五百循是考求典

制稽證舊聞途逕漸啓扃鐍爲開稽其所得則有六端一曰帝系商自武湯逮于受
辛史公所錄爲世三十見于卜辭者二十有三史稱大丁未立而卜辭所載祀禮儼
同于帝王又大乙羊甲卜丙卜壬校以前史並與此異而庚丁之作康祖丁武乙之
稱武祖乙文丁之稱文武丁則言商系者之所未知此足資考訂者一也二曰京邑
商之遷都前八後五盤庚以前具見書序而小辛以降衆說多違洹水故墟舊稱亶
甲今證之卜辭則是徙于武乙去于帝乙又史稱盤庚以後商改稱殷而徧搜卜辭
既不見殷字又屢言入商田游所至曰往曰出商獨言入可知文丁帝乙之世國尚
號商書曰戎殷乃稱邑而非稱國此可資考證者二也三曰祀禮商之祀禮復異周
京名稱實繁義多難曉人鬼之祭亦用柴尞牢鬯之數一依卜定王賓之語爲洛誥
所基騂牡之薦非鎬京始剏此可資考訂者三也四曰卜法商人卜祀十干之日各
依祖名其有奭者則依奭名又大事貞龜餘事骨卜凡斯異例先儒未聞此可資考
訂者四也五曰官制卿事之名同于雅頌大史之職亦載春官爰及近臣並符周制
乃知姬旦六典多本殷商此可資考訂者五也六曰文字召公之名是奭非醜爲鳴
之字从雞非鳥隹鳥不分子兇殊用牝牡等字牛羊任安牢牧諸文亦同斯例又籍

知大小二篆同乎古文古文之真間存今隸如此之類未違傳數此可資考訂者六也予爰始操翰訖于觀成或一日而辨數文或數夕而通半義譬如冥行長夜乍覩晨曦既得微行又蹈荆棘積思若痗雷霆不聞操觚在手寢饋或廢以茲下學之資勉幾上達之業而既竭吾才時亦弋獲意或天啓其衷初非吾力能至但探賾索隱疑蘊尚多覆簣為山前脩莫竟繼是有作不敢告勞有生之年期畢此志訂譌補闕俟諸後賢它山攻錯跂予望之宣統甲寅十二月十八日上虞羅振玉書于日本京都東山僑舍

王國維殷虛書契考釋序

商遺先生殷虛書契考釋成余讀而歎曰自三代以後言古文字者未嘗有是書也炎漢以來古文間出孔壁汲冢與今之殷虛而三壁中所得簡策殊多尚書禮經頗增篇數而淹中五十六卷同於后氏者十七孔氏四十五篇見於今文者廿九因所已知通彼未見事有可藉功非至難而大常所肄不出曲臺之書臨淮所傳亦同濟南之數雖師說之重在漢殊然將通讀之方自古不易至於誤廟作序以袳為袀文人之作盜人大邑之書天邑古今異文而同繆伏孔殊師而沿譌言乎釋文蓋未盡

善晉世中經定於荀勗今之存者穆傳而已讀其寫定之書間存隸古之字偏旁錦
搆頗異古文隨疑分釋徒存虛語校之漢人又其次矣其餘郡國山川頗出彝器始
自天水訖於本朝呂薛編集於前阮吳考釋於後恒軒晚出尤稱絕倫顧於創通條
例開拓閫奧概乎其未有聞也夫以壁經冢史皆先秦之文姬嬴漢晉非絕遠之世
彝器多出兩周考釋已更數代而較其所得不過如此況乎宣聖之所無徵史佚之
所未見去古滋遠為助滋寡者哉殷虛書契者殷王室命龜之辭而太卜之所典守
也其辭或契於龜或刻諸骨大自祭祀征伐次則行幸畋漁下至牢鬯之數風雨之
占莫不畛於鬼神比其書命爰自光緒之季出於洹水之虛先生既網羅以歸祕藏
摹印以公天下復於暇日撰為斯編余受而讀之觀其學足以指實識足以洞微發
軫南閣之書假途蒼姬之器會合偏旁之文剖析孳乳之字參伍以窮其變比校以
發其凡悟一形繁簡之殊起兩字並書之例上池既飲遂洞垣之一方高矩攸陳斯
舉隅而三反顏黃門所謂隱括有條例剖析窮根源者斯書之謂矣由是大乙卜丙
正傳寫之譌文入商宅殷辨國邑之殊號至於諏日卜牲之典王賓有㸚之名槱燎
薶沈之用牛羊犬豕之數損益之事羌難問於周京文獻之傳夙無徵於商邑凡諸

放逸盡在數陳馭燭龍而照幽都拊彗星而掃荒翳以視安國之所隸定廣微之所撰次者事之難易功之多寡區以別矣是知效靈者地復開宛委之藏弘道惟人終佇召陵之說後有作者視此知津甲寅冬十有二月海甯王國維

容庚甲骨文字之發見及其考釋 節錄

在今日而研究古代文字所據鐘鼎彝器款識多屬姬周雖有以日為名者定為殷器然或屬周初蓋未可知且銘辭簡略多祇數名而最多亦不逾四十名可供研究之資者極少即汲冢所發見亦為周代之竹簡漢許慎撰說文解字而云今敘篆文合以古籀所謂古籀者無非壁中書與山川所得鼎彝之類說文序云壁中書者魯恭王壞孔子宅而得禮記尚書春秋論語孝經又北平侯張蒼獻春秋左氏傳郡國亦往往於山川得鼎彝其銘即前代之古文皆自相似又云其稱易孟氏書孔氏詩毛氏禮周官春秋左氏孝經皆古文也是許氏所見大氏為姬周之古文而非殷商之古文今甲骨刻辭乃殷虛遺文信而有徵生許氏一千八百年之後而能見許氏未見之書寧非最快意者乎

象形文字　古人象形文字皆象形示意並不拘拘於點畫之間說文序云

象形者畫成其物隨體詰詘是也今觀甲骨文之象形文字羊角象其曲鹿角象其歧象象其長鼻豕象其竭尾犬象其修體虎象其巨口馬象其豐尾長鬣兔象其長耳厥尾虫象其博首宛身魚象其枝尾細鱗燕象其籋口布翅龜象其昂首被甲且也或立或卧或左或右或正視或横視因物賦形恍若與圖畫無異又如录象淺水之形泉象出水之狀果象果生於木箙象矢納於器卜象龜兆之縱横米象米粒之瑣碎非如小篆之一字一形易惑難曉也

會意文字　說文序云會意者比類合誼以見指撝甲骨文中之會意文字其不拘拘於點畫與象形同如从又持丨以撥火𡨩之意也从又持木以滌皿盡之意也人就食為即食畢返身而去為既兩人相嚮對食為卿逐象獸走壙而人追之或从豕或从犬即無論从何獸皆可以示逐之意而不限於从豕牢為養牛馬之圈或从牛或从羊即無論从何獸皆可以示牢之意而不限於从牛牝牡二字牝从牛从匕匕乃妣之古文是畜母也牡从牛从士士乃丈夫之稱是畜父也或从犬或从羊或从豕或从馬或从鹿而不限於从牛以上諸文增減移易變化雖多皆可一望而知其意不有卜辭僅覩許書固不足以語此矣

斠正說文　許慎生炎漢之季慨俗儒啚夫翫其所習未嘗覩字例之條詭更正文鄉壁虛造不可知之書變亂常行以燿於世乃敘篆文合以古籀分別部居不相雜廁為說文解字十四篇以理群類解謬誤然至今千八百年屢經傳寫譌誤不少如中古文作□籀文作□今甲骨文伯仲字皆作中無作□作□則與象簡冊形史事等字所从之中混又中正之中甲骨文作□□□□金文亦然蓋上下斿因風而偃不能同時上偃於左下偃於右而古文之□亦譌□从犀而籀文从犀犀南徼外牛犀犀遲也从犀正合遲義今甲骨文金文皆作遲五經文字曰今從籀文足證當時經典尚作遲不作遲則遲殆淺人所竄入也□古文作□今甲骨文作□从又持貝得之義也又从彳作□金文作□从手从貝从見殆从貝之譌□或从士作□並謂漢文帝以為責對而為言多非誠故去其口以从士不知甲骨文之已作□也□謂从□从己从山山高奉承之義不知甲骨文作□象拼人於陷阱之中誤人為卩而初誼不可知矣□母猴也其為禽好爪下腹為母猴形今甲骨文作□象手牽象形金文亦然意古者役象以助勞為為非若母猴之說迂迴難通也□兩士相對兵杖在後象鬥之形今甲骨文作□象

兩人相搏無兵杖也□隱也从山幺段玉裁曰幽从山猶隱从𨸏取遮蔽之意不知甲骨文作□从火隱不可見者得火而顯也□弓弩發于身而中于遠也从矢从身□篆文䠶从寸今甲骨文作□象張弓注矢金文作□□从又持之則从身乃弓形之譌又變橫矢為立矢變又為寸也□瑞信也中畧象相合之形今甲骨文从卩之字皆作□象人跽伏之形疑即人字也凡說文解說从卩之字如即邑命令印卿諸字皆誤□豕也後蹏廢謂之彘从彑从二匕矢聲彘足與鹿足同今甲骨文作□彘殆野豕非射不可得而後蹏廢者則為既得之後者與彑象其首从象其足矢貫其中純屬象形據許氏所云形譌而意晦矣□中畧象馬頭髦尾四足之形而古文作□籀文作□與甲骨文作□□金文作□□異而形不象傳寫之譌無疑又金文作□與小篆同□籀文作□今甲骨文作□金文作□从戈乃由□而譌□進獻也从羊从丑羊所進也丑亦聲今甲骨文作□金文作□皆从又持羊進獻之象誤又為丑並誤會意為形聲矣又如卌廣韻引說文有此字林部□字說解亦引之妥說文所無而有从糸妥聲之綏此二字均見於甲骨文金文而許書奪佚凡此違失不易悉數非甲骨

文與金文之發見孰從而是正之耶

斠正經文　五經之書大抵作於姬周即上言堯舜託古改制無足徵信故甲骨文足與經文相證者蓋尠然羅王兩先生據□字以證詩禮之譌其說極精迻錄如左

說文解字斝从吅从斗冂象形與爵同意按斝从吅不見與爵同意之狀从冂亦不能象斝形今卜辭斝字从□上象柱下象足从爵而腹加碩甚得斝狀知許書从吅作者乃由□而譌卜辭从又象手持之許書所从之斗殆又由此轉譌者也又古彝文有□字與此正同但省又耳其形亦象二柱三足一耳而無流與尾與傳世古斝形狀脗合可為卜辭□字之證又古散字作□與斝字形頗相似故後人誤認斝為散韓詩說諸飲器有斝無散大於角者惟斝而已故諸經中散字疑皆斝字之譌予嘗以此說質之吾友王徵君徵君然之並謂寶雞所出銅禁備列諸飲器有爵一觚一觶二角一斝一與少牢饋食禮之實二爵二觚四觶一角一散數雖不同而器則相若則散斝信為一物又詩邶風碩人赫如渥赭公言錫爵傳言祭有畀煇胞翟閽者惠下之道見惠不過一

散疏言散謂之爵爵總名也予謂此爵字本當作斝斝與赭為韻也傳云見惠不過一散則經本當作錫斝轉譌為散後人因散字不得其韻又改為爵其實散本斝字斝赭同部不煩改爵也

參證金文　鐘鼎彝器款識之學始於宋人清阮吳繼之至同光之際士夫聞風承流相與購求彝器蒐集拓本考釋文字三吳潘朱劉端諸公家有成書觀王先生國朝金文箸錄表箸錄之器凡三千餘通可謂盛矣然證之說文中之古籀每多不合今以甲骨文斠之尚可見殷周文字變遷之迹而以前金文之不可解者亦或得而了解之如汾陰宮鼎十十枚薛尚功釋為二十枚云二十所以舉供官之數大官壺建武十十阮元云十十者二十年也證以甲骨文七字皆作十始知十十者皆十七也甲骨文肜日之肜作彡彡彡諸形象肜肜不絕可證觚尊之彡日父丁彝之彡日皆為肜日而釋五日四日者非也甲骨文昱日之昱作□□明諸形可證寧椃角之□盂鼎之□皆為昱而釋角與不能釋者非也金文中所記干支如兄癸卣之丁子戠敦之乙子史伯碩父鼎之己子格伯簋之癸子辛子畝之辛子薛尚功曰丁子中略商人尚質如言甲子丁丑也又曰疑乙子即甲子丁子即丙

子阮元曰癸子癸亥甲子也劉心源曰辛子中略疑古幹枝相配無定例今觀甲骨文中之干支表甲兇乙丑丙寅丁卯戊辰己巳庚午辛未壬申癸酉甲戌乙亥中略巳正作子始知丁子乙子己子癸子辛子者即丁巳乙巳己巳癸巳辛巳也由此觀之其有裨於金文亦大矣

參證古籀　荀子曰若有王者起必將有循於舊名有作於新名故知文字之原將以漸變而非頓成說文序云倉頡之初作書蓋依類象形故謂之文其後形聲相益即謂之字中略以迄五帝三王之世改易殊體封於泰山者七十有二代靡有同焉中略及宣王太史籀箸大篆與古文或異至孔子書六經左丘明述春秋傳皆以古文秦始皇帝初兼天下丞相李斯中略作倉頡篇中車府令趙高作爰歷篇太史令胡毋敬作博學篇皆取史籀大篆或頗省改所謂小篆者也觀此則大篆之於古文小篆之於大篆因仍者多改變者少或者疑之之詞頗者少之之詞段玉裁說文序注所云許所列小篆固皆古文大篆其不云古文作某籀文作某者古篆同小篆也其既出小篆又云古文作某籀文作某者則所謂或頗省改者是也不然說文之字九千何僅出古文三百九十六籀文二百二十餘乎顧或謂大篆出於周宣

王之時史籀創著斯不然矣今證以甲骨文字或同於古籀或同於小篆因革之跡可得而窺至於字數段氏謂自秦至司馬相如以前小篆祇有三千三百字余嘗取甲骨文金文而合計之已軼其數羅先生謂余意史籀所著十五篇殆亦猶倉頡爰歷凡將急就等篇取當時用字編纂章句以便誦習而余亦謂說文解字之九千三百五十三文意皆采當時通行之字其餘不復入錄故殷虛書契待問篇所最錄千名大抵皆說文所無者也即證之金文其所無者亦復千名而甲骨文與金文有可互相參證者則說文之遺佚多矣余嘗欲采集古代文字之見存者如甲骨文金文石文之類以為一書以箸古代文字變遷之跡昔人多以為說文之外無字其不見於說文者或相率而不敢用或牽強附會以明即說文之某字亦庶幾一解其惑也

甲骨文字研究序

殷代卜辭出土於安陽小屯垂三十年矣經前人之努力字之可識辭之可通者雖已強半然其不可識不可通者尚大有待於後人王氏國維云書契文字之學自孫比部貽讓而羅參事振玉而余王氏所得發明者不過十之二三而文字之外若人名若地理若禮制有待於攷究者尤多見殷虛文字類編王序辭雖不免稍稍出於撝謙然實

際情形要亦有如是者余之研究卜辭志在探討中國社會之起源本非拘拘於文字史地之學然識字乃一切探討之第一步故於此亦不能不有所注意且文字乃社會文化之一要徵於社會之生產狀況與組織關係略有所得欲進而追求其文化之大凡尤舍此而莫由前者余既有卜辭中之古代社會以專論之其關於文字攷釋之事者則彙輯而為茲編二書所錄固互為表裏者也據余所見殷代社會大抵已由原始狀態跨入於文明之畛域以用具言則金器雖興石器未廢耕犂戎器之類即於文字中亦猶可攷見其石製之痕跡與攷古學家所稱之金石並用時期相當以產業言則牧畜最盛耕稼初萌觀其征戰之由多因芻牧用牲之數每至三百即可得其梗概與此相應之社會組織則母權制度猶有孑遺先妣特祭兄終弟及多父多母罕言子孫均其明徵也階級制度雖已萌芽然如奴隸私有財產私有之事尚無可攷見故其一國之政長渾如一宗一族之家長其所有事不外享祀卜年田遊呼遣之類而已社會僅具芻形故文化亦至簡單即以文字而言極端之圖形幾佔百分之八十以上其已形聲孳乳而為字者亦或反或正或順或逆或繁或省或分或翕其行文亦或左行或右行或豎行或橫行或下行或上行驟視之儼如

對巴比倫與埃及王朝之古代文書或如原始民族愛克西摩人與印迭安人之畫語是故殷代文字實尚在創造之途中也然惟其單純於研究一切精神生產之起源上適為最良之資料猶研究生物學者之必由顯微鏡解剖學以入手卜辭及其文字則一切後代文化之原始細胞也觸目及此靈覊具除如宗教之起源於生殖崇拜刑政之濫觴於奴隸使用藝術之本質在服務於社會星歷之現象最親暱於先民胥若明如觀火矣凡此種切均相因相應有本有源絕無天劃草昧之神功亦無首出庶物之聖業有所剔發率見茲編繕寫既成故綴此數言以弁編首

董作賓甲骨文研究的擴大節錄

從民國十七年的秋天國立中央研究院發掘殷墟以來甲骨文的研究範圍有自然而然要擴大的趨勢於是漸漸地由拓片上文字的研究進而注意到實物甲與骨的觀察由實物而又注意到地層注意到參證其他遺物注意到比較國外的材料換句話說就是從文字學古史學的範圍進而至於考古學的研究了現在我草擬了一個甲骨文研究的範圍願與治契學同志一討論之

甲　文字的研究

一拓印
二考釋
三分類
四文例
五禮制
六地理
七世系
八曆法
九文法
十書法

乙　實物的觀察

一一書契體式
一二卜兆
一三卜法

一四龜
一五骨
丙　地層的關係
一六區域
一七層次
一八時代
一九互證他器物
丁　同出器物的比證
二十象形文與器物
二一器用與禮制
二二動物骨骼
戊　他國古學的參攷
二三象形文字的比較
二四骨卜之俗

二五古生物學與龜骨

總而言之我們現在無論治何種學問都應該一面把眼光放大要看到全世界的學人他們走到何處在如何的工作一面把眼光縮小要精密的觀察自己向秋毫之末來找問題用近世考古學的方法治甲骨文同時再向各方面作精密觀察這是契學惟一的新生命

甲骨學文字編補遺目錄

祇 王 琇 萌 芻 萑 春

右補入第一編

釆 宰 告 君 启 咸 吉 周 𠯑 延 遲 循 馭 延 衛

右補入第二編

干 毋 戒 興 叔 娰 旻 蕿 蓺 篷 取 啓 敗 弢 田 貞 固

右補入第三編

目 罘 省 䏶 羽 翌 雉 𢍰 冓 再 爯 䳒 劓 則 劁

右補入第四編

工 盛 盤 去 匋 稟 面 弟

右補入第五編

杳 桼 囚 郊

右補入第六編

啓 翊 旂 星 明 黎 香 宰 宋 買 白

右補入第七編

何儨仔伐儛丘叟尸夷歛

右補入第八編

顱醜魌廣仄石貍冢

右補入第九編

𩢠麐麋麢䜭獻亦腋夾奏臭慶

右補入第十編

河灊汝洚滎洝溓濡永冬靈云魚

右補入第十一編

鹵姓旻妊婚棥嬂妟氐戞戔匚弦

右補入第十二編

虹凡黃盈

右補入第十三編

勹圓矛車𠂤禺㕡乙丁戊辛壬癸孕疑

卯

亥

右補入第十四編

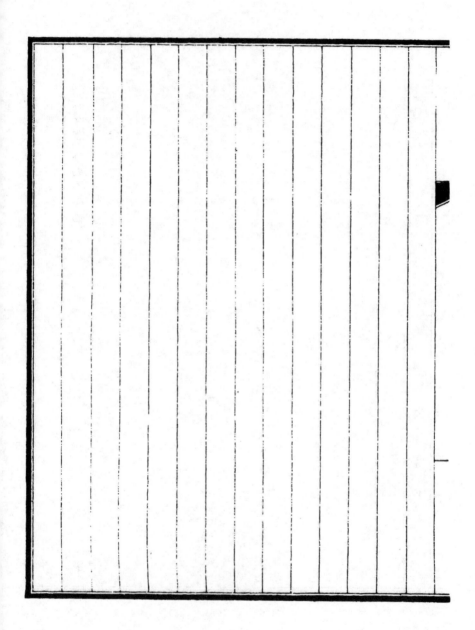

本編輯錄諸家著述目錄

殷契佚存

吳其昌

金文名象疏證兵器篇

醴陵朱芳圃編

文字編　補遺

文一百四十九　重二百一十五

 前陸三 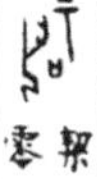 粹六零七

从示从丮說文所無舊釋祝

 前壹二  前叄三十  同上三一  菁三  佚二百

吳其昌曰王字之本義斧也甲骨文字作上列諸形其第一字與作册般甗之王白克尊之王全合其第二第三第四諸字純粹為斧斲之類之繪形與金文義合爾雅釋器斧謂之黼又釋言黼黻彰也孫炎注黼文如斧蓋半白半黑如斧刃白而身黑書益稷黼黻偽孔傳黼如斧形又左氏桓公二年傳火龍黼黻杜預注白與黑謂之黼形如斧皆可參證蓋黼即斧之同聲假借後起字耳今考儀禮覲禮云天子設斧依于戶牖之間此斧依在周禮則作黼依周禮春官司几筵云凡大朝覲大饗射凡封國命諸侯王位設黼依鄭注云斧謂之黼其繡白黑采以絳白為質依其制如屏風然蓋古之王者皆以威力征服天下遂驕然自大以為在諸侯之上而稱王以王之本義為斧故斧武器用以征服天

下故引伸之凡征服天下者稱王斧形即王字故繪斧于扆不啻書王字于扆
以表示此為王者及至後世雖王者已不盡恃武力而祖先歷世相傳之遺制
終不敢忘故於朝天下覲諸侯封藩服會卿事之時仍設繪斧之扆以紀念之
既以示王者威德且告人以此為王者惟王者可設斧依則王字之本義為斧
益彰明矣又王與壬為一字（互見壬字注）春秋文公七年左氏傳宋公王臣卒釋文
或本作壬臣又定公四年傳宋王臣釋文或作壬又史記周本紀頃王壬臣立
漢書古今人表下上作頃王王臣又襄公五年傳楚公子壬夫顏師古匡謬正
俗謂宜為王夫皆其證也又史伯碩父鼎之王字作與父壬爵之壬字作
全同古鉨文之王字作又與高攸从鼎湯叔尊之壬字作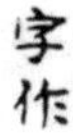全同
但增一畫耳此又其證也

 前弍一二 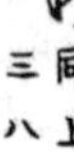 同上三八

案此乃琇字之古文其旁从之𠧪若𠧪當是古秀字說文秀字適上
諱段玉裁云許既不言當補之曰不榮而實曰秀从禾人不榮而實曰秀者釋
艸毛詩文案釋艸云木謂之榮艸謂之華榮華散文則一耳榮而實謂之實桃

李是也不榮而實謂之秀禾黍是也榮而不實謂之英牡丹勺藥是也凡禾黍之實皆有華華𦬊收即為稃而成實不比華落而成實者故謂之榮可如黍稷方華是也謂之不榮亦可實發實秀是也論語曰苗而不秀秀而不實秀則已實矣又云實者此實即生民之堅好也秀與采義相成采下曰禾成秀也采自其采言之秀自其挺言之而非實不謂之秀非秀不謂之采夏小正秀然後為萑葦周禮注荼茅秀也皆謂其采而實引伸之為俊秀秀桀从禾人者人者米也出於稃謂之米結於稃內謂之人凡果實中有人木艸本皆作人明刻皆改作仁殊謬禾稃內有人是曰秀玉篇集韻類篇皆有禿字欲結米也而鄰切本秀字也隸書秀从乃而禿別讀矣知秀古本从禾人則此香若䞑之為秀之初文即可迎刃而解禾下所从之形文非目字實象含人之米實此與𥁕字同意金文既生霸字多作眚有揚𣪘蓋文豆閉𣪘文散氏盤文等形實生之初文象果實迸芽之形後乃譌變而為从目生聲古文目字作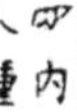內眼角下有縐襞下垂乃東方人種之特徵字形與此有別香或从止作䞑止乃趾之初文示其根也知香若䞑為古秀字璓𤩤从玉以此為聲斯為古琇字矣

補遺　二

後下三

此字羅氏釋朝商氏釋萌余案當以釋萌為是羅說日已出茻中而月猶在天乃下弦時現象若在上弦則月已出天而日猶在茻中此字不將為莫暮耶故羅說絕非然商說亦未得要領蓋古金文朝日乃示日出艸間其旁有露以盂鼎字為最顯豁小篆作𠦝誤从舟後人作朝誤从月羅則因今隸从月而誤萌為朝耳萌自萌之緐文从茻明聲

佚六八三 存真弌

芴或从木

粹四九一

案此當是萑字之異萑籀文从茻作𦾔古从茻之字每从林如卜辭〓莫或作〓〓或作〓〓或作〓也

戩一三 戩一三

今案葉氏釋春於辭例頗合然謂从口即从日則非也殷周古文日字及从日之字至多絕無如是作者說為象盆中艸木欣欣向榮之形較覺妥善

右補入第一編

釆 後上二二 釆 籃正四 釆 同上

釆即說文釆辨別也讀若辨之釆字此假為燔

宰 新六二 宰 新二六一

瞿潤緡曰案宰諸家以為牢字未諦从牛與从羊不同从羊者大概皆為小宰而小宰之宰未有从牛者知宰牢有別猶豝牝駝駝犯麀雖皆从匕而種類各異不必為一字今豝駝駝犯諸字不見於字書然牝麀尚異其音讀則宰牢之音讀或亦不同未可知也

告 新二九四 告 佚三十

吳其昌曰告字父戊爵作告告戈句兵作告告田罍作告告田父丁觶作告告田鶴戾毀作告小盂鼎作告毛公鼎作告父丁爵作告告田鼎作告案告字之最初本義碻為斧形覩于上列諸字顯然可見引伸之則為刑具易大畜童牛之牿九家易作童牛之告此告當即為刑牛之斧說文猥云告牛觸人角着橫木此謬說也告根本不从牛其屮形乃斧之柄與戈形

之柄作屮者等耳虞翻即受說文暗示而云告謂以木楅其角其誤一也告為刑牲之具故其後刑牲以祭曰告如洛誥云王在新邑烝祭歲文王騂牛一武王騂牛一王命作册逸祝册惟告（下畧）謂刑騂牛以告文武也又如矢彝矢尊云命𢓊告于周公宮亦謂用牲于周公之廟也告為斧為刑具故又引伸為慘酷之酷斧類刑具是酷物也猶辛類刑具令人見之為酸辛也由祭告之義而更引伸之則為誥教蔡雖獨斷云告敎也爾雅釋詁云誥告也於是告之本義遂深埋地下非賴遺器出土則終不復知矣

□ 後下二七 □ 同上

說文解字君尊也从尹口口吕發號

□ 新二八一 □ 戩三六 □ 前陸九 □ 後下二二 □ 同上四三

商承祚曰案𢼄為開戶之本字以手启戶為初意或增口作□或省又作□

羅振玉謂自名以許門者往以又启之是也其後借以為雨而晝姓之霽觀其上从日作□○□象晝姓启戶見日从月作□象夜姓启戶見月亦可以知其遺變之迹矣

 前壹四三  同上四四  同上  同上

吳其昌曰咸字子負戉𥓖形毁作父癸尊作咸口鼎作父癸尊作父甲鼎作𩰫敄甗作史獸鼎作矢彝作從第一字觀之始知咸之本義乃為一戉一𥓖相連之形其後𥓖形之○衍變成於是戉形雖顯而𥓖義遂湮由令考之咸為一戉一𥓖相連之形正猶奢毁之吉作亦象一斧一𥓖相連之形耳一戉一𥓖相連是可以殺也故咸之本義為殺書君奭咸劉厥敵又佚周書克殷解則咸劉商王紂咸劉連文其義皆殺也爾雅釋詁劉殺也說文鎦殺也左傳成公十三年呂相絕秦文虔劉我邊陲杜注劉殺也皆可證

 佚二八  新二二零  新二二四

吳其昌曰吉字奢毁作旂鼎作師寰毁作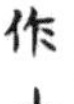克鐘作沇兒鐘作皆象一斧一𥓖之形一斧一𥓖為吉上弦新月彎鬟如斧故名初吉年少美妙之士皎麗如月故名吉士此引伸義之駢枝旁茁者也

 新二四九  新二七七

周象田中有種植之形

 佚九八

从口从中說文所無

 契八二五

从辵从正說文所無

 前弍五二  後下二七  林弍二八

⿰彳尼即迡字遲字之異也三公山碑慰俗陵迡繁陽令楊君碑徲⿰彳尼樂志則正作⿰彳尼或作迡說文迡遲或从尸段注云甘泉賦曰靈遲迡兮說者皆云上音棲下音遲迡即遲字也然文選作迉迡與漢書異玉篇汗簡亦皆作迡集韻引尚書迡任

 前肆一七 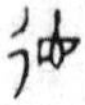 菁正一七 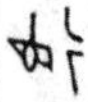 同上 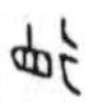 同上 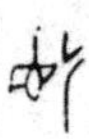 同上

此蓋直之緐文由金文德若悳字觀之則古文直字僅作直若循無作直者小篆从乚蓋乀形之譌矣

商承祚曰篆文直从乚乃後增益非因乀誤也左襄七年傳能正人之曲曰直徝从彳者行而正之義當為征伐之徝之專用字

後上五　同上八　後下六　同上三三

董作賓曰馭即御字从又牽馬有加水滴作者與牧之作同意左从即馬之省形首足尾鬣仍略具驗之馬旁作騮之馬旁作均相似从馬从又正是馭字荀子王霸篇注馭與御同詩小雅六月毛傳御進也

前弍四九　前弍二十　前弍二十　同上二一　前陸一

董作賓曰延从止在途中有前進之義爾雅釋詁延進也

前肆三一　前捌四　後下一一　後下四三　戩三九

董作賓曰衛疑同衞从兩止相背立於道上即守衛之義作者衛之緐文

右補入第二編

契六零六　簠正三三　同上

案毌實古干字特字早廢許因貫字从此作故以貫穿義解之耳今知毌實是干許書毌部之貫字云从毌貝者當云从貝毌聲又虜獲也从毌从力知毌

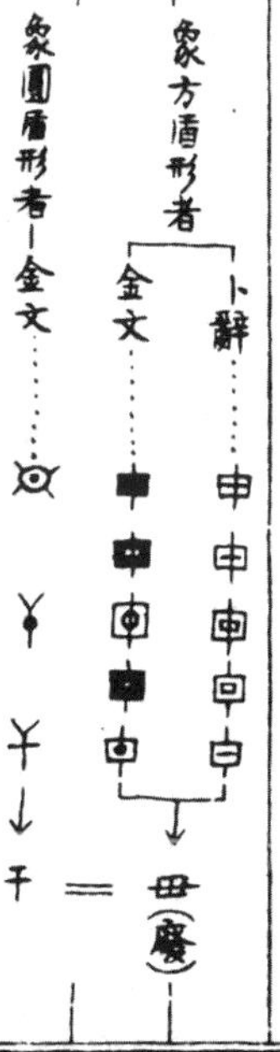

為干於廣獲義尤相契合也準上可知干字有種種異文詳見金文餘釋今更表列之
如上象方盾形之毌字見於卜辭及金文中器之較古者象圓盾形之毌字卜
辭所未見且見於金文中器之較晚者據此可知古干之進化蓋干制之最古
者為方盾而有上下兩出其後圓之而於上下左右四出更其後則於盾上飾
以析羽而以下出為蹲遂演化成為干字之形入漢而後羽飾與蹲出俱廢干
字之為象形文二千年來無人知之矣

 戩三七  新三一四

戒者祴之省說文祴宗廟奏祴樂

 後上二六  佚四二一

商承祚曰此乃興字象四手各執盤之一角而興起之父辛爵作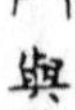與此同
又或增口作鬲叔盨 興鼎則舉重物邪許之聲也

 粹八五

容庚曰說文僾从人又持帚疑即从此

 佚七七九

商承祚曰[illegible]仍讀伐非擊踝之[illegible]也

前弍二八 前伍二七 前陸一八 前柒二六

金文曼龏父盨作若从此曰聲則𠭥蓋曼之初文也象以兩手張目楚辭哀郢曼余目以流觀即其義引伸為引為長為美

前弍二八 前陸一二 後上五 同上八 後下三三 同上六

董作賓曰釐卜辭作𢼊𢼊即釐之初文後又加里為聲釐从來故釐與來可以通用詩貽我來牟漢書劉向傳作貽我釐麰是來𢼊釐聲本相同可以互通釐訓為福

前壹九 前肆二六 前伍七 同上一三 前陸六

商承祚曰从又从耳即取字說文取捕取也从又耳周禮獲者取左耳司馬法曰載獻聝聝者左耳也又聝注軍戰斷耳也春秋傳曰以為俘聝从耳或聲馘聝或从首案詩大雅攸馘安安傳馘獲也不服者殺而獻其左耳曰馘魯頌在泮獻馘箋馘所格之左耳此字正象以手持割耳義與馘同金文毛公厝鼎作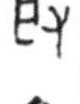番生𣪘作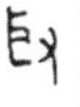已整齊其形至小篆則更誤矣

絜一五六 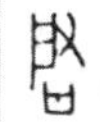鐵二四五 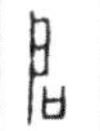前伍二一

前伍二二　前柒三六

敗疑是敗字說文敗毀也从攴貝賊敗皆从貝 籀文敗从賏

菁一

从攴从弓說文所無

前弍二六　同上二七　新一三二　新二九九　栔一八六

唐蘭曰案𠙹當讀𠯑固當讀占說文云𠯑卜以問疑也是先卜而問又云占視兆問也則既卜之間已卜得兆發書而占其事也此古義之猶存於許書者

新二五　新五一　新六八　新一零七　新一六四　新二二三　新二九九　前柒三九

案　實即　若　等形之簡畧急就者猶　若　等之簡化為𠙹也古乃假鼎為貞後益之以卜而成鼑貞字以鼎為聲金文復多假鼑為鼎參看金文編七卷九葉容庚以為鼒字非是許說古文以貞為鼎籀文以鼎為貞者可改云金文以鼑為鼎卜辭以鼎為鼑鼎貝形近故鼑乃譌變為貞也

前肆二五　同上二九　栔一八零

說詳田字注

右補入第三編

新三二八

說文解字目人眼也象形重童子也

簠正一七同上

泉字卜辭及彝銘習見均用為接續詞其義如及如與說文目部有此字曰眔目相及也从目隶省讀若與隶同也㐺部復有泉字曰泉眾詞與也从㐺自聲虞書曰泉咎繇𥄕古文泉案此二者本係一字自乃目之譌㐺乃水之譌而水亦非隶省眔於甲骨文字有上列諸形字之不从隶省甚顯而易見金文亦有異形如免簋作眔周公毁作眔買王眔卣作眔亦斷非隶省由此等般周古字形以推測之余謂此當係涕之古字象目垂涕之形更由音而言許云讀若與隶同隶涕古本同音字而从眔聲之字為褱在脂部鰥褱第在文部與脂部為對轉譌字之泉从自聲者亦在脂部是則眔聲本在脂部逮假為及與字遂襲取及音而轉入緝部與後起之涕字分離更形變為泉眔泉

遂判而為二新出魏三字石經皋陶謨殘字曁(益奏庶鮮食)曁字古文作臮
隸書作臮从自从水从自雖已形變从水尚不失古意然此又用洎為曁之
所從出矣書無逸爰曁小人鄭玄詩譜引作爰洎小人要之臮實古文洎用此
本義者于古器銘中有一例令鼎是也其文云王大耤農于諆田餳(陽)王射有
嗣眔小子師氏卿射王歸自諆田王馭溓仲僕(仆)令眔奮(滯)先走馬王曰令眔
奮乃克至余其舍女(汝)臣十家此兩令眔奮句前人均釋為令與奮二人辭不
可通蓋未知眔之本義也

新三二  新一三四

商承祚曰此為省之本字象省察時目光四射之形金文作  祖子鼎揚毀觥毀省毀後人以為从目生聲遂用作目病生翳之眚日久而忘其初後變  作  以代之朔義盡失矣又金文中之既  霸乃借省為生大毀遹毀萬毀等皆作既生霸可證

佚二七六

商承祚曰疑眻通暘玉篇眻間曰暘

佚二七零 新二六 新一一二 新二七五

唐蘭曰案此字當釋羽象羽翼之形翼之本字也王先生釋巤非是巤字上半與子字之古文召伯毀作宗周鐘作者正同象人首之有毛髮則二字不當相混也羽古讀與異近羽及異皆喻母字聲得相轉春秋隱五年經初獻六羽左傳釋之曰初獻六羽始用六佾也羽佾亦同為喻母字可以為證故羽之孳乳為翼从羽从異聲矣召誥若翼日乙卯金滕王翼日乃瘳則用其孳乳字羅振玉反謂作翼者為誤失之矣卜辭或作者當釋為翌作者當釋為⿰日羽小盂鼎之則當釋為⿱羽昱並从羽得聲至漢時翼聲與立聲相近故說文翌昱二字並从立聲江有誥諧聲表云昱余六切說文誤作立聲其實許君所用乃當時之音耳又案詩周頌小序云絲衣繹賓尸也毛傳云繹又祭也周曰繹商謂之肜繹及肜亦均為喻母字也魏建功云翼字之轉从立聲者喻母本从羣匣定三母轉來定母與來母同為舌頭音故得相轉如立為位之本字可以為證繹為入聲而肜為陽類字翼為入聲而羽為陰類字並為同母故得相轉譬揚洋溢是其例也

魏建功曰案今音喻母古初原分屬喉牙及舌頭之濁聲聲變而後失其舊乃合歸為喻異韻應屬之部之入說文𩙣从飛異聲讀入職韻職即之之入是異字本音今為陰入兩類相轉蓋語言孳乳以對轉為之鄭者也从異聲之𩙣說文重文作翼為篆文與从羽立聲之翊同韻部立聲收脣聲隨與翼收舌根聲隨本殊翼聲喻母之源自定類者翊立聲自來類變而相同疑定來邃初合為複輔音翼翊皆為Dl之聲來母變喻基於定母變喻之理聲同而韻類則以兩諸聲聲母主音相同而通今音固有之如此實始於許叔重時翊翼形當自衍流愚疑者翼翊之初文也音讀如繹繹固定母當讀與鐸澤諸字同聲今亦變喻母至于昱字又當晚在翊从立聲轉讀職韻時出者且更轉為余六切並變韻讀之主音所謂職德轉屋沃也再案文字之音義相關者往往得而說其語根如之為翊翼蓋有蟬聯似續之義文字結體是否寓其義不敢肊說而凡蟬聯似續之詞皆與翊翼聲類相同則可知故祭而又祭之為繹若肜皆由之一義相生者也

後下二

說詳羽字注

 佚九二二

从隹从交說文所無

 簠存二五  同上  同上  同上  同上

从畢从匕說文所無

 新一九六  新二二零  簠正二十  同上  同上  同上

說詳再字注

 前伍一一  前柒一

唐蘭曰再象覆甾之形甾再聲之轉說文以為冓省非是冓象兩甾背疊之形爯象以手舉覆甾之形卜辭爯字作等諸體冓作等體金文叔多父盤冓作又召伯毀有字鄭侯毀有字余均考定為冓字詳近著名始

由與再形音俱乖無由牽合謂冓象兩甾背疊之形爯象以手舉覆甾之形亦非是余謂冓乃篝之初文象竹篝之形上體為篝下體為座脚令俗

所謂高脚笵也下體之形正是再字說文說再从冓省不誤座再一聲之轉蓋篝籠之座古謂之再引伸之義為二蓋篝形上體與下體相同上為一下為二也

 絜八五  簠正二十  同上  同上  同上

爯字當云从爪再聲或再省聲再與爯之蒸對轉也

 佚七三九

商承祚曰从肉从戈殆即說文訓大臠之胾肉祭也

 絜三七一  簠正二一

瞿潤緡曰从自从刀自鼻也說文或作劓

 前陸三七  前壹四二  佚八九一

从刀从囟說文所無

 後下一八  同上

寀字右旁从采蓋从刀采聲之字

右補入第四編

工 前肆 四三

工字與金文之作工者矢令彝文相同

吳其昌曰工字矢彝作工史獸鼎作工作工師寰敦作工皆象斧形故知工字最初之夙義為伐木之斧之遺形也以斧伐木是人類原始之工作故工之本義為斧而引伸之第一義則衍為工作周禮天官序官玉府賈疏云工謂作工是其證也以斧伐木是功役也故工義又衍而為功號季子白盤膚武于戎工即膚武于戎功也史獸鼎立工于成周即立功于成周也書皋陶謨天工人其代之漢律麻志引作天功又苗頑弗即工史記夏本紀引作不即功又周禮肆師凡師不功鄭注古者工與功同字是其證也以斧伐木是斬之析之之義也師寰毀云工首執訊此即號季子白盤銘之折首執訊也此又工之本義為斧之一證也握斧在手斯可以攻人矣故攻从工从攴攴象手有所執也叔弓鐘汝肇敏于戎攻攻作攻其所从之工正作斧形尤為顯著此工之本義為斧之又一證也以斧伐木而百物漸興於是遂衍為令義考工記云審曲面勢以飭五材以辨民器謂之百工又周禮大宰五日工事之式鄭注工作

器物者又漢書食貨志作巧成器曰工又何休注公羊傳成公元年云巧心勞手以成器物曰工此又引伸之義也引伸之義愈衍而愈遠以至於為巧飾（說文工巧飾也）為能事（大戴禮文王世子注）為百官（廣雅釋詁）為樂人（大戴禮保傅注）而工之本義遂晦霾千載無人知矣

 前弍二七

从皿从氐說文所無

 戩四五

王國維曰此疑盤字从口與从皿同意古出字作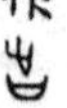亦作卣字作亦作知口凵亾皆象盛物之器也

 佚九八  前弍一一

商承祚曰此即說文訓凵盧飯器之凵之本字其或體作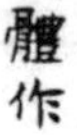尚存古義飯器宜溫故凵以象器大其蓋也（盍字之蓋金文及小篆亦作大形）後借用為人相違之去遂奪本義而別構凵字代之非其朔矣

 後上九  鐵一

說文解字匋作瓦器也从缶包省聲

前柒一四

王國維曰亰籀文就字从此作三體石經春秋京作　疑亰亦京字

案王説可信蓋从京高聲京爲象形字亰爲形聲字也

佚九八三 鹽正三十

王襄曰古亩字

粹一二八

吳其昌曰弟字殆即叔字之渻以形體言之弟字明爲叔字之渻變金文叔作弟作同象有矰繳纏繞於榦藁之形但弟字渻去繳端鏃鏑之形耳以聲類言之叔弔古讀同音弟在定母弔在透母透定之别但帶音與不帶音耳部位同在舌頭次清與濁所别本不甚鉅如从弟得聲之梯正在透母亦一證也以訓詁言之父之所弟即我之所叔也夫之所弟亦妻之所叔也白虎通三綱六紀引禮親屬記云男子中畧後生稱弟而爾雅釋親則云後生爲叔父故鄭康成箋籜兮之詩云叔伯兄弟之稱尤爲明證引而伸之則叔義爲少弟義

亦為少如廣雅釋詁云叔少也禮記鄉飲酒義疏亦云弟少也可以為證再引伸之叔義轉為淑善弟義轉為豈弟皆以易順為德亦相似也

右補入第五編

 後下三三

从木从巳說文所無

 前弍三十  同上三二  同上三三  同上  同上  同上

从木从余說文所無

 前肆二四  後上一六  新二寧四

囚字从人在井中井古金文以為刑字毛公鼎女毋敢弗帥用先王作明井兮甲盤敢不用命則即井撲伐又毋敢或入緣究貯則亦井均是蓋古人有罪投之於陷穽以囚之故囚字从人在井中而井字亦孳乳為刑也

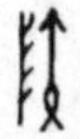 前肆四六  鐵正三十

王襄曰古郊字

右補入第六編

前陸九　簠正三二

說詳启字注

戩二　契四五

說詳羽字注

戩四七

王國維曰此即旂之本字頌鼎頌敨等作假借為祈求之祈

菁三

此字高田忠周釋星令案與云蚰等天象之文同見其說殆無可易

㞢即生字作冊大鼎既生霸字臣辰盉生豚字均如是作象緐星之形與許

書星之作若者同意金文蔡伯星父毀作

林弍一零

說文明照也从月囧此从月从田亦象窗牖玲瓏形特囧象圓窗此

象方窗為異決為明字無疑

佚三三三　簠正五　同上　同上

董作賓曰彡與彡同爲黎之初文卜辭利即从彡舊釋勿物非彡乃勿字與弗不亡毋皆作否定辭用

商承祚曰案卜辭之彡彡確爲勿字乃物之省物从此乃牛色之專用字與不之彡有別後世合彡彡爲一而以彡爲物以彡爲勿矣

香 林弍二五

香字小篆作香从黍从甘此作香上正从黍下亦甘省古文从甘之字多省作如是者故知此乃香字

宰 佚五一八

吳其昌曰宰字宰父乙觶作宰宰德工壺作宰宰峀毁作宰以二三推一始知一亦爲宰字以一釋二三始知宰之義乃爲屋下有辛類兵器惟辛爲兵刃之器故宰之義爲宰殺爲宰割漢書宣帝本紀本始四年損膳省宰師古曰宰爲屠殺也又引漢儀注云太宰令屠者七十二人宰二百人又陳平傳里中社平爲宰分肉甚均師古曰宰主切割肉也蓋宰本示於屋下操辛以屠殺切割牛羊牲拴者故引伸之又爲宰夫職主烹飪也

 佚一零六  新三二九

說文解字宋尻也从宀木

 佚四六二

商承祚曰象以网取貝之形

 前弍五

金文凡伯仲王伯之伯均作白說文云白西方色也侌用事物色白从入合二二侌數然金文白字除曰侯父盤作白稍呈異形之外餘均作白僅或長或短或正或衺而已均無所謂从入合二之痕跡余謂此實拇指之象形易咸之初六咸其拇馬鄭薛虞皆云拇足大指也說文拇將指也左傳定十四年闔廬傷將指取其一屨注云其足大指見斬遂失屨是將指乃大指之別名也中略拇與白同屬脣音古音之魚二部亦每通韻是則拇白一音之轉也拇又名巨擘擘白亦一音之轉也拇為將指在手足俱居首位故白引伸為伯仲之伯又引伸為王伯之伯其用為白色字者乃假借也白侯父盤之白亦正拇指之象於指端着爪甲耳要之許書說白為西方色云云實亦出於傅會金文用

白為白色義者罕見作冊大鼎云公賁賞作冊大白馬僅此而已

右補入第七編

佚六二

唐蘭曰此何字象人負擔之形

戩三九　同上　佚二一六　佚一一九　粹二八八　新六九　新九一　新二五九

余謂宾乃小篆宾字所從出說文宾冥合也从宀丏聲讀若書曰藥不瞑眩又賓所敬也从貝宾聲　古文今案賓客若賓禮字之見於金文者與此古文之形相同無从宾作者邾公釛鐘用樂嘉賓作　甗鐘用樂好賓作　均省貝作是則卜辭之　若　蓋从止　聲若　聲之字也从止則當為儐導之儐說文儐導也从人賓聲擯儐或从手止乃趾之初文从止示前導也故宾當為儐若擯之古字譌變而為宾說文以冥合說之形義俱失矣

新一零四　粹七四四

說文解字仔克也从人子聲

粹七五

容庚曰案此字甚奇羅振玉謂象人倒持戌知人持戌亦為伐者其文曰乎伐曰貞乎伐以是知之意者為厭勝之術象人持戈以禳之與疑與㦸非一字

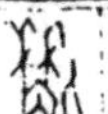 前陸四  同上六  前柒一一

从八从聳說文所無

 佚五三三  佚二四零

商承祚曰說文丘土之高也非人所為也从北从一一地也人凥在北南故从北中邦之凥在崑崙東南一曰四方高中央下為丘象形古文从土案魏三字石經之篆文作古文作與說文近似丘為高阜似山而低故甲骨文作兩峯以象意金文子禾子釜作將形寫失商丘父盫再誤為說文遂有从北之訓矣

 前柒三八  林式二六  棃八七

商承祚曰此即望字象人舉目之形與為一字立于土上也

 佚八九八  新三八一

董作賓曰說文夷東方之人也从大从弓古文夷作𡰥从尸尸亦人字周禮注
夷之言尸也者謂夷即尸之假借也金文中東夷淮夷夷皆作𡰥

 佚六零六

商承祚曰當為歠字象人就酒器而歠

右補入第八編

 前伍三  後上四  同上八  後下一八  戩五  存真弍  同上弍

葉玉森曰此字从日从頁說文頁頭也案之下半象人跽形上象其首日
光焰爓人首則面目自顯或即初文顯字加絲乃後起之字

 佚九七三

說文解字醜可惡也从鬼酉聲

 前柒三七

案象人戴面具之形當是魌之初文周官夏官方相氏掌蒙熊皮黃
金四目鄭注云如今魌頭也孫詒讓曰云如今魌頭也者御覽禮儀部引風俗
通云俗說亡人魂氣飛揚故作魌頭以存之言頭體魌魌然盛大也或謂魌頭

為髑壙殊方語也案魌正字當作䫏說文頁部云䫏醜也今逐疫有䫏頭淮南子精神訓視毛嬙西施猶䫏醜也高注云䫏頭也方相氏黃金四目衣赭稀世之䫏貌非生人也但具像耳目字又作倛荀子非相篇仲尼之狀面如蒙倛楊注云倛方相也又引韓侍郎云四目為方相兩目為倛愼子曰毛嬙西施天下之至姣也衣之以皮倛則見之者皆走也蓋周時謂方相所蒙熊皮黃金四目為皮倛漢魌頭即周之皮倛故鄭援以為證也見周禮正義方相氏疏此說魌至詳晐覆案此字正頭體魌魌然盛大但具像耳目而與韓侍郎兩目為倛之說尤合決為魌之初文無疑魌䫏倛等均後起之形聲字也得此字可知魌頭之俗實自殷代以來矣兩耳下所垂者瑱形也

 鐵八四  前陸三一  菁三

此乃从宀黃聲之字即廣字之異

 菁一

陞象人由𨸏下降與陵相反蓋是仄字之異說文仄側傾也从人在厂下仄籀文从矢矢亦聲从人在厂下與此从企在𨸏下同意企亦聲也企仄古同

之部

前肆五三

當是石之初文

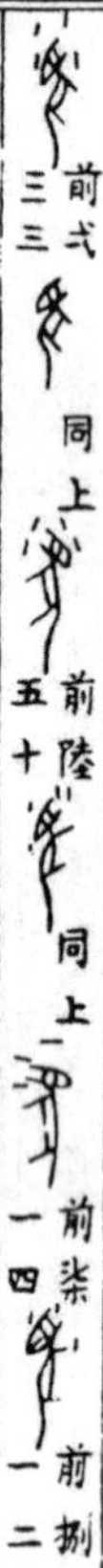前弍三三　同上　前陸五十　同上　前柒一四　前捌一二

此即貍字貍者野貓也

佚二五　佚五一八　前肆四六　前弍一九　同上

唐蘭曰說文如野牛而青色象形蓋即卜辭之作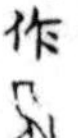形而小異耳說文舊有校語云與禽離頭同則別本篆當作是又形之異也然則以字形論之甲骨刻辭中此字當釋為兕即說文之𤉡可決然不疑者海內南經兕其狀如牛蒼黑一角爾雅兕似牛郭注云一角青色重千斤左傳疏引劉欣期交州記曰兕出九德有一角角長三尺餘形如馬鞭柄按兕角可為酒觵詩卷耳我姑酌彼兕觥韓詩說以兕角為之容五升蓋兕角之巨可知然則一角之獸而其角又特大者當為兕之形亦皎然無疑者也

右補入第九編

□ 前肆 四七

从馬从夜說文所無

□ 前肆 四七 □ 簠正 四四

唐蘭曰說文麟大牝鹿也麒仁獸也麐身牛尾一角麐牡麒也是麟字本當作麐般虛卜辭有□字羅氏云从□似鹿而角異从吝省聲殆即麐字鹿為岐角麐角未聞似鹿故此字角無歧許从鹿殆失之矣又秦公毀云以受屯魯多釐豐壽無疆畯疐在立高弘又□竈囿四方秦公鐘銘畧同宋人釋□為慶容庚金文編云慶說文所無董作賓則申容絀羅而以慶為从鹿从文會意象鹿皮之有班文也欲論慶之是否為麟不能僅以从鹿从文會意之一假定為滿足也先當審□字所从之□為何字乎卜辭有□字及覗字羅氏並釋為麑其說云象鹿子隨母形殆即許書之麑字說文訓麑為狻麑而別有麛字訓鹿子然麑之為字明明从鹿會合鹿兒之誼正是鹿子矣卜辭以有角無角別鹿母子故卜辭中之□字似鹿無角緣是亦得知為麑字矣羅氏誤認从見之字以為兒字故有此說所謂卜辭以有角無角別鹿母子亦其所臆測也卜

辭又有麋麌二字並从□羅氏於麋下則云麋殆似鹿而無角者是其自爲矛盾之證也□當即□字之變體此以金文麌字之从□可以證知之爾雅釋獸曰麋牡麔牝麎其子䴠又曰鹿牡麚牝麀其子麛又曰麕牡麌牝麜其子麆此麋鹿暨麕者鹿族之三大族也卜辭數見□字舊不之識故商氏列於待問編又有□字且屢見偏旁又有□字亦均在待問編余謂當釋爲眉或覺蓋惟古文麋眉形相近故經傳眉壽多作麋壽也鹿字見卜辭甚多亦見金文皆象歧角之形則麋鹿並象形字也說文以麋爲从鹿囷省聲籀文作麕詩野有死麕釋文作麏云本亦作麕又作麇囷與君皆聲固無可疑然說文以从禾爲囷省聲則失之殷世已有麋字而麕麏之字發生尚在其後又安得因而省之哉余謂麋字實从禾□聲稛或穈之本字也春秋公羊哀十四年傳云有麏而角者則麋本無角其證甚明說文麋麞也麞麋（本誤麋依諸家注訂）屬也考工記注云齊人謂麕爲獐則麞即獐而今之獐固無角也則麋之本字以麋鹿例之實當作□以無角別於鹿亦象形字也麐爲麕屬故公羊記有麕而角者而春秋記爲獲麟此一證也爾雅等書並言麕身此二證也爾雅釋獸麠大麃牛尾一角郭

璞注云漢武帝郊雍得一角獸若麃然謂之麟者此是也麃即麞黑色耳史記孝武紀獲一角獸若麃然索隱引韋昭云體若麢而一角春秋所謂有麢而角是也楚人謂麋本誤麋令正爾雅蔨鹿蘿釋文蔨郭巨阮反謝其隕反說文廣雅則云蘪鹿蘿也此正麐麃聲轉之例為麃此三證也麢即麒麐之合音麒麟猶吉量二字為一名漢人乃歧為二名此四證也鐵雲藏龜拾遺第十一葉有字葉玉森疑為麟字其形頗似麢之或體而首有角揆以龍鳳字卜辭並以▽為角則葉說庸或可信也說文以麐為从鹿吝聲則轉為形聲字卜辭鳳字亦象形與形聲並存也其从鹿者𠔁之誤也吝字又从文聲形聲之初無轉輾取聲之理則卜辭金文从文聲者乃其夙初或从吝聲當為後起蓋从文聲者兼取其義說文有媽字即文馬也則麐之从文亦謂麢之有文者故京房稱其有五彩廣雅謂之文質彬彬也羅氏謂从吝省聲董氏謂鹿之文者皆失之矣惟麐从文聲故亦語轉為麠爾雅之麠大麃牛尾一角與麐麢身牛尾一角所異者一為大麃一為麢身耳然楚人謂麋為麃郭璞以麃為麞而說文以麢為麞是麃麢乃同物而異名則麐之與麠本亦同物皆麢字一聲之轉為方俗之殊名爾雅非一人所集故並錄之耳說文媽馬赤鬣縞身目

補遺　十七

若黃金名曰吉黃之乘犬戎獻之周書王會解作吉黃海內北經犬戎有文馬名曰吉量凡此吉黃吉量其合音正與慶𥂫同文馬名曰吉量而文𢙃謂之𢙃𥂫則慶或讀𢙃𥂫故秦公毀假為慶字易豐曰來章有慶詩楚茨曰孝孫有慶書呂刑曰咸中有慶有慶為周人習語此當從宋人讀為高弘有慶以與疆方為韻也

慶古文慶秦公毀及秦公鐘高弘有慶字作□从鹿从文與此同伯其父慶𥂫作□从文之緐文古文文字多从心作□師酉毀若□師害毀故慶字亦有省變召伯虎毀余告慶作□戈叔慶父鬲作□似从鹿省亦似从文省由此再變則為小篆之□說文說為从心夊从鹿省乃沿譌字以為說也

□ 鐵一二零 □ 前陸四六 □ 後下二六 □ 前弍三二 □ 佚五八 □ 同上

說詳𪊨字注

□ 簠正四五 □ 同上

說詳𪊨字注

□ 前弍一三

孫詒讓曰𤕈當即說文之𤕈字說文𤕈獸名从㲋吾聲讀若寫此省吾為五又增酉形遂不可識耳

案說省吾為五又增酉形不如說𤕈為𤕈之譌較為切近耳

 佚二七三  同上

商承祚曰即獻金文𩰫父甗作與此近似甲即鼎省獻本作虩或鬳从虎从鼎或从虎从鬲見金文後求其便於結構將虍移於鼎或鬲之上而以虎字之下體寫為犬形遂成獻與獻矣金文十之八九皆如是以傳世古甗證之三足之股皆作虎目即此字之取義復以字形言从鼎者取器之上象从鬲者取器之下形也甗上為鼎下為鬲乃合二器而成鬳即獻字本體後寫誤作獻乃用為進獻字復別構甗為器名非其朔矣

 戩一七  簠正四七

王襄曰說文解字亦人之臂亦也又夜字許說从夕亦省聲按亦古本腋字般契假為夜攷卣夙夜之夜作亦與此同

 戩二二  同上一

𠦪字作案此與金文𠦪字及从𠦪之字相同盂爵隹王初𠦪于成周作杜伯盨用𠦪壽匄永命作明係用為祈祀之義矢令方彝錫鬯金小牛曰用𥛱作从示𠦪蓋𥛱之省也又曰乃之省周公毀𢷎字作吳尊作所从𠦪字均與此同

 前肆一八

說文解字𠦪進也从本从廾从屮屮上進之義

 前弍三

案以字形而言乃所拘者跪地反剪二手之形實非从女然謂當以奴隸為本誼則固明白如晝也此字足徵奴隸之來源

 後上一一  同上

此二慶字與召伯毁戈叔鬲文正同特心字倒作微異耳

右補入第十編

 後上二二  菁四  戩七  同上

疑是河之初文从水丂聲卜辭从水之字多與乙形相混

前弍一六　同上　同上　同上

余謂此乃从水从之字與金文胹郐王糧鼎丞陳公子甗煮叔夜鼎等字同例乃从鬻聲鬻者鬻之異乃心字以聲類求之則鬻乃古鬻字也从水則為灩矣

善一五七　福又三五

說文解字汝汝水出弘農盧氏還歸山東入淮从水女聲

佚六七八

說文解字洚水不遵道一曰下也从水夅聲

前陸三四　後下二五　同上　存真叁

王國維疑滎之初文案此衣中尚有點滴蓋滎之初文也

佚八四七

从水从安說文所無

架六四三

从水从叓說文所無

前弍一七同上

从水从檷說文所無

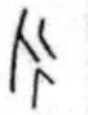前肆一一二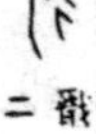戩二絜二

瞿潤緡曰案與金文王人甗華季□簋正反文相同當是永字

菁二

金文冬字多見但均用為終其字形作頌鼎文若不𣪘文案此字當是爾雅釋木終牛棘之終之本字郭璞注牛棘即馬棘也其刺粗而長又山海經中山經云大𦳊之山有草馬其狀葉如榆方莖而蒼傷其名曰牛傷郭注云即牛棘也郝懿行云棘一名榛左思招隱詩注引高誘淮南注云小栗小棘曰榛是榛即棘也榛與終聲相轉考郝意似以郭說為未諦故解終為榛則牛棘即小棘矣郭云馬棘及山海經之牛傷究未審為何物然以終為榛則於之字形優有可說蓋象二榛實相聯而下垂之形故之用為始終及冬夏字者均假借也又有字葉謂與金文之為一字甚是然謂象垂葉落或餘一二敗葉碩果之形則又不免徒逞臆說今案卜辭之亦終牛

㯥之終假用為終始字尚無一例可作冬夏字解者

 前陸 四九  前柒 一一

此字於雨下作一獸形如貓決為霾字無疑詩邶風終風且霾爾雅釋天風而雨土為霾

 菁四  後上 二二

此即說文雲字下云古文省雨之云卜辭多用為雲雨字

唐蘭曰此字商釋旬非誤卜辭或作ㄋ或作云者字形演變時代有先後也以字形言之則云當即云在說文為雲字之古文而旬字卜辭多作ㄋ當即旬字旬从勻聲說文以為从勹者誤也云勻聲類相近蓋本一字而後世誤歧之也

 前肆 四  同上 三三  前伍 三十  同上 三九  前陸 五十  後下 一五

商承祚曰魚字卜辭恆見以文義繹之亦是漁字與魯同為變體从八口皆象取魚之具

右補入第十一編

 新三 六六

宁本鹵之初字大盾之櫓當以鹵為本字象形詳金文餘釋貯若賓乃以宁為聲則此

字直是鹵之異鹵上作貝文而已

前捌一四

商承祚曰案壬卜辭作工則此為妊字無疑

前陸二七同上二八

董作賓曰金文匽侯旨鼎作子璋鐘作郾王戈又加邑旁作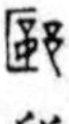所

从之即妟

佚九四三

从女从王說文所無

前弍八

从女从香說文所無

佚七零七

从女从林說文所無

梁八六四

从女从龍說文所無

 前肆八

从女从竹說文所無

 菁一

王襄曰古氒字許說木本也从氏丁本大於末也讀若厥金文借為厥字訓其

 栔八五

孫詒讓曰古夏字

 前壹九  前陸六三  林弌一一

从二戈相向蓋亦戔字

 栔六五三

唐蘭曰宲匚為祭名即祊祭也說文匚受物之器象形讀若方匚籀文亦象形匚即匚字又說文鬃門內祭先祖所以彷徨从示彭聲祊或从方聲匚即祊亦即鬃矣魯語上甲微能率契者也商人報馬韋昭注報報德之祭也卜辭載殷先世有田可∃∃四人羅叔言及王靜安先生謂即史記之上甲報丁報

丙報乙是也王先生又謂報乙報丙報丁稱報者殆亦取報上甲微之類以為義自是後世追號非殷人本稱當時但稱匚乙匚丙匚丁而已上甲之甲字在口中報乙報丙報丁之乙丙丁三字在匚中自是一例意壇墠或郊宗石室之制殷人已有行之者與蘭謂王說報乙報丙報丁即取報上甲微之意是也謂報為後世追號當時稱匚乙匚丙匚丁非也報即鬃祊二字之雙聲報祭即祊祭鐵雲藏龜拾遺一葉七版云貞其㞢匚于田家其口當讀為貞其㞢祊于上甲牢其口即報于上甲也報乙報丙報丁即匚乙匚丙匚丁也蓋殷人祊祭上甲于門內故甲字从口而乙丙丁三人配兩旁焉故从匚或コ以象之也口匚皆象方形金文國或作國可證則於門內為藏主方函以祭也故爾雅即以閍為門矣後世讀祊如報則謂之報韋昭傅會為報德之祭誤矣國語又云凡禘郊祖宗報此五者國之典祀也則報祭為極重之典禮而其他經傳乃無聞焉常見者為祊鬃二字禮器云為祊乎外郊特牲云祊之於東方又云索祭祝于祊楚茨云祝祭於鬃然則禮之祊即詩之鬃亦即國語之報矣左襄二十四年傳以守宗祊宗即卜辭示壬示癸之示而在室內者亦即史記主壬主癸之主也祊即匚則即說文

訓宗廟主之祏故左莊十四年傳云典司宗祏宗祏與宗祊同也

 栔二 二一  前伍 八

唐蘭曰當是弦字象形後乃變為弘更變為弦字矣

右補入第十二編

 菁正 五一  同上

案乃虹字說文籀文虹从申申雷也此字正从申於申旁附以小圓或細點者示虹之周遭有雨滴申乃紳之初文象形象帶之連蜷而兩端有鉤許謂申雷也者非也虹之从申者即以其似帶形又名螮蝀者亦謂如帶之虹也

 前壹 一六

乃凡字槃之初文也象形一作攺即後來之般字字當作肞譌變而為从舟从殳而杯槃字乃益之以木作槃或益之以皿作盤金文伯侯父盤字作鎜則从金均槃文也

 前壹 五一  同上 五二  前弍 二四  前肆 四六

黃小篆作說文云地之色也从田炗聲炗古文光金文黃字至多雖與小篆形近然不類从田亦不類炗聲其字之特異者今舉數例如下

買毁伯家父毁滿毁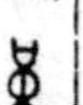黃君毁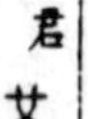趙曹鼎師餘毁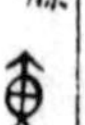女黃毁休盤此外从黃之字如堇从堇之字如艱金文亦習見其所从黃字大抵與趙曹鼎文形似今亦舉數例如下堇伯鼎艱則不嬰毁之不以我車函于艱作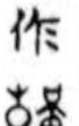又召伯虎毁之帛束璜作所从黃字均與此為類卜辭亦有堇艱二字堇作艱作又有二字以字例推之當為黃羅振玉仍釋為艱凡此等殷周古文之黃字及从黃之字所从之形與許慎所說實大有逕庭蓋其字並不从田且亦無炗聲之痕跡也細審其結構當為象形之文無形聲可說更參以金文凡言錫佩者無慮四五十例而均用黃字毫無例外然則黃字實古玉佩之象形也明甚由字形瞻之中有環狀之物當係佩之體即雙珩之所合成禮經解行步則有環佩之聲玉藻孔子去魯佩象環五寸蓋以象牙之珩為環其徑五寸列女傳貞順篇鳴玉環佩曹大家注云玉環佩佩玉有環此皆佩玉有環之證上有佩衿以繫於帶爾雅所謂佩衿謂之褑者也方言廣韻褑均作裎下則正垂三道中

央所縣之銜牙為磬形故有若埀四者省其左右之雙璜故復埀二矣是故黃
即佩玉自殷代以來所舊有後假為黃白字卒至假借義行而本義廢乃造珩
若璜以代之或更假用衡字後世佩玉之制廢珩璜字義各限於佩玉之一體
又以衡為橫之本字故說為佩玉之橫其失彌遠矣

 前弎五  前肆二

上似从𠓛下从曰與出之作𠙴者同蓋盛物之器或說从口或說从
日均非也

右補入第十三編

 前弎一八  同上  同上二十  前弎一六  佚九二零  戩二五

王國維曰疑古勺字𠬪象勺形丶其實也習敦云隹四月初吉丁卯王蔑習曆
錫牛三習既拜稽首𠬪于厥文祖考彼𠬪字與此𠬪字正同彼為夏祭當假為
礿祭之礿此云𠙴二𠬪一卣二 戩二五 葉十片 則當為挹𠙴之勺卣所以盛𠙴勺所以
挹之故二者相將

葉玉森曰友敢升作𠬪漢臨菑鼎作𠬪與篆文異卜辭之𠬪 前肆二十 與鼎文同異

體作疑象溢米散落形

前伍三七前陸三七前柒二十後上二十菁三後上二四粲一零

魯頌閟宮毛炰胾羹籩豆大房毛傳云大房半體之俎也鄭箋云大房玉飾俎也其制足間有橫下有跗似乎堂後有房明堂位俎有虞氏以梡夏后氏以嶡殷人以椇周以房俎鄭注梡斷木為四足而已嶡之言歷也謂中足為橫距之象周禮謂之距椇之言枳椇也謂曲橈之也房謂足下跗也上下兩間有似於堂房由鄭玄之說可知所謂房俎正如今人祭祀時所用之牲架俎有四足四足中央有橫木相連橫距四足下端復有相連之橫木跗故由其額面視之則恰成為之形中之一橫橫距也或為二橫乃前後距之透視下之一橫足下跗也半體之牲陳於俎上則恰為之形是則此乃象形字後人假房字而為之鄭君不識初字故肊以堂房為說也字本讀房其用為祭名者蓋假為嘗嘗雖為秋祭然乃東周以後之禮制不足以限制殷文如禮家說周用犧尊然已有殷代之犧尊傳世說周以房俎而於卜辭中則已有房俎之象形文知此則卜辭言貞我一月酒二月嘗前壹三九於余說並不齟齬字本讀房則知秦公鐘銘即係

假用為享為尚其為國名者則古之房國也周語昔昭王娶于房曰房后

 後上一五  後下一五  前柒二五

董作賓曰說文矛酋矛也建于兵車長二丈象形即由甲骨文字演變而來矛之最初象形當為上象矛頭下象重英有時只刻輪廓兩英也連為一橫則成形更隨筆勢流利作態而成等形小篆則由變而為重英左右下垂而已金文僅象矛鋒及一耳之形（金文無矛字楙字所从之矛作）與甲文系統異

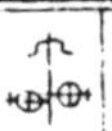 菁三 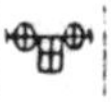 同上

二車字一作一作前者象雙輪一轅轅端有衡亦有作者於衡之兩端更有二軛所以叉馬頸者也觀此可證殷人一車只駕二馬後者象兩輪之間有箱均車之繁文金文中車字及从車之肇字多如是作者

 菁一  佚六七  存真叁

商承祚曰與為一字即古師字也金文从之字亦作筆畫增減古文任意為之

 卜二零四  簠正四三

說文解字离蟲也段注殷玄王以為名

 後下一一二  簠正七 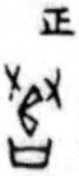 同上

瞿潤緡曰从𦥑从自說文从臾从𠂤非是孳乳為遣

 後上六

吳其昌曰乙字且乙卣作乚冊冊乙觶作乚且乙尊作乚酋乙斝作乚商三勾兵作乚作乚皆象刀形禮記月令其日甲乙鄭注乙之言軋也又廣雅釋言乙軋也後漢書公孫述傳章懷注同釋名釋天亦云乙軋也既知乙訓為軋然則軋字究當作何解耶史記匈奴傳漢書匈奴傳注記匈奴之刑典並云其法有罪小者軋大者死顏籀注引服虔曰軋刀刻其面也案服說是也刀刻其面為軋而軋又即為乙以衣衣食食古代以名詞為動詞之公例律之則乙之為刀至為顯白惟乙義為刀故乙即軋又為以刀刻面之稱也

口 前壹二六 ○ 同上三三

吳其昌曰丁之本義釘也中略丁為釘之本字往昔通人亦已有甚明之者朱駿

聲說文通訓定聲曰丁鐕也象形今俗以釘為之其質用金或竹若木又曰以丁入物亦曰丁說文作朾撞也俗字亦作打又作釘字林釘設幕案从丁登聲徐灝說文解字注箋曰許云夏時萬物皆丁實蓋以為象果形然果實未有稱丁者疑丁即今之釘字象鐵弋形鐘鼎古作●象其鋪首个則下垂之形也丁之垂尾作个自其巔渾而視之則為●案朱徐二氏之說皆通論也以錢大昕古無舌上音但有舌頭音定律律之則鐕音古正讀若釘故鐕丁朾釘實皆一聲而丁字實為古代釘與針（即鐕）之共稱丁形實為古代釘與針之共象究極而言之古初實無釘與針之別異但僅有丁狀之物而已矣以其形而言之則既知古初釘與針皆原於此丁狀之物自其巔而下視之則成一狀然則此丁丁之得聲何自而來耶此于原始語音學所謂摹倣動作聲即象椓釘之聲也詩兔罝椓之丁丁（讀若篤）毛傳椓杙聲也杙即釘之木質者也故丁●象丁之狀丁丁象丁之聲此至自然之事孔子高所謂甚易知而實是也丁又通釘說文釘鍊并黃金也鍊并黃金鍛聲丁丁故釘即丁實無別也必究竟而別之則當云丁以木者謂之朾弋以木者謂之杙耳及从木之朾既行始更追造从金之釘

以示別異云耳(中略)從名詞而轉為動詞則丁之義又轉為朾(說文朾撞也今俗作打反較說文合于六書之原則)丁之聲又轉為成呂覽長攻曰反斗而擊之一成腦塗地高誘注一成一下也案謂打一下也章氏云若簫韶九成之屬亦謂撞鐘擊鼓一度為一成耳章說是也又禮記月令疏丁成也皆其證也椓杙撞鐘之聲為丁丁亦為當當故以其聲而言之則丁又通當丁丁又通當當爾雅釋詁丁當也詩大雅雲漢寧丁我躬毛傳同楚辭惜賢丁時逢殃又逢尤悲丁文兮聖明哲王逸注同皆其驗矣又金文凡人形皆作或或或其已被斧鉞誅戮者則作象已喪其元至其元首之形之作●或○狀者與丁字之作●或○狀者正無二致此蓋即原始之頂字也古丁釘二字已如上述莊子大宗師肩高于頂釋文頂崔本作釘是陸氏所見崔本作肩高于釘甚覺不辭必古寫本作肩高于丁六朝丁釘通寫故耳此頂即丁字之堅證亦即等形所从之●○等形即為丁字之堅證也頂又同聲通假為顛易大過過涉滅頂虞翻注頂首也而說文及一切經音義卷十三引倉頡篇云頂顛也尤可為證其後國家之于民人授田徵役則有丁口人丁之稱人以丁計蓋猶牛之以頭

計耳斯亦丁義為頭之一驗也丁義之所以為顛為首為頭無他以人形
之頭・與丁字・無別故耳此又丁字所孳乳旁生之枝義也
後上五同上同上
吳其昌曰戊字父戊盉作吉父戊爵几卣作且戊鼎作皆
象斧形
前壹二七前伍四七前壹三七新二二一
吳其昌曰辛字戉父辛觶作田父辛鼎作珥鼎作庚父辛毀作
皆象斧屬兵器形白虎通五行篇云辛所以煞傷之也必兵刑器始能殺
傷又藝文類聚引五經通義云辛自克辛也據爾雅釋詁克殺也而辛乃與克
同義克辛連文蓋正猶咸劉連文克滅連文義皆為殺也以衣衣食食之例文
推之則辛之為兵刑之器蓋已了然由兵刑器之義一衍則為殺傷殺傷則苦痛故再衍則辛之義為苦痛兵刑器之實為金屬故旁衍則辛義為金西方為肅殺之氣故辛屬金金屬西方
後上二
吳其昌曰穆公鼎銘云作命臣其為工字不可移易而其字形與子壬乙

酉爵之工字全同但少一畫耳是工壬一字之明證一也父壬爵之工父壬木形鼎之工 其銘文皆作父壬兄日壬勾兵之工□壺之工 其銘文皆作兄日壬子壬乙酉爵之工 其銘文作子壬皆碻係壬字不可移易而其字體皆作工字亦不可掩諱是工壬一字之明證二也說文于工字下云與巫同意于壬字下又云與巫同意是工壬一字之明證三也父壬子形爵之工與父壬爵之工 其銘文皆作父壬然工已與王字酷類工則直為王字亦明顯不容掩辯此又壬王一字之明證也壬為兩刃之斧辛亦斧屬之器故壬與辛之義相近相麿左成十六年傳記楚公子壬夫字子辛春秋名字自相詁是其證也

╳ 前壹三一 ╳ 新二二三

吳其昌曰癸字原始之初誼為矢之象形雙矢交揆成□形□形╳形╳形而得癸字

□ 佚五八六

商承祚曰疑包字

唐蘭曰此當是孕之本字即字象人大腹之形故古者稱孕曰有身象子在腹中也

前柒三六

當是古疑字象人持杖出行而仰望天色金文白疑父毀文作从走與此从彳同意牛聲也秦刻詔版文歎疑作从走省（省彳存止）子聲也小篆作雖稍譌變亦从子聲子聲牛聲與疑同在之部也說文謂从子止匕矢聲者未得其解形聲之字例當後起古文疑字自應作俁若逘矣

新二二三　新三零八

吳其昌曰卯象雙刀並植形

後上一　同上一二　同上二八　絜三一　新一四九

吳其昌曰亥字原始之初義為豕之象形殷絜卜辭第三一片壬辰卜大貞翌三豕己亥正作三豕足證古即借豕為亥

甲骨學文字編訂誤

古籀疏證改為史籀篇疏證 集目

𧰨非祭字當刪 編一

祀析為祀巳二文

祠析為祠司二文

珏析為珏玉二文

苴字誤釋當刪

吠字誤釋當刪

㞢出非吉字當刪 編二

遟字作  前伍 二一

步析為步延衛三文

御析為御馭二文

龢析為龢和二文

謝與埶彗殺毄六文誤釋當刪 編三

[illegible]非叔字當删

[illegible]即牝字四編

幼字誤釋當删

利析為利[illegible]二文

盈字誤釋當删五編

[illegible]析為[illegible][illegible]二文六編

畐析為畐亯二文

稻字作[illegible]後下二十 七編

疾字作[illegible]後下三五

蔽字誤釋當删

僖析為僖嬉二文八編

伐析為伐[illegible][illegible]三文

衣析為衣衮二文

求析為求[illegible]二文

彖字誤釋當删編九

麟字誤釋當删編十

甗析為甗甗二文

前柒五非兔字當删

獻析為獻猇二文

猿字作後下三一

狼析為狼犯二文

閔變二文誤釋當删

演辰雷霜四文誤釋當删編十一

孌由二文誤釋當删編十二

武析為武衛二文

繳蝠二文誤釋當删編十三

龜析為龜瀧二文

艱析為艱黃二文

斧字誤釋當删十四
編

陵析爲陵仄二文

百年精華

甲骨學 文字編

編著者◆朱芬圃
發行人◆施嘉明
總編輯◆方鵬程
主編◆葉幗英
責任編輯◆吳素慧 王窈姿
美術設計◆吳郁婷

出版發行：臺灣商務印書館股份有限公司
臺北市重慶南路一段三十七號
電話：(02)2371-3712
讀者服務專線：0800056196
郵撥：0000165-1
網路書店：www.cptw.com.tw
E-mail：ecptw@cptw.com.tw
網址：www.cptw.com.tw

局版北市業字第 993 號
臺一版一刷：1964 年 10 月
臺二版一刷：2011 年 8 月
定價：新台幣 元

ISBN 978-957-2563-2

甲骨學／朱芳圃編著. --臺二版. --臺北市：臺
灣商務，2011. 02
面；　公分. --（百年精華）

ISBN 978-957-05-2563-2(平裝)

1. 甲骨文

792.2　　　　　　99021474